키워드로
읽는
한국철학

키워드로
읽는
한국철학

조성환 지음

하늘 ── 종교 ── 실학 ── 개벽 ── 도덕 ── 생명

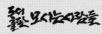

머리말

|

한국학과 철학의 만남

이 책은 지난 10년 동안 내가 공부한 한국철학의 내용을 여섯 가지 개념을 중심으로 정리한 한국철학 개설서이다. '연구'라고 하지 않고 '공부'라고 한 것은, 한국철학에 대해서는 체계적으로 배운 적도 없고, 혼자서 독학하다시피 했기 때문이다. 그래서 본격적인 연구라고 보기에는 부족한 점이 많다. 다만 한국철학을 하기 전에 공부했던 중국철학 지식이 큰 도움이 되었고, 일본에서 훈련받았던 사상사 연구 방법이 토대가 되었다.

중국철학을 공부할 때는, 철학을 한다는 생각보다는 어떻게 하면 중국철학을 재밌게 전달하고 서술할 수 있을지에만 관심을 가졌다. '철학'하면 주로 서양철학을 의미했고, 한문은 대중에게 낯설기 때문이다. 그래서 서양철학은 중국철학을 전달하기 위한 보조 수단 정도로만 생각했다. 그런데 한국철학으로 전환하고 나서는 중국철학도 한국철학을 이해하기 위한 참고자료로 간주되었다. 한국철학의 정체성을 고민해야 했기 때문이다. 그때만 해도 한국철학은 중국철학의 수입이나 아류라는 인식이 늘 꼬리표처럼 따라다니고 있었다.

최근에 서울에 있는 어느 사설 교육기관에서 한국철학사 특강을 해 달라는 제안을 받은 적이 있다. 보통 한국철학사를 주제로 특강을 하면 '동학'이나 '퇴계' 같은 특정 분야를 정하기 마련인데, 2시간 안에 한국철학사를 소개해 달라는 요청은 처음이었다. 그것도 동양철학에 대한 기초 지식이 부족한 젊은 학생들을 대상으로 말이다. 그래서 당황하지 않을 수 없었다.

다행히 강의는 잘 마무리되었지만, 긴장과 우려 속에서 강의를 진행하면서 문득 떠올랐던 개념이 있다. 그것은 '한국학'과 '철학'의 만남으로서의 '한국철학'이었다. 우리는 보통 '철학'이라고 하면 서양적인 사유방식을 떠올리기 마련이다. 그리고 그것은 주로 존재니 인식이니 실체니 속성이니 하는 철학 개념들에 반영되어 있다. 그런 점에서 이 개념들은 서구적인 사유방식과 세계관을 나타내는 대변자에 다름 아니다. 그래서 '서양' 철학이라고 한다. 마찬가지로 중국철학에서는 중국적인 개념체계, 가령 리(理)이니 기(氣)이니 심(心)이니 하는 것들이 철학의 중심주제가 된다. 이 한자 개념들은 서양의 영어 개념들과는 다른 사유방식과 세계관을 반영한다. 그래서 '중국' 철학이라고 부른다. 그렇다면 '한국' 철학도 마찬가지로 접근해야 할 것이다. 비록 철학을 표현하는 수단은 한문으로 되어 있지만, 동방(東方=한반도)이라는 지역에서 동인(東人=한국인)들이 생각한 세계관이나 사고체계가 반영된 것이 '한국' 철학일 것이다. 그래서 한국철학은 '한국학이라는 토대 위에서의 철학'으로 이해되어야 한다. 마치 중국철학이 중국학의 일환으로서의 철학이고, 일본철학이 일본학의 지평 위에서의 철학이듯이 말이다.

이렇게 접근해야, 최치원이 화랑의 풍류도를 "중국의 삼교를 포함한다"(包含三教)고 규정한 명제나, 퇴계가 주자와는 달리 "리(理)는 움직이고 다가온다"(理自到)고 주장한 사실이나, 최제우가 "누구나 하늘님을 모시고 있다"(侍天主)는 동학을 창도한 역사가 설명되고 이해될 수 있다. 이러한 문제의식은 올해(2022) 초에 나온『하늘을 그리는 사람들: 퇴계·다산·동학의 하늘철학』에 반영되어 있다. 그리고 내년에 나올『한국의 철학자들』에서도 반복될 것이다. 『하늘을 그리는 사람들』이 '하늘' 관념을 중심으로 한국철학의 특징을 잡아보려 했다면, 이번 책에서는 그 이외의 관념들, 가령 '도덕'이나 '생명' 같은 개념들을 중심으로 한국철학의 특징을 보여주고자 하였다.

한국에서도 저명한 교토대학의 오구라 기조 교수는『한국은 하나의 철학이다』라는 명저에서 "한국인은 도덕지향적이다"는 명제를 주장하였다. 마치 이어령 교수가 "일본인은 축소지향적이다"고 했던 것처럼, 한국인의 지향성을 '도덕'으로 파악한 것이다. 이에 대해『하늘을 그리는 사람들』에서는 '하늘지향성'이라는 관점을 제시하고, 도덕을 하늘의 하위에 포섭되는 사상으로 자리매김하였다. 그리고 이번 책에서는 도덕의 내용을 '생명평화'로 설명하고, 그것을 새로운 도덕 개념으로 제시한 것이 최제우가 제창한 '개벽'이라고 보았다. 즉 동학에서 원불교에 이르는 개벽종교가 지향하는 개벽의 내용은 '생명평화'라고 하는 새로운 도덕 개념이었다는 것이다. 그리고 이 새로운 생명평화의 도덕지향성이 성공적으로 마무리된 것이 2017년의 촛불혁명이라고 생각하였다.

그래서 이 책은 비록 '한국철학의 키워드'라는 컨셉으로 이루어져 있지만, 책의 후반부는 근현대 시기의 철학이 중심이 되고 있다. 책의 전반부는 그것을 이해하기 위한 도론이나 서론 정도에 해당한다. 그런 점에서 지난 2018년에 나온『한국 근대의 탄생: 개화에서 개벽으로』의 후속편의 성격을 띤다. 그래서 출판사에서는『한국 근대의 철학』이라는 제목도 제안해 주셨는데, 너무 딱딱하다는 생각이 들어서 좀 더 대중적인 '키워드로 읽는 한국철학'을 선택했다. 지금 단계에서는 한국철학도 재미가 있을 수 있고, 공부할 가치가 있다는 점을 대중들에게 어필하는 것이 급선무라고 생각했기 때문이다.

이 책의 원고는 멀게는 10여 년 전에, 가깝게는 최근에 쓴 글들을 재구성하고 재편집한 것이다. 그래서 관심 분야도 초기의 하늘이나 실학에서 후기의 개벽과 도덕으로 점점 이동하는 양상을 보이고 있다. 어떤 원고는 딱딱한 학술 논문도 있고, 어떤 글은 일반인 대상의 칼럼도 있어서, 전체적으로 글의 톤을 맞추고 분량을 조절하고 중복되는 내용을 덜어내서, 하나의 통일성을 이룰 수 있도록 노력했다.

특히 이 책의 집필에 토대가 된 것은 두 개의 저널에 연재한 글들이다. 하나는 『농촌과 목회』에 연재한 "동학철학과 하늘철학"이고, 다른 하나는 『문학 사학 철학』에 연재한 "다시 읽는 한국철학사"이다. 구체적인 글의 출전들은 책의 맨 뒤에 밝혔는데, 특히 『문학 사학 철학』에 총 9차례에 걸쳐 연재한 "다시 읽는 한국철학사"가 바탕이 되었다. 구체적으로는 "소외되어 온 한국철학사"와 "도덕으로 읽는 한국철학사" 그리고 "생명으로 읽는 한국철학사"이다. 이 연재가 이 책의 후반부를 이루고 있다. 이 자리를 빌려 연재의 기회를 주신 『농촌과 목회』의 한경호 목사님(아시아농촌선교회)과 『문학 사학 철학』의 고영섭 교수님(동국대)께 깊은 감사를 드린다.

아울러 산견된 원고들을 정리할 수 있도록 안정적인 연구 분위기를 만들어 주신 원광대학교 동북아시아인문사회연구소의 김정현 소장님과 문준일 부소장님 이하 16명의 연구진, 그리고 정화순 과장님을 비롯한 행정실 선생님들, 그리고 정준혁 선생님 등 연구보조원 여러분께도 감사드린다. 마지막으로 나를 동학과 개벽의 세계로 안내해 주신 원광대학교 박맹수 총장님, 그리고 한국철학 연구를 권유해 주신 서강대학교 철학과 최진석 명예교수님께도 깊은 감사를 드린다. 이 분들의 도움이 없었다면 이 책은 세상에 나오기 어려웠을 것이다.

나는 최근에 '인류세 인문학'에 빠져 있다. 지난 2020년부터 원광대학교 원불교사상연구원에서 허남진 선생과 같이 연구한 '지구인문학'의 연장선상에서 시작한 연구이다. 그리고 기후변화를 설명할 수 있는 인간관과 자연관으로서 최한기의 '기학'에 주목하고 있다. '기후변화'나 '대기변화'를 줄인 말이 동아시아의 '기화(氣化)' 개념인데, 최한기의 『기학(氣學)』(1857)에는 그것을 철학적으로 설명할 수 있는 인간관과 자연관이 들어 있기 때문이다. 그런 점에서 최한기의 기학은 기후변화 시대, 인류세 시대의 기후인문학이나 기후철학의 씨앗을 함장하고 있다고 볼 수 있다. 이런 생각의 단초들을 이병한 선생의 제안으로 《다른백년》(온라인)에 "조성환의 K-사상사"라는 제목으로 연재를 하였다(2022년 6월부터 11월까지). 이 책도 내년에 출판될 예정이다.

앞으로 10년 뒤의 나의 한국철학 연구의 방향이 어디로 향할지는 알 수 없다. 하지만 인류세와 기후변화가 주된 문제의식이 되지 않을까 생각한다. 한국철학이 고루한 도덕 관념을 설파하는 꼰대철학이 아니라, 늘 시대와 함께하는 실천철학이라는 점을 강조하고 싶기 때문이다. 그때 다시 다른 형태의 책으로 독자들과 만나기를 기대해 본다.

2022년 11월 10일
원광대에서 조성환 드림

하늘

—

종교

—

실학

—

개벽

—

도덕

—

생명

제1장
하늘

|

한국철학의 특징은 무엇인가? 중국철학과 어떤 점에서
다른가? 이 물음에 대한 시론으로 제1장에서는 〈하늘〉
개념에 주목한다. 한국의 거리를 지나가다 보면 '하늘'이
라는 이름의 상점이나 교회 또는 학교를 자주 볼 수 있
다. 하늘 관념이 한국인의 생활 속에 깊숙이 스며들어
있음을 말해준다. 그리고 그 관념으로 중국의 天(티엔)
과 서양의 God(갓)을 수용했음을 시사한다. 이 장에서는
〈한중비교철학〉이라는 방법론을 도입하여, 중국의 도학
(道學)과 한국의 천학(天學)을 비교하는 형태로 한국철학
의 특징에 대해 생각해 본다.

1. 한국인의 사고방식

"네 마음의 가장 깊은 곳에 가 닿는 너의 하늘을 보아." - 박노해

'하늘'이라는 문양

문화인류학자인 고 강신표 인제대 명예교수는 2018년에 원광대학교에서 열린 한일공동학술대회 〈근대 한국종교의 토착적 근대화 운동〉에서, 자신의 스승 이상백과 그의 연구주제였던 〈한국인의 사고방식〉을 소개하면서 다음과 같이 말하였다.

> 이상백(1904~1966) 선생의 미완성 원고 「한국인의 사고방식의 연구방법론」
> (1966)은 나의 학문의 출발이다. 한국인의 사고방식은 곧 한국인의 문화를
> 이해하는 길이다. 문화인류학에서 문화의 개념을 우리의 행동양식 또는
> 더 깊게 행동양식을 지배하는 '마음속의 문양'이라고 했을 때, 흔히 우리가
> 사용하는 이규태 류의 '의식구조'와 일맥상통한다. 한국인의 사고방식은
> 곧 한국인의 세계관, 인생관, 사회관, 우주관과도 연관되는 개념이다.

선생은 일본 식민지하에서 와세다대학 쯔다 소기치(津田左右吉, 1873~1961) 선생 제자로 당시의 일본 학문의 연구 성과에 기초한 여러 비교방법론을 검토하고 있다. … 특히 불교가 인도에서 중국으로 들어오면서 산스크리트와 팔리 언어를 한자로 번역하면서 중국인적 사고방식으로 재해석되는 것에 주목하고 있다. 이같은 입장에서 역대 중국의 신화, 유교, 도교, 불교, 신선 사상들이 어떠한가를 여러 측면에서 검토하고, 한국 전통사회의 사람들도 이러한 중국의 한문자적 사고방식의 맥락 속에서 이해될 수 있다는 전제를 깔고 있다.

이리하여 천도교의 '인내천'이니 최치원의 '유불선 삼교 묘합'이니 하는 사상을 중심으로 한국인의 사고방식에 대한 논의를 시작하는 마당에서 원고가 미완성으로 남게 되었다. 그 끝마디는 '天의 관념은…'이라고 끝맺고 있다.[1]

이상백은 민족시인으로 널리 알려진 이상화(1901~1943)의 동생으로 한국사회학의 창시자이다. 그가 유학한 와세다 대학은 '쯔다사학(津田史學)'으로 유명한 곳으로, 한국사학계의 태두로 인정받는 이병도(1896~1989)도 그의 제자이다. 그 외에도 제1세대 동양철학자인 김경탁(1906~1970)이나 춘원 이광수(1892~1950)도 와세다 대학에서 공부하였다. 이광수와 이병도는 1916년에, 이상백은 1923년에, 김경탁은 1936년에 각각 와세다 대학에 입학하였다(김경탁은 대학원).

특히 김경탁은 이상백이 세상을 떠난 4년 후인 1970년에 「하느님 관념 발달사」[2]라는 논문을 썼는데, 이 글은 마치 이상백의 유고(遺稿)의 마지막 부분에 나오는 "天(천)의 관념은…"을 잇고 있는 느낌이다. 내가 2013년에 쓴 박사학위 논문 「천학(天學)에서 천교(天敎)로: 퇴계에서 동학으로 천관(天觀)의 전환」은 김경탁의 연구에서 계발을 받은 것이다(이 논문은 2022년에 『하늘을 그리는 사람들: 퇴계·다산·동학의 하늘철학』이라는 제목으로 소나무출판사에서 간행되었다).

이상백이 한국인의 사고방식을 탐구하면서 天(천)의 이야기를 거론하고 있다는 사실은 주목할 만하다. 강신표의 지적대로, 사고방식이 "행동양식을 지배하는 마음속의 문양"이라고 한다면, 한국인의 사고방식과 행동양식 그리고 문화 전통 전반에는 天(천)이 깔려 있다고 말할 수 있기 때문이다.

중국인의 도학(道學)

내가 생각하기에 한국인의 사고방식의 특징, 또는 "마음속 문양"을 포착하기 위해서는 무엇보다도 중국과의 비교가 필수적이다. 왜냐하면 전통적으로 한국의 주류사상은 거의 모두 중국으로부터 수용된 것이기 때문이다. 그러나 아쉽게도 지금까지의 한국철학 연구는 이 점을 소홀히 해 왔다. 즉 중국과의 비교가 결여된 상태에서 한국사상의 특징을 찾으려 한 것이다. 이러한 방법론은 중국사상의 전문가가 볼 때에는 대단히 설득력이 떨어진다. 왜냐하면 그들은 기본적으로 한국의 주류사상은 모두 중국에서 건너간 것이라고 생각하고 있기 때문이다. 따라서 이러한 관점에서 보면 '한국적'이라고 할 만한 사상적 특징은 찾아보기 어렵게 된다.

그런데 단지 중국의 사상과 문화가 한국에 수용됐다는 사실만으로 한국사상의 특징이 없다는 결론을 내리는 것은 성급할 수 있다. 수용 과정에서 변용이 일어나고, 그 변용을 가능하게 한 사유 원형이나 사유 패턴이 있게 마련이기 때문이다. 따라서 이러한 변용을 가능하게 한 요인들을 추적해 나가면 한국사상의 특징과 만날 수 있을 것이다. 이 비교 작업을 하기 위해서는 중국사상의 특징에 대한 이해가 선행되어야 한다. 그래야 그것이 한국에 수용되면서 어떤 '변화'를 겪었는지를 알 수 있기 때문이다. 이 책은 이러한 방법론에서 출발하고 있다.

그렇다면 중국사상은 어떤 특징이 있을까? 그리고 그것을 나타내는 키워드는 무엇일까? 내가 생각하기에 그것은 〈도(道)〉라는 개념에서 찾을 수 있다. 이 점은 동서양의 철학을 비교할 때 종종 중국의 道(도)와 서양의 Logos(로고스)가 대비되는 것으로부터도 추측할 수 있다. 예를 들면 쨩룽시의 『도와 로고스』나 백종현의 「유가의 '도(道)'와 스토아학파의 '로고스(λόγος)'」 등이 그것이다.[3] 이 논저들에서는 서양과 대비되는 중국적 사유의 특징을 '도' 개념으로 제시하고 있다.

이처럼 중국사상의 특징을 도(道)로 표현하는 전통은 이미 기원전 4~5세기의 제자백가(諸子百家)에서부터 시작되었다. 앤거스 그라함(A. C. Graham, 1919~1991)에 의하면, 중국철학의 시작을 알린 제자백가는 모두 "도(道)에 대해서 논쟁한 철학자들"이다.[4] 여기서 도(道)는, 채드 한센(Chad Hansen, 1942~)의 표현을 빌리면 일종의 '지도이념(guiding discourse)'이다.[5] 즉 사람들을 올바른 길(道)로 인도하는(導=guiding) 말씀의 체계(discourse)가 도(道)이다. 공자나 노자와 같은 제자백가는 천하의 무질서를 바로 잡을 수 있는 도를 추구한[求道] 사상가들이었다. 그런 의미에서 제자백가의 학문은 도를 탐구한 '도학(道學)'으로 명명될 수 있다.[6]

실제로 '도학'이라는 명칭은 중국사상사에서 폭넓게 사용되었다. 가령

육조시대의 도교에서는 도사들의 열전을 「도학전(道學傳)」이라고 하였고,[7] 북송시대의 신유학자들은 자신들의 학문을 '도학(道學)'이라고 불렀다.[8] 일제강점기에 탄생한 한국의 원불교에서는 동아시아의 학문을 서양의 '과학'과 대비시켜 '도학'으로 규정하였다.[9] 그래서 거시적으로 보면 중국사상은 도(道)를 추구하는 '도학(道學)'으로 특징지어질 수 있다. 그리고 그 도학이 한국이나 일본과 같은 이웃 나라에도 전파되었기 때문에, 도는 서양과 대비되는 중국사상의 특징을 나타내는 개념이지만, 큰 틀에서는 동아시아 사상을 대변하는 개념이기도 하다.

물론 그렇다고 해서 한국사상이 '도학'이라는 범주로 다 설명될 수 있다는 의미는 아니다. 아마도 이상백이나 김경탁 등이 天(천) 또는 하늘에 주목한 이유도 이러한 맥락에서일 것이다. 도(道) 개념만으로는 다 표현될 수 없는 그 무엇이 한국사상이나 한국문화 속에 내재해 있는데, 그것을 담지하는 개념이 天(천)이나 하늘이라고 생각한 것이다. 그렇다면 우리는 한국사상의 이러한 특징을 중국의 도학에 대해서 '천학(天學)'이라고 개념화할 수 있을 것이다.

한반도의 하늘축제

한국의 천학적 특징은 현존하는 한반도에 관한 최고(最古)의 기록에서부터 보이고 있다. 지금으로부터 약 1,800년 전에 쓰여진 중국 정사(正史) 『삼국지』가 그것이다. 『삼국지』라고 하면 우리는 대개 소설로 알고 있다. 그러나 실제로는 소설보다 역사서가 먼저 나왔다. 3세기에 진수(陳壽, 233~297)가 쓴 『삼국지』가 그것이다. 소설 『삼국지』는 이것을 토대로 쓴 역사소설이다.

그런데 이 정사 『삼국지』에 한반도의 문화에 관한 최초의 공식적인 기록이 나온다. 그 출처는 『삼국지』를 이루는 세 개의 축, '위·촉·오' 삼국의 역사서 중에서 위나라 역사를 서술한 『위서(魏書)』의 한 부분인 「동이전(東夷傳)」이다. 「동이전」에는 만주와 한반도 일대에 분포해 있는 여러 나라들, 가령 부여, 고구려, 옥저, 예, 삼한 등의 사회와 문화를 대략적으로 소개하고 있는데, 흥미롭게도 이들 중 절반에 해당하는 나라에서 '제천행사(祭天行事),' 즉 하늘축제를 정기적으로 즐긴다는 기록이 나온다. 예를 들면 다음과 같다.

[부여] 은력(殷曆) 정월에 하늘에 제사 지낼 때에는 온 나라 사람들이 모두 모여서 연일 마시고 먹고 노래하고 춤추는데, 그것을 '영고'라 한다. 이때에는 형옥을 중단하고 죄수를 풀어 주었다.[10]

[고구려] 10월에 하늘에 제사 지낼 때에는 온 나라 사람들이 모두 모이는데, 이 행사를 '동맹'이라고 한다. 그 공회(公會)에서는 모두 비단에 수놓은 의복을 입고 금과 은으로 장식한다.[11]

[예(濊)] 해마다 10월이면 하늘에 제사 지내는데 주야로 술을 마시며 노래 부르고 춤춘다. 이를 '무천'이라 한다.[12]

이에 의하면 영고, 동맹, 무천과 같이 이름은 각각 다르지만, 내용이 유사한 제천행사가 한반도와 만주 일대를 중심으로 정기적으로 진행되고 있었다. 이들은 모두 '연말연초(시기), 국중대회(규모), 음주가무(내용)'라는 세 가지 요소를 공유하고 있다. 즉 해마다 연말 연초가 되면(10월, 정월) 온 나라 사람들이(國中) 대대적으로 모여서(大會) 며칠 동안 계속해서 음주가무를 즐기면서 하늘에 제사를 지낸 것이다.

이것은 지금으로 말하면 마치 '한가위'와 같은 민족 명절을 연상시킨다. 즉 국가가 주도하는 엄숙한 공식행사라기보다는, 마쓰리나 카니발과 같이 민중 중심의 축제문화의 성격이 강하다. 이 점은 선행연구에서도 이미 지적하는 바이다. 가령 제천의례 연구자인 박미라는 다음과 같이 말하고 있다.

> 고대 우리 민족의 천(天) 제사는 경건하고 엄숙한 제의라기보다는 부족 전체가 모여 음주가무를 즐기며 신명에 도취된 축제를 벌인다는 점이 주목된다.[13]

그렇다면 고구려의 기록에서 국중대회(大會)를 '공회(公會)'라고 표현하고 있는 점도 이런 측면에서 이해할 수 있을 것이다. 즉 '공회'란 '국가에서 주도하는 회의'라기보다는 '모든 이들이 참가하는 모임'이라는 뜻으로, 지금 식으로 말하면 민회[14]에 상응하는 개념이다.

공회 개념이 중요한 이유는 중국문화와의 차이를 단적으로 보여 주기 때문이다. 당시의 중국은 위·촉·오 삼국시대에 해당하는데, 이 시기에 중국에서도 제천행사는 열리고 있었다. 그러나 그것은 행사라기보다는 의례에 가까웠다. 그것도 천자 1인만이 행할 수 있는 엄숙한 정치적 의례였다. 부여나 고구려처럼 만인이 참여하는 전국적인 행사가 아니라, 천자

(天子) 한 사람에게만 허용되는 특별한 정치적 행위였다. 따라서 만약에 천자 아닌 누군가가 공식적으로 하늘에 제사지내는 의례를 거행한다고 하면, 그것은 천자의 영역을 침범하는 대단히 불경한 행위로 간주될 것이다.

이상으로부터 당시에 중국과 한반도·만주 일대에서는 하늘을 경배하는 의례가 공통적으로 거행되었지만, 그 행위 주체가 상이했다는 점을 알 수 있다. 중국에서는 제천 행위가 황제만의 특권이었던 데 반해 한반도·만주 일대에서는 모든 이에게 열려 있었다. 지금 식으로 말하면, 중국에서 하늘을 '중앙화'했다면 한반도와 만주에서는 하늘을 '민주화'한 것이다.

그런데 시간이 지남에 따라 한반도에서도 제천행사 전통에 변화가 일어났다. 중앙집권화가 진행됨에 따라 만인의 축제 성격보다는 국가에서 시행하는 의례의 성격이 강해진 것이다. 대표적인 예가 고려시대 때 원구단(圜丘壇)에서 지내던 제천의례이다. 고려 성종(재위: 981~997)은 정월과 4월에 원구에서 기곡제(祈穀祭)와 우사(雩祀)를 거행하였는데, 이것은 천제(天祭)에 해당하는 의례였다.[15] 그러다가 성리학의 이념을 채택한 조선이 건국되면 새로운 국면을 맞이하게 된다. 조선왕조가 시작되고 얼마 지나지 않은 시기에 일어난 제천의례 논쟁이 그것이다.

조선은 제후가 아니다

태종(재위 1400~1418) 말년에 연일 가뭄이 계속되었다. 그래서 태종은 고려시대 이래의 관습에 따라 하늘에 기우제를 지내려 하였다. 그러자 하륜을 비롯한 신하들이 일제히 반발하고 나섰다. 성리학의 이념에 반한다는 것이다. 제후는 천자가 아니기 때문에 하늘에 제사지낼 수 없다는 논리다.

이에 맞서 반론을 제기한 이가 춘정 변계량(卞季良, 1369~1430)이다. 변계량은 조선의 국왕이 하늘에 제사지낼 수 있다는 논리를 다음과 같이 전개하였다.

> 우리 동방에서는 하늘에 제사지내는 이치가 있었기 때문에 그것을 폐지해서는 안 됩니다. 신이 그 이유를 조목별로 설명하고자 하오니 부디 읽어주시기 바랍니다. 우리 동방은 단군이 시조인데, (단군은) 하늘에서 내려왔지 중국의 천자가 임명한 제후가 아닙니다. 단군께서 내려오신 때는 중국 요임금이 다스리던 무진년이므로, 지금으로부터 삼천 년 전의 일입니다. 하늘에 제사지내는 사천(祀天)의 의례가 언제부터 시작되었는지는 알 수 없지만, 적어도 천여 년 동안은 바뀐 적이 없습니다. 조선을 건국하신 태조대왕께서도 이런 전통을 이어서 더욱 예를 다하셨으니, 신은 사천(祀天)의 예를 폐지해서는 안 된다고 생각합니다.[16]
>
> (『태종실록』 1416년(태종 16년) 6월 1일)

이 상소문에서는 제천(祭天) 대신에 '사천(祀天)'이라는 표현을 쓰고 있다. 여기에서 키워드는 '동방·제천·단군'이다.

먼저 '동방(東方)'은 신라 시대 최치원 이래로 '한반도'를 지칭하는 개념이다. 그리고 '동방' 앞에 '吾(오)'라는 수식어가 붙어 있는 점도 주목할 필요가 있다. '오동방(吾東方)'은 번역하면 '우리 동방'이다. 지금 식으로 말하면 '우리 한반도'나 '우리 한국'에 해당한다. 참고로 吾東方(오동방)이라는 한자어는 『조선왕조실록』에서 총 231차례 나온다. 東方(동방)은 그것의 7배로 총 1,634차례나 보인다. 결코 적은 횟수가 아니다. 이 점은 조선의 정치가들이 중국과 대비되는 '조선'이라는 아이덴티티를 강하게 의식하고 있었음을 말해준다. 그런데 위의 상소문에서 변계량은 그 아이덴티티를 구성하는 요소로 '제천'과 '단군'을 들고 있는 것이다.

「단군신화」는 공식적인 문헌상에서는 13세기의 『삼국유사』에 최초로 기록되었다고 알려져 있는데, 그 기록에 의하면 단군이 등장한 시기는 중국의 요임금과 동시대로 설정되어 있다. 하지만 그 출생 과정은 요임금보다 더 신비적이다. 하늘에서 내려온 환웅(桓雄)과 지상에 살고 있는 곰이 변한 웅녀(熊女) 사이에서 태어난 반신반인(半神半人)의 존재로 그려지고 있기 때문이다.

변계량은 이와 같은 단군의 존재를 근거로 조선의 국왕도 하늘에 제사 지낼 수 있다는 논리를 전개하고 있다. 그 논리를 다시 정리해 보면 다음과 같다.

· 단군은 하늘에서 내려온 환웅의 아들이기 때문에 중국 천자가 책봉한 제후가 아니다.

· 단군은 동방에 살고 있는 모든 이들의 시조이기도 하다. 즉 조선이라는 동방공동체'의 조상이다.

· 따라서 조선에서 하늘에 제사지내는 것은 시조이자 조상에 제사를 지내는 것이기 때문에 아무런 문제가 없다.

· 실제로 지난 천여 년 동안(=삼국시대 이래로) 제천행사를 실시해 온 역사와 전통이 있다.

변계량이 보기에는 삼국시대 이래로, 가령 통일신라나 고려시대에도,

비록 만인의 축제 형태는 아닐지라도, 동방에서 제천행사는 지속되어 왔다. 따라서 그 전통을 이어야 한다는 주장이다.

이상의 변계량의 주장은 여러 가지 점에서 충격적이다. 무엇보다도 조선이 제후국임을 부정하고 있기 때문이다. 당시의 정치적 상황에서 그의 주장이 쉽게 받아들여지기는 어려웠을 것이다. 실제로 제천의례는 그 뒤로 몇 차례 실시와 중지를 반복하다가 세조 이후로는 조선의 역사에서 공식적으로 사라지게 된다. 그러나 다른 한편으로 생각해 보면, 변계량의 논리는 매우 독창적이고 핵심을 찌르고 있다. 무엇보다도 '제천'이라는 행위를 동방공동체를 구성하는 핵심 요소로 보고 있는 점이 그렇다.

종교학자 최종성에 의하면, 제천행사가 공식적으로 중단된 이후에도 민간에서는 숨어서 천제를 지내고 있었다. 이른바 '숨은 천제'이다.[17] 뿐만 아니라 중국의 영향력이 약화된 조선 말기에 이르면, 동학을 비롯한 자생 종교에서 제천의례가 부활하게 된다. 대한제국 시기의 고종도 환구단을 다시 설치하고 제천의례를 부활시켰다. 이쯤 되면 한반도인들에게 하늘에 대한 경배는 거의 '문화적 정체성'의 근간이라고 해도 과언이 아니다.

그렇다면 민간도 아니고 신종교도 아닌, 조선 성리학자들 사이에서 제천의 전통은 어떻게 논의되었을까? 비록 동아시아 질서상 국가 의례 차원에서는 중단되었다고 할지라도, 어딘가에 그 전통이 남아 있지 않았을까? 나는 그것이 조선 성리학자들의 '경(敬)'의 철학과 실천으로 이어졌다고 생각한다.

하늘을 두려워하는 정치

변계량의 상소문보다 약 25년 앞서서, 조선 왕국이 개국되고 며칠 뒤에, 사헌부에서 한 편의 상소문이 올라간다. 이 상소문에는 태조 이성계에게 보내는 통치의 요체가 담겨 있다.

> 대저 경(敬)이란 마음을 주재하는 것이자 만사의 토대입니다. 그래서 크게
> 는 하늘을 섬기고 상제를 제사지내는 일부터(事天饗帝), 작게는 일상사의
> 기거동작에 이르기까지 여기에서 벗어날 수는 없습니다. 천도를 숭상하여
> 아침저녁으로 두려워하였기 때문에 탕왕과 무왕이 흥성하였고, 덕을 무시
> 하고(滅德) 위엄을 내세우면서(作威) '경(敬)' 같은 것은 행할 게 못된다고 하
> 였기 때문에 걸왕과 주왕이 망한 것입니다. 역대의 사례를 살펴보건대 치
> 란과 흥망은 모두 여기에서 나왔습니다. 그렇다면 경(敬)이란 한 글자는
> 진실로 임금이 통치하는 근원인 것입니다.[18]
>
> (『태조실록』 1392년(태조 1년) 7월 20일. 이하 「사헌부상소문」으로 약칭)

여기에서 경(敬)은 군주가 매사에 지켜야 하는 윤리적 태도로 제시되고 있다. 그리고 그 내용은 하늘을 섬기고 상제에 제사지내는 '경건함'으로 설명되고 있다. 한 나라의 통치자라면 이와 같은 종교적 경건함을 의례에서는 물론이고 일상생활에서도 유지해야 한다는 것이다.

경(敬)의 반대는 덕을 무시하고(滅德) 위엄을 내세우는(作威) 오만한 태도다. 마치 고대 그리스에서 인간의 오만(hybris)을 경계했듯이, 조선의 성리학자들도 군주의 오만을 경계하고 있는 것이다.

그런데 경(敬)의 태도는 비단 군주에게만 요구되었던 것은 아니다. 조선 성리학자들 자신도 그것을 실천하고자 하였다. 가령 여말선초의 유학자로,『입학도설(入學圖說)』의 저자로 유명한 양촌 권근(1352~1409)은 경(敬)의 수양학을 강조한 것으로 알려져 있다. 정대환은 권근 사상과 조선유학의 특징을 다음과 같이 요약하고 있다.

> 권근의 수양론은 경(敬)으로 일관하고 있으며, 이 점 역시 조선 성리학의 한 특징으로 간주되고 있다는 점에서 볼 때 권근의 사상적인 선구자의 위치를 다시 확인하게 된다.[19]

정대환에 의하면, 조선에서는 군주뿐만 아니라 일반 사대부에게도 경(敬)이 요구되고 있었다. 그리고 그 선구자는 조선 성리학을 연 양촌 권근이고, 권근의 수양학은 이후 조선 유학의 일관된 특징으로 자리 잡게 된다. 이처럼 조선에서는 군주이건 사대부이건 할 것 없이 경건함이 강조되고 있었다는 사실은, 오늘날과 같이 세속화된 사회와는 사뭇 다른, 일종의 '정교일치(政敎一致)'의 사회였음을 짐작하게 한다. 특히 위정자에게 경(敬)의 덕목이 요구되었다는 점은, 지금과 같이 민(民)이 주체가 되는 민치(民治)의 형태가 아닌, 경(敬)이 중심이 되는 경치(敬治)의 형태를 띠고 있었음을 말해 준다. 즉 정치 주체가 일반 백성으로까지 확장되지 않은 대신에, 정치를 담당하는 위정자들에게 경(敬)의 덕목이 강조되었던 것이다.

이처럼 권근이 강조한 경(敬)의 태도는, 이후에 전개된 조선 성리학사를 살펴보면 퇴계를 거쳐 다산으로, 마침내는 동학이나 증산교와 같은 조선 말기의 자생종교에까지 이어지게 된다. 그것을 보여주는 개념이 '대월상제(對越上帝)'와 '성경(誠敬)'이다. 대월상제는 "상제(하느님)를 대하듯이 하라"라는 뜻으로, 매사에 경건한 태도를 유지하라는 명제이다. 이 개념의 유래는 비록 중국이지만 조선 성리학에 와서 더욱 강조된다. 또한 성(참됨)과 경(경건) 역시 중국 성리학에서 유래하는 개념이지만, 조선에서도 초기부터 말기에 이르기까지, 유교나 신종교를 불문하고 일관되게 강조되었다.

하늘님을 대하듯 하라

그럼 먼저 '대월상제'에 대해서 살펴보기로 하자. 이 문구는 앞에서 인용한 「사헌부상소문」에서부터 등장하고 있다.

> 바라옵건대 전하께서는 항상 마음을 다잡고 계시고 상제를 대하듯이 하시옵소서(對越上帝). 정사에 임하지 않을 때에도 항상 상제가 임재해 있다고 생각하시고(常若有臨), 정사를 처리할 때에는 더욱 잡념이 싹트지 않도록 경계하십시오. 그렇게 하면 전하의 마음의 경(敬)이 하늘의 마음을 감동시켜(感天心) 최고의 정치를 일으킬 수 있습니다.[20]

여기에서 상제(上帝)가 무엇인지에 대한 구체적인 설명은 없다. 유학에서의 상제(上帝)는 공자가 편집한 『시경』이나 『서경』에 나오는 개념으로, 주나라의 최고신을 가리킨다고 알려져 있다. 하지만 성리학에 들어오면 세상을 합리적으로 설명하려는 경향이 강해지기 때문에, 상제 개념은 적극적으로 강조되지 않는다. 한국적 문맥에서 보면, 고대 제천행사의 대상으로서의 하늘을 '상제'로 이해했다거나, 지금으로 말하면 막연한 '하느님' 정도에 해당한다고 볼 수 있다.

문제는 상제가 무엇인지에 대한 존재론적 물음보다는 상제를 대하는 방식이 강조되고 있다는 점이다. 그것을 나타내는 표현이 '대월상제'이다(여기에서 '월(越)'은 보통 어조사로 간주된다). 대월상제는 지금 식으로 말하면 매사에 "하느님을 대하듯이 행동하라"는 뜻이다. 그렇게 하면 하늘과 교감할 수 있고, 그것으로 인해 최고의 이상정치를 펼칠 수 있다는 것이다. 당시 조선의 유학자들이 성리학의 이념을 어떻게 받아들였는지를 보여주는 단적인 예이다. 그것은 한마디로 하면 경(敬)을 통한 이상정치의 실현이다.

한편 대월상제는 19세기 동학사상가 해월 최시형의 "모두가 하늘이기 때문에 매사를 하늘님 대하듯이 하라(事事天)"는 사상과도 상통한다. 다만 아직 조선 성리학의 단계에서는 동학에서와 같이 "만인과 만물이 하늘님"이라는 인내천(人乃天)이나 물물천(物物天)과 같은 존재론은 등장하지 않았다. 그러나 "하늘님을 대하듯이 행동하라"는 경건한 태도를 강조한다는 점에서는 크게 다르지 않다.

이렇게 보면 동학은 조선 성리학의 경(敬)의 윤리를 계승하면서, 그것을 존재론적으로 뒷받침한 철학이라고도 볼 수 있다. 그리고 그러한 계승과 창신의 가교 역할을 해 준 인물이 퇴계였다.

2. 퇴계의 경천사상

군주는 하늘의 자식과 같다

퇴계의 경천사상이 가장 직접적으로, 그리고 가장 분명한 형태로 드러난 문헌은 「무진육조소」이다. 「무진육조소」는 '무진년(1568)에 바친 여섯 가지 조목의 상소문'이라는 뜻으로, 퇴계가 인생 말년에 어린 선조 임금에게 바친 장문의 글이다. 지위로 보면 임금과 신하 관계이지만, 나이로 보면 68세의 할아버지가 17세의 손자에게 보내는 조언 같은 느낌이다. 흥미롭게도 여섯 가지 조목 중에서 맨 마지막에 해당하는 제6조에 '하늘'에 대한 이야기가 전개되고 있다.

> 수성(修省=수양과 성찰)을 정성껏 하여 천애(天愛=하늘의 사랑)를 이어받으십시오. (한대의 유학자) 동중서가 한무제(漢武帝)에게 다음과 같이 아뢰었습니다: "나라에서 장차 도를 잃으려고 하면 하늘이 먼저 재해를 내려 경고합니다. (…) 이로써 하늘의 마음[天心]이 임금을 사랑하여 그 재난을 그치게 하려는 것을 알 수 있습니다." 참으로 뜻깊은 말입니다.[21]

주지하다시피 퇴계는 한대의 유학보다는 송대의 신유학(=성리학)의 영향을 받은 사람이다. 그런데 여기에서는 송대의 성리학을 집대성한 주희(朱熹, 1130~1200)의 말이 아니라 한대에 유학을 국교화했다고 하는 동중서(董仲舒, 기원전 179~기원전 104)의 말을 인용하고 있다. 그 이유는 두 가지라고 생각된다. 하나는 여기에 인용되고 있는 "군주가 잘못을 하면 하늘이 경고의 표시로 재해를 내린다"고 하는 천견설(天譴說)을 주창한 선구적인 인물이 동중서이기 때문이다. 또 하나는 주희의 성리학에서는 '이기론'이라는 틀로 천(天)을 해석하는 경향이 강한데, 리(理)로 해석된 천(天)에서는 사랑의 감정을 논하기 어렵기 때문이다.

그런데 퇴계는 동중서를 인용한 후에 동중서에서 한 걸음 더 나아가는 주장을 하고 있다. 그것은 '하늘의 사랑에 대해 군주의 응답'이 필요하다는 것이다.

> 비록 그렇지만 군주는 여기에서 또 하늘의 마음[天心]이 나를 왜 사랑하는지를 알아야 하고, 내가 하늘의 마음[天心]을 어떻게 받들어야 하는지를 알아야 합니다. 이것을 깊이 생각하고 오래도록 강구하여 실제로 몸소 행한 후에야 하늘의 마음[天心]을 받들고 임금의 도리를 다할 수 있게 될 것입니다.[22]

여기에서 퇴계는 선조에게 하늘의 마음을 헤아릴 것을 요구하고 있다. 즉 하늘이 군주를 왜 사랑하는지 그 이유를 '궁리'하라는 것이다. 흔히 성리학에서는 사물의 이치를 궁리하라고 말한다. 그리고 그것이 거경(居敬)과 함께 성리학의 공부론의 한 축을 이루고 있다. 그런데 퇴계는 궁리(窮

理) 이외에 궁천(窮天), 즉 "하늘의 마음을 헤아리고 받드는 법에 대한 공부"를 군주에게 요구한다. 그리고 그것을 군주의 역할이라고 말한다. 그래서 퇴계의 논리대로라면, 일반 사대부가 사물의 이치를 궁리하는 격물(格物) 공부를 담당한다면, 군주는 거기에 더해서 하늘의 마음을 헤아리는 격천(格天) 공부도 해야 한다.

여기에서 "하늘(의 마음)을 아는 것"을 주희 같으면 "천리를 아는 것"이라고 설명했을 것이다. 가령 『맹자』에 나오는 "진심(盡心)·지성(知性)·지천(知天)"에 대해서 주희는 "그 리(理)를 세우는 것이다(所以造其理也)"라고 주석을 달고 있다(『맹자집주』「진심장구(상)」). 이에 반해 퇴계는 다음과 같이 설명한다.

> 하늘은 [만물을 덮어주고 사랑하는] 마음이 있지만 스스로 베풀 수 없어서, 반드시 가장 영특한 인간 중에서도, 가장 명철하고 뛰어나서 신(神)·인(人)과 화합하는 자를 특별히 사랑하여 임금으로 삼고, 그에게 백성을 다스리고 기르는[司牧] 일을 맡겨서 사랑의 정치[仁愛之政]를 행하도록 하는 것입니다. (…) 이렇게 사랑의 책임[仁愛之責]이 무거운 이상, 자연히 사랑의 보답[仁愛之報]에 힘써야 합니다.[23]

여기에서 퇴계는 하늘과 군주의 역할에 대해 두 가지 중요한 점을 지적하고 있다. 하나는 하늘의 '한계'이고, 다른 하나는 군주의 '응답'이다. 퇴계에 의하면, 하늘은 사랑하는 마음은 있지만 그것을 직접 베풀 수는 없다는 한계가 있다. 그래서 인간의 도움을 필요로 하는데, 그 역할을 대신할 수 있는 사람이 군주이다. 그래서 군주는 '사목의 임무'를 맡은 사람으로 위치

지워지고, 이 임무를 수행하기 위해서는 하늘과 같이 '사랑의 마음'이 있어야 한다. 그리고 이 사랑의 마음은, 마치 자식이 부모의 사랑에 대해 효(孝)로서 보답하듯이, 하늘의 사랑에 대한 군주의 보답이라고 설명되고 있다.

여기에서 우리는 하늘과 군주의 관계가 부모와 자식의 관계로 설정되고 있음을 알 수 있다. 그런 점에서 군주는 '천자(天子)'라고 부를 만하다. 그러나 원래 천자는 중국의 황제에 대해서만 쓸 수 있는 표현이다. 그런데 퇴계는 조선의 임금을 마치 '하늘의 아들'처럼 간주하고 있다. 이 점이 「무진육조소」에 나타난 퇴계의 하늘철학의 첫 번째 특징이다.

두 번째 특징은 하늘의 불완전성이다. 하늘은 사랑하는 마음은 있어도 그것을 직접 행동으로 드러낼 수는 없다. 단지 '재해'라는 형태로 비상시에 경고를 내릴 수 있을 뿐이다. 따라서 군주는 하늘의 마음을 잘 읽어서 하늘을 대신해서 사랑을 베풀어야 한다. 여기서 군주는 불완전한 하늘을 완전하게 해주는 보조인의 역할로 설정된다. 그리고 하늘의 완전성은 '사랑의 실현'으로 완성된다고 여겨지고 있다. 즉 하늘의 본질은 '사랑'이고, 그것이 있기에 만물을 길러주는 효과(德)가 있지만, 그 이상의 실현은 하늘 혼자서는 하기 어렵다는 것이다.

세 번째 특징은 하늘과 인간(여기에서는 군주)의 상호성이 강조되고 있는 점이다. 하늘과 군주는 마치 음과 양이 서로 호응하듯이, 어느 한쪽이 다른 한쪽을 따르거나 지배하는 일방적인 관계가 아니라 상호적이고 보완적인 관계로 설정되고 있다. 즉 하늘은 군주의 잘못에 경고를 내리고, 군주는 하늘의 사랑에 보답한다.

한편 퇴계는 군주가 하늘을 대하는 구체적인 방법도 조언하고 있다.

군주 된 자가 하늘이 나를 이렇게 사랑하는 것이 괜히 그런 것이 아님을 안다면 (…) 저 높은 곳에서[高高在上] 날마다 이곳을 감시하고 계시기 때문에 [日監于玆] 한 치의 속임도 허용되지 않음을 알 수 있습니다. 이 사실을 알게 되면, 평일에 반드시 마음을 다잡고 몸을 삼가며, 경건[敬]과 정성[誠]으로 상제를 받드는 일에[昭受上帝] 도를 다하지 않을 수 없고, 재해의 경고를 만났을 때 반드시 자신의 허물을 반성하고 정치를 바로잡아, 삼감[愼]과 진실[實]로서 하늘의 뜻을 감동시켜 (자신의 정성이) 거기에 이르게 하기 위해서 더욱 마음을 다할 수 있습니다.[24]

여기에서 괄호 안에 있는 사자성어는 모두 공자(孔子)가 편집했다고 하는 『시경(詩經)』이나 『서경(書經)』에 나오는 말로, 중국 성리학에서도 종종 인용되는 어구들이다. 이 단락에서 하늘은 군주에 대한 '도덕적 감시자'와 같은 존재로 설정되고 있다. 그리고 바로 이 점 때문에 군주는 경(敬)의 태도를 유지해야 한다고 말한다. 즉 군주가 경(敬)해야 하는 당위성이 위에서 감시하는 하늘의 존재성에서 도출되고 있는 것이다. 그래서 이곳의 경(敬)은 선불교나 명상에서와 같이, 자기 마음을 관조하거나 집중하는 '마음공부'라기보다는, 내 밖의 초월적 존재를 의식하면서 그 존재를 두려워하는 마음가짐을 가리킨다.

바로 이 점에서 주희가 말하는 경(敬)과의 차이가 있다. 주자학에서의 경(敬)은 흔히 '주일무적(主一無適)'으로 설명되듯이, 마음을 한 곳에 집중하는 마음공부를 말한다. 실제로 주희의 말을 모아 놓은 『주자어류(朱子語類)』에는 경(敬)에 대한 주희의 언설을 모아놓은 절이 있는데, 상제나 천 관념은 등장하지 않는다. 오히려 불교의 정좌와 성리학의 정좌의 차이에 대한 논의가 군데군데 보이고 있다.

지금까지 퇴계가 선조 임금에게 올린 상소문에 나타난 하늘철학에 대해서 살펴보았다. 여기에서는 글의 대상이 군주인 만큼 군주와 하늘의 관계가 중심 주제가 되고 있다. 이에 의하면 임금과 군주는 부모[親]와 자식[子]의 관계로 볼 수 있는데, 부모=하늘은 자식=군주를 사랑하는 마음에서 그의 도덕적 행동을 주시하고 지적하는 역할을 하는 존재이고, 군주=자식은 부모=하늘의 사랑을 대신 실현시켜 주는 존재이다. 중국철학과 비교해 보면, 조선의 군주가 하늘의 자식으로 자리매김되고 있는 점이 파격적이고, 경(敬)의 태도를 불교적인 심학(心學)의 차원에서 접근하지 않고 하늘과의 관계 속에서 설명하고 있는 점이 독특하다. 그런 점에서는 중국의 성리학보다는 불교의 영향이 덜 하고, 그 대신 고대 한반도인들의 하늘 관념의 흔적이 엿보인다.

그렇다면 군주 이외의 사람들, 즉 유학을 공부하는 학자(學者)에 대해서 퇴계는 어떤 하늘철학을 제시하고 있을까? 이번에는 퇴계가 제자와 나눈 문답에 나타난 하늘철학을 살펴보기로 한다.

리(理)는 하늘님의 현현이다

어느 날 퇴계의 제자가 퇴계에게 다음과 같이 물었다.

문: 사람이 방 안에 있으면 하늘이 보이지 않는데, 이때는 어떻게 하늘을 대해야 합니까? [25]

여기에서 제자는 '하늘을 대하는 방법'에 대해서 묻고 있다. 그런 점에서 앞서 살펴본 「무진육조소」의 제6조의 주제와 대동소이하다고 볼 수 있다. 제자가 이런 질문을 한 것은 퇴계가 평소에 이 문제를 강조했기 때문이리라. 이에 대해 퇴계는 다음과 같이 대답한다.

> 답: 지상(地上)은 모두 하늘이다. (『시경』에서) "그대와 함께 노닌다"고 한 것처럼, 어디 간들 하늘이 아니겠는가? 하늘은 곧 리이다. 진실로 리가 없는 사물이 없고 리가 없는 때가 없음을 안다면, 상제가 잠시도 (우리 곁을) 떠날 수 없음을 알 것이다.[26]

이 단락도 「무진육조소」처럼 파격적이다. 리와 상제를 동일시하고 있기 때문이다. 이 점은 마지막 문장에서, 리(理)의 편재성에서 상제(上帝)의 편재성을 도출해내는 퇴계의 설명 방식으로부터 알 수 있다. 이와 같은 해석은 퇴계의 다른 언설에서는 찾아보기 어렵지만, 그의 경천사상을 이해하는 데 중요한 단서를 제공한다. 무엇보다도 주자학과 퇴계학에서의 하늘의 위상이 어떻게 다른지를 말해주기 때문이다.

주자학에서 하늘은 '리'로 해석된다. 이 점은 퇴계도 위에서 인용하고 있다. "하늘은 곧 리이다(天卽理)"는 명제가 그것이다. 그래서 주자학은 "천→리"의 방향성을 취하고 있다. 그런데 위의 문장에서 퇴계는 반대 방향으로도 가고 있다. 즉 "리→천"으로 향하고 있는 것이다. 이에 대해서 야규 마코토(柳生眞)는 다음과 같은 지적을 하였다; "(위의 문장에서) 주자가 천을 리 쪽으로 끌어 당겼다면, 퇴계는 오히려 주자의 리를 천 쪽으로 끌어당겼다."[27]

결국 주자학에서 리로 해석된 천은, 퇴계에 오면 리를 거쳐 다시 천으로 회귀하고 있다. 그것도 그냥 천이 아니라 인격화된 천, 즉 상제(上帝)이다. 그 결과 리가 상제(하늘님)와 일치되는 형태가 된다. 그런데 주자학에서 리는 없는 곳이 없다. 즉 만물에 편재한다. 따라서 퇴계학에서는 리가 드러나는 곳이 하늘님이 현현하는 곳이 된다. 그것이 바로 맨 마지막 문장인 "상제는 잠시도 우리 곁을 떠나지 않는다"는 말의 의미이다.

이러한 해석에 따르면, 세상[地上]은 하늘님이 현현하는 신성한 세계이다. 아울러 만물은 하늘님이 깃들어 있는 신성한 존재이다. 그래서 우리는 항상 하늘님과 함께하는 세계에 살고 있고, 그래서 경(敬)하지 않을 수 없다. 이것은 중국의 성리학이 한반도에 수용되면서 생긴 변화이다. 그 변화의 중심 역할을 한 것은 '하늘' 관념이다.

주희: 리(理)의 궁극에 도달한다(到)

이제 우리는 퇴계학에서 가장 난해한 학설이라고 불리는 '이자도'의 의미에 대해서 생각해 볼 준비가 되었다. 이자도(理自到)란 "리가 스스로 도래한다"는 뜻으로, 퇴계가 세상을 뜨기 직전에 내놓은 마지막 학설이다. 줄여서 '이도설(理到說)'이라고도 한다. 이도설이 파격적인 것은 본래 주자학에서 리(理)는 운동성이 없는 무위(無爲)의 존재로 상정되고 있는데, 퇴계는 그것이 '도래한다,' 즉 "능동적으로 움직인다"고 말하고 있기 때문이다. 그것도 인간의 작용에 반응하는 형식이다. 그렇다면 어떻게 해서 이런 해석이 가능했을까? 이 점을 설명하는 것은 결코 쉽지 않다.

본래 이도설은 『대학』의 격물치지를 퇴계가 해석하는 과정에서 나온 학설이다. '격물치지(格物致知)'란 "사물을(物) 격해서(格) 앎을(知) 확장시킨다(致)"는 뜻으로, 『대학』에 나오는 8조목의 맨 첫 단계에 해당한다; 격물→치지→성의→정심→수신→제가→치국→평천하. 여기에서 주어는 '나'이다. 즉 내가 사물을 격하고(탐구하고, 이치를 궁리하고) 앎을 확장시키는 것이다.

그런데 격물(格物)과 치지(致知)의 순서를 바꾸면 물격(物格)과 지치(知致)가 된다. 실제로 『대학』에서는 "격물→치지→성의→정심→수신→제가→치국→평천하"를 말한 다음에, 어순을 바꾸어서 "물격→지치→의성→심정→신수→가제→국치→천하평"을 말하고 있다. 격물(格物)과 치지(致知)가 물격(物格)과 지치(知致)로 변하면, 주어가 '나'가 아니라 '사물'이나 '앎'이 되고, 동사인 격(格)과 지(知)도 타동사가 아니라 자동사로 변한다. 번역은 "사물이 격해지고(物格) 앎이 확장된다(知致)"가 된다.

여기에서 문제는 '격(格)'의 의미이다. 지금 우리가 쓰는 격(格)은, 인격이나 격자라는 말에서 알 수 있듯이, 일종의 '틀'이나 '기준'을 가리킨다. 그런데 『대학』의 '격물'의 경우에는 전통적으로 '이르다(至)'는 뜻으로 풀이된다. 그래서 주자학에서도 '격물'을 즉물(卽物), 즉 "사물에 즉해서" 또는 "사물에 다가가서"라고 해석하는 것이 일반적이다.

그렇다면 왜 사물에 다가가는가? 그것은 사물의 이치를 탐구하기 위해서이다. 그래야 "앎이 확장되기(致知)" 때문이다. 그래서 주자는 '격물'을 '즉물궁리(卽物窮理)', 즉 "사물에 다가가서 이치를 궁구한다"라고 부연한다. 사물과 동떨어져 있지 않고, 사물과의 관계 속에서 인간의 도리를 생각한다는 뜻이다. 여기에서 사물과 동떨어져 있는 태도는 절물(絶物)이다. '절물'은 세상과 단절된 상태에서 진리를 탐구하는 태도를 말한다.[28] 이렇게 보면 '격'이라는 한 글자에는 "사물에 다가가서 이치를 탐구한다"는 의미가 담겨 있는 셈이다. 더 줄이면 "(사물의) 이치를 탐구한다"는 말이다.

이상과 같이, 격물의 격(格)이 '이르다', '도달하다'는 의미라면, 그래서 격물이 "사물에 이르다", "사물에 다가가다"로 풀이된다면, 그리고 그 목적이 사물의 이치를 탐구하는 데 있다면, 격물의 어순을 바꾼 '물격'도 당연히 "사물이 이르다," "사물이 다가오다"로 해석되어야 할 것이다. 문제는 '이치'와의 관련성을 어떻게 볼 것인가이다. 즉 사물에 다가가는 목적은 사물의 이치를 탐구하기 위해서인데, "사물이 도달한다"는 것은 사물의 이치가 도달한다는 것인가? 그렇다면 이치(理) 자체가 움직인다는 말이 되지 않는가?

바로 여기에 주자학의 딜레마가 있다. 주자학에서 리는 운동이나 감각이라는 속성을 떠나 있는, 일종의 '부동(不動)의 동자(動者)'와 같은 존재이기 때문이다. 그래서 주자는 '물격'의 의미를 글자 그대로 해석하지 못하고 "사물의 이치의 '궁극'에 도달한다"로 독특하게 해석한다. 즉 주어는 여전히 '나'로 두고, '궁극'이라는 말을 보충해 넣은 것이다. 원문은 "物理之極處, 無不到也."(『대학장구』)이다.

여기에서 "物理之極處(물리지극처)"는 "사물의 이치의 궁극적 지점"을 말하고, "無不到(무부도)"는 "이르지/도달하지 않음이 없다"는 강한 긍정을 나타내는 이중부정 구문이다. 문제는 양자를 연결하는 조사이다. 만약에 '가'로 연결하면 "물리의 극처〈가〉 도달한다"는 의미가 되어 주사학적 맥락에서는 이상해진다. "이치가 도달한다"는 말이 되기 때문이다. 그래서 주자는 '가'가 아닌 '에'를 택한다. 즉 "사물의 이치의 궁극〈에〉 도달한다"는 뜻이라는 것이다. 여기에서 "사물의 이치의 궁극에 도달한다"는 말은 쉽게 말하면 "도통했다"는 뜻이다. 주희의 말로 하면 '활연관통(豁然貫通)'

이다. 사물의 모든 이치가 하나로 꿰뚫어진 상태이다(衆物之表裏精粗無不
到. 『대학장구』).

퇴계: 리(理)가 나에게 응답한다(到)

반면에 퇴계는 격물의 의미를 다음과 같이 해석한다.

> 이전에 제가 잘못된 학설을 견지한 까닭은, 주자의 "리는 정의(情意)도 없
> 고 계탁(計度)도 없고 조작(造作)도 없다"는 설만 지킬 줄 알아서, (주자가
> '격물치지'를 해석한 "物理之極處 無不到"의 의미를) "내가 물리의 극처를 궁구
> 할 수는 있어도, 리(理)가 어찌 스스로(自) 극처에 이를(到) 수 있겠는가?"라
> 고 보았기 때문입니다. 그래서 '물격'의 '격(格)'과 '무불도'의 '도(到)'를 모두
> "내가 격(格)하고" "내가 도(到)한다"라고 보았던 것입니다.[29]

이 말은 1570년, 퇴계가 죽기 한 달 전에 그의 논적이었던 고봉 기대승
에게 보낸 편지에 나온다. 따라서 퇴계의 가장 만년의 학설에 해당한다.
여기에서 퇴계는 자신의 평생의 생각이 잘못되었음을 인정하면서 수정하
고 있다.

먼저 "리는 정의도 없고 계탁도 없고 조작도 없다"는 말은 리는 인식 능
력이나 활동 능력이 없다는 말이다. 이것이 주자학에서의 전형적인 리 해
석이다. 퇴계는 이와 같은 리 이해에 사로잡혀서 지난날 오류를 범했다고
고백하고 있다. 그래서 주자가 '물격'을 풀이한 "物理之極處 無不到"라는
구절을 이해하는 데 있어서도, 物(물)을 주어로 보지 않고 '나'를 주어로 보

았다고 술회하고 있다. 그 이유는 物(물)을 주어로 보게 되면, 주자학적 맥락에서는 '사물의 리'가 주어가 되는데, 그렇게 되면 "사물의 리가 다가온다"는 말이 되어 주자학적인 리(理)의 정의에 어긋나기 때문이다. 그래서 퇴계는 다음과 같이 부연하고 있다.

> 이를 통해 "정의(情意)도 없고 조작(造作)도 없다"는 것은 리의 본래 그러한 본체(體)이고, 그것이 "(마음이) 머무는 곳에 따라 발현되어 이르지 않는 곳이 없다"는 것은 리의 지극히 신묘한 작용(用)을 말하는 것임을 알았습니다. 이전에는 단지 본체의 무위(無爲)적 측면만 보았지, 묘용(妙用)이 현행(顯行)할 수 있다는 사실을 몰라서, 리는 거의 죽어 있는 사물(死物)과 다름 없다고 생각한 것입니다.[30]

여기에서 퇴계는 리를 체(體)와 용(用)이라는 두 측면으로 나누어서 보는 묘안을 제시한다. 즉 체의 측면에서는 무위(無爲)이지만 용의 측면에서는 유위(有爲)라는 것이다. 주자학에서는 리의 체(體)의 측면을 강조해서 감정도 없고 의지도 없으며 활동성도 없다고 말했는데, 사실 리에는 용(用)의 측면도 있어서 발동하고 움직이며 드러날 수 있다는 뜻이다. 달리 말하면 리(理)는 죽어 있는 것이 아니라 '살아 있다(生物)'는 것이다. 이후에 퇴계의 제자인 대산 이상정은 이러한 리의 측면을 가리켜 '활리(活理)'라고 개념화하였다.

여기에서 리는 새로운 국면을 맞이하게 된다. 즉 활동성이라는 역동적 속성이 부여된 것이다. 뿐만 아니라 인간과 교감도 한다. "내가 사물의 이치를 궁구하면 사물의 이치가 나에게 다가온다"는 것이 퇴계의 해석이기 때문이다. 그래서 나와 리는, 마치 「무진육조소」에서의 군주와 하늘처럼, 서로 교감하고 감응하는 관계로 설정된다. 리는 감정도 없고 운동도 없는 것이 아니라, 수행자의 물음(궁리)에 응답할 수 있는 작용적 측면도 있다는 것이다.

그렇다면 퇴계는 어떻게 해서 이러한 해석에 도달할 수 있었을까? 여기에서 우리는 앞에서 살펴본 퇴계와 제자의 문답을 참고할 필요가 있다. 제자의 물음에 대해 퇴계는 "리가 있는 곳은 상제가 있는 곳이다"라고 대답했다. 여기에서 리는 상제의 현현(顯現)으로 이해되는데, 이와 비슷한 구조가 리도설에도 보이고 있다. 그것은 바로 '리의 현행(顯行)'이라는 개념이다. 상제가 리의 모습으로 우리에게 현현하듯이, 리도 상제처럼 인간에게 다가올 수 있다. 마치 수행자의 기도에 하늘님이 응답하듯이, 공부하는 사람이 이치를 탐구하면 그 사람에게 감응하듯이 다가온다는 것이다.

전통적으로 퇴계의 이도설은 리의 체용론으로 이해되어 왔다. 실제로 퇴계 자신이 리를 체(본체)와 용(작용)의 두 측면으로 나누어서 설명하고 있기 때문이다. 그런데 '물격'에 대한 퇴계의 해석은 리가 공부론/수양론과도 관련되어 있음을 시사한다(이 점에 대해서는 공주교대 이우진 교수로부터 계발을 받았다). 내가 '격물궁리'라는 노력(공부)을 해야 그에 대한 응답으로 리가 나에게 나타나기 때문이다. 그래서 퇴계의 리도설은 체용론보다는 본적론(本跡論)으로 이해하는 것이 더 알기 쉽다.

'본적론(本跡論)'이란 중국 중세철학(위진남북조 수당시대)에서 유행한 논의이다. '적(跡/迹)'은 '흔적'이라는 뜻으로, 원래는 '발자국'을 의미한다. 고대 중국의 제자백가였던 장자(莊子)는 발과 발자국을 나누어서, 발자국을 '적(迹)'으로, 그것의 원인인 발을 '소이적(所以迹)'으로 표현하였다.(『장자』

「천운」) 그리고 "성인의 발 그 자체를 보아야지, 그것의 찌꺼기인 발자국(=경전)에 집착해서는 안 된다"고 설파하였다.

이 짝 개념이 불교가 수용되자 '본적(本跡)'으로 정식화된다. 붓다의 현현을 적(迹)으로, 붓다 자체를 본(本)으로 설명한 것이다. 싯다르타를 비롯해서 이 세상에 나타난 모든 부처는 '흔적'에 불과하다. 그래서 기도하는 사람의 요청에 감응해서, 같은 시간에 다른 공간에서 동시적으로 출현하는 것이 얼마든지 가능하다. 이 논리는 이후에 도교에도 수용되어 도(道) 그 자체는 본(本)으로, 도(道)의 현현인 노자(老子)는 적(迹)으로 설명된다. 만물의 어미이자 구원의 근원인 도(道)는 제자백가의 한 사람인 노자의 모습으로만 나타난 것이 아니라, 그 이전과 이후에도 다른 모습으로, 가령 '광성자(廣成子)'와 같은 국사(國師)의 신분으로 세상에 출현했다는 것이다. 이것이 바로 '노자역대국사설(老子歷代國師說)'이다.

퇴계의 이도설은 이런 구조를 띠고 있다. 마치 불(佛)이나 도(道)가 수행자의 기도에 감응하여 나타나듯이, 본체로서의 리(理)도 공부하는 사람에 감응하여 나타난다고 말하고 있기 때문이다. 그래서 리는 상제와 분리된 추상적 실체가 아니라 상제의 다른 모습으로도 이해될 수 있다. 김형효의 표현을 빌리면 "이자도(理自到)는 상제내림(上帝來臨)"인 것이다.[31] 이러한 구도에서는 리에 대한 공경과 외경은 하늘님에 대한 공경과 외경에 다름 아니게 된다. 리에 대한 외경은 당연히 주자학의 영향일 것이다. 그러나 리에 대한 외경에서 하늘에 대한 외경을 보고, 거기에서 다시 리와 인간의 감응을 생각하는 것은 퇴계학의 독특한 지점이다. 아마도 이런 해석은 한반도의 하늘(님) 관념의 영향이 아닐까 생각된다.

3. 동학의 하늘철학

새로운 '도'의 등장

성리학적인 하늘 관념에 커다란 변화가 일어나는 것은 19세기이다. 19세기는 단지 하늘 관념뿐만 아니라 사상 체계 자체에 일대 지각변동이 일어난 시대였다. 구체적으로는 종래의 도(道)에 새로운 도가 추가된 것이다.

19세기 중엽까지 동아시아에는 세 가지 도(道)가 존재하고 있었다. 공자의 도와 노자의 도와 붓다의 도가 그것이다. 한문으로 표현하면 각각 공도(孔道)와 노도(老道)와 불도(佛道)가 된다. 여기에서 공자, 노자, 붓다는 모두 성인으로 인정받은 인물들로, 오랜 수양을 거쳐 최고의 경지에 이른 사람들이다. 그래서 이들이 제시한 길은 인간이라면 누구나 걸어야 할 길로 인정되었고, 그래서 그들의 가르침을 '도'라고 부른 것이다. 따라서 전통시대 동아시아에는 인간이 걸어야 할 길로 세 가지 길, 즉 삼도(三道)가 제시되었던 셈이다. 이 세 가지 길 중에서 각자 자기에게 맞는 길을 선택하면 되었다.

이렇게 안정적이었던 삼도의 구도에 변화가 생기기 시작한 것은 서양의 등장에 의해서이다. 미지의 타자는 당연히 새로운 세계관을 가지고 나타나기 마련인데, 그것이 바로 천학이다. 오늘날 '천주교'라고 부르는 종교는 19세기 전후만 해도 천학(天學), 천주의 학[天主之學], 천주의 교[天主之敎] 등으로 불리었다. 중요한 것은 학(學)의 근원이 성인이 아니라 하늘로 바뀌었다는 점이다. 즉 성학(聖學)에서 천학(天學)으로 전환된 것이다.

여기에서 천(天)이나 천주(天主)는 서양의 신(God)을 가리킨다. 오늘날 우리가 사용하는 신(神)이라는 말은 한문 고전에서는 '예측불가능하다', '신묘하다'는 의미로 사용되었기 때문에 그리스도교에서 말하는 창조주로서의 신과는 거리가 있다. 전통시대에 창조주로서의 신에 가까운 개념을 찾는다면 상제(上帝)를 들 수 있다. 그러나 유학의 경우에 상제는 세계를 주재하는 존재이지 창조한 존재는 아니다. 그리고 그 용례도 지나치게 낡은 감이 있다. 상제는 공자 이전의 시대인 은나라의 최고신을 가리키는 개념으로, 공자가 살던 주나라에 들어오면 그것이 천(天)으로 대체되기 때문이다. 그래서 동아시아에 천주교가 전래되자, 서양의 신(God) 개념을 표현하기 위해서 전통적인 천(天)에다 존칭을 의미하는 주(主)를 붙여서 '천주(天主)'라는 말을 새롭게 만든 것이다.

천(天)과 천주(天主) 사이

이 새로운 도(道)의 등장은 조선의 민중들에게 커다란 자극을 주었다. 그리고 그동안 중국사상에 가려져 있던 한국인의 하늘 관념을 기억에서 소환시켰다. 1860년에 수운 최제우(1824~1864)가 '동학'을 창시한 것은 이러한 맥락에서 이해될 수 있다. 더 흥미로운 것은 최제우가 "동학과 서학(천주교)은 같은 천도(天道)이다"라고 말한 점이다. 동아시아 유교문화권에

속해 있던 최제우가 자신의 도(道)의 계보를 유도(儒道)가 아닌 양도(洋道), 즉 서도(西道)에 둔 것이다. 이때의 정황을 최제우는 『동경대전』에서 다음과 같이 전하고 있다.

신유년(1861)에 이르러 사방에서 뛰어난 선비들이 나를 찾아와서 물었다: "지금 천령이 선생님께 강림하였다 하는데 어찌 된 일입니까?"

대답하였다: "가고 돌아오지 아니함이 없는 이치를 받은 것이다."

물었다: "그러면 무슨 도라고 부릅니까?"

대답하였다: "천도(天道)이다."

물었다: "양도(洋道)와 차이가 없습니까?"

대답하였다: "양학(洋學)은 우리 도와 같은 듯하지만 다르고, 기원하는 것 같지만 실효가 없다. 그러나 운은 하나요 도는 같고 이치는 다르다." [32]

여기에서 양도 또는 양학은 서학, 즉 천주교를 가리킨다. "천령(天靈)이 선생님께 강림하였다"는 말은 최제우가 하늘님과의 문답을 통해서 '천도(天道)', 즉 '동학'이라는 새로운 도를 받은 사건을 말한다. 그리고 서학과 동학이 "천도라는 점에서는 같지만 이치가 다르다"는 말은, 양자가 모두 하늘을 섬긴다는 점에서는 같지만 구체적인 교리 체계로 들어가면 차이가 있다는 의미이다. 그렇다면 무엇이 차이가 있을까?

그것은 바로 '하늘'의 내용이다. 동학의 하늘은 어떤 의도나 목적을 가지고[有爲] 이 세계를 창조한 전지전능한 신이 아니라는 점에서는 유학의 천(天)과 다르지 않다. 하지만 인격성을 띠면서 인간에게 계시를 내린다는 점에서는 서학의 천주(天主)와 상통하고 있다(최제우는 하늘님으로부터 계시를 받아서 동학을 창도하였다). 반면에 유학의 천(天)은 계시를 내리지 않는다. 일찍이 공자가 『논어』에서 "하늘이 무슨 말을 하더냐!(天何言哉)"고 설파했듯이, 그것은 말이 없는 무언(無言)의 하늘이기 때문이다.

이처럼 동학의 하늘은 유학의 천(天)이나 서학의 천주(天主)와 유사점도 있고 차이점도 있다. 동학에서 유학적인 요소도 보이고 서학적인 요소도 보이는 것은 이러한 이유에서이다. 그래서 동학은 유학과 서학에 포섭되지 않는 독자성을 지니고 있으면서 양자와 상통할 수 있는 포용성도 가지고 있다. 동학사상의 묘미는 여기에 있다. 훗날 동학을 계승한 천도교에서 기독교와 연합해서 삼일만세운동을 실행에 옮길 수 있었던 것도 이와 무관하지 않다.

그래서 동학사상을 이해하는 관건은 하늘의 의미를 어떻게 파악하느냐에 달려 있다고 해도 과언이 아니다. 문제는 그것이 생각보다 간단치 않다는 점이다. 중국사상에서의 천(天)이 풍부한 함의를 지니고 있듯이, 동학에서의 하늘 역시 그에 못지않게, 아니 어쩌면 훨씬 더 다양한 의미를 지니고 있기 때문이다. 천지, 만물, 사람, 부모, 생명력, 영성, 상제(하늘님) 등등의 복합적인 의미가 '하늘'이라는 단 한 글자에 녹아 있다. 따라서 문맥마다 하늘이 표현하고자 한 바가 무엇인지를 짚어내는 작업이 요청된다. 이 때 주의할 점은 동학 경전에 天(천)이나 天主(천주) 또는 上帝(상제) 등의 한자 개념이 나오기는 하지만, 그것은 어디까지나 동학적인 하늘 관념을 표기하기 위한 수단에 불과하다는 사실이다. 그 표기 이면에 담겨 있는 동학적 의미를 읽어내는 것이 중요하다.

만물은 하늘님을 모시고 있다

동학에서는 우주를 단지 물리적 법칙에 따라 운행되는 기계가 아니라 생명력을 갖고 있는 살아 있는 생명체로 본다. 그리고 그 우주적 생명력을 '일기(一氣)' 또는 '천령기(天靈氣)'라고 표현한다. 일(一)은 우주가 '한 몸'이라는 것이고, 영(靈)은 그것이 '살아 있다'는 뜻이며, 기(氣)는 우주의 '생명력'을 나타낸다. 그래서 성리학에서 리(理)로 설명되었던 우주가 이제는 기(氣)로 이해되기 시작한 것이다. 기는 리에 비해 역동적이고 감응하며 균등하다.

만물은 이 우주적 생명력으로서의 일기(一氣)를 부여받아서 생성하고 성장한다. 따라서 만물의 존재론적 근거는 일리(一理)가 아닌 일기(一氣)가 된다. 일기가 생명력을 의미한다면 천지는 그 생명력이 작동되는 공간을 가리킨다. 그래서 만물은 천지라는 공간에서 일기의 생명력으로 살아가는 존재로 이해된다.

동학에서는 이 일기를 인격화시켜서 '천주' 또는 '하늘님'이라고 하였다. 달리 말하면 각각의 개체 안에는 일기(一氣)가 작동하고 있고, 그것에 의해서 만물은 살아가고 있다는 것이다. 이것을 최제우를 이은 해월 최시형(1827~1898)은 "만물은 하늘님을 모시고 있다"고 표현하였다.

> 만물은 하늘님을 모시고 있지 않은 것이 없다. 이 이치를 알 수 있으면 살생을 금하지 않아도 저절로 금해진다.[33]

우리 인간의 변화생성은 하늘의 영기(靈氣)를 모시고 변화생성하고, 우리의 생활 또한 하늘의 영기를 모시고서 생활한다. 어찌 사람만이 하늘님을 모시고 있다고 하겠는가! 천지의 만물도 하늘님을 모시고 있지 않은 것이 없다. 저 새소리도 하늘님을 모시고 있는 소리이다.[34]

최시형이 사람뿐만 아니라 사물까지도 공경하라는 경물(敬物) 사상을 설파하는 철학적 근거가 여기에 있다. 동물이나 식물은 물론이고 대지(大地)와 같이 일견 무생물처럼 보이는 사물조차도 우주적 생명력을 가지고 살아가는 하늘(님)이라고 보았기 때문이다. 바로 여기에서 성리학적 전통에서 유지되어 왔던 인간과 만물 사이의 존재론적 차이는 해소되고, 인간은 물론이고 만물까지도 하나의 독립된 하늘로서 존엄하게 대하라는 새로운 윤리학이 정립된다. 지금으로 말하면 '포스트휴먼 윤리학(posthuman ethics)'이다.

천지가 부모이다

최시형에 의하면 만물은 일기라는 우주적 생명력을 가지고 천지라는 공간에서 살아가는 존엄한 생명체이다. 그런 점에서 일기뿐만 아니라 천지도 하늘님으로 표현된다. 양자의 차이가 있다면, 천지는 일기라는 생명력을 만물에게 부여하고 길러주는 역할을 하고, 그런 점에서 일종의 부모와 같은 존재로 간주되고 있다는 점이다. 해월이 천지를 부모로 여겨야 한다고 설파하는 이유가 여기에 있다. 천지는 우리를 낳아준 부모보다 더 부모다운 진짜 부모이자 더 큰 부모이기 때문이다.

① 무릇 이 몸과 머리카락은 모두 천지부모의 소유이지 나의 사유물이 아니다.[35]

② 천·지·부·모 네 글자는, 글자는 비록 각각 다르지만 실은 모두 하나의 '천'이라는 글자다. 그렇다면 천지가 부모이고 부모가 천지이다. 천지와 부모는 애초에 간극이 없다.[36]

여기에서 최시형은 마치 유교에서 말하는 "신체와 머리카락과 피부는 부모로부터 받았으니 감히 훼손하지 않는 것이 효도의 시작이다"[37]를 연상시키는 사상을 설파하고 있다. 다만 차이가 있다면 부모가 '인간'에서 '천지'(우주·자연)로 확장되고 있다는 점이다. 즉 인간 부모가 아닌 천지(자연) 부모를 진짜 부모로 여겨야 한다는 것이다. 그 이유는 우리가 존재할 수 있는 궁극적 근거는 자연이기 때문이다(인간 부모는 그 일부에 해당한다). 우리는 자연으로부터 빛과 산소 그리고 먹거리 등을 제공받아 생명을 유지하고 있다. 우리를 낳아준 친부모 또한 예외는 아니다. 따라서 진정한 부모는 우리를 둘러싼 환경 전체, 즉 자연이 되어야 한다는 것이다.

바로 여기에 동학과 유학의 사상적 차이가 존재한다. 최시형은 일견 효친(孝親)사상, 즉 "어버이에게 효를 다해야 한다"는 유학적 가치를 말하고 있는 것 같지만, 내용적으로 보면 그 어버이가 인간에서 천지(자연)로 확장되고 있다는 점에서 유학적 세계관을 탈피하고 있다. 최시형과 같이 천지부모 사상을 밀고 나가면, 유학에서 중시하는 족보나 예(禮)와 같은 문화는 별 의미가 없어지기 때문이다. 그것들은 어디까지나 '혈연'을 중심으로 만들어진 규범으로, 그 중심에는 나를 낳아준 인간 부모가 자리 잡고 있는

데, 이 중심이 '자연'(천지)으로 이동했기 때문이다. 그래서 최시형은 진정으로 감사하고 보은해야 할 대상은 바로 '천지'라고 말한다.[38] 이처럼 동학은 유학의 인간중심주의를 탈피하고, 그 자리를 천지(자연) 또는 천(하늘)으로 대체함으로써 새로운 가치체계를 제시하고 있다.

큰 하늘과 작은 하늘

최시형의 천지부모 사상에 의하면 인간은 천지라는 부모에 의해 양분을 공급받고 있는 태아에 다름 아니다. 최시형은 이것을 임산부의 '포태'에 비유한다.

> 천지가 부모이고 부모가 천지이다. 천지와 부모는 한 몸이다. 부모의 포태가 천지의 포태이다. 요즘 사람들은 단지 부모의 포태의 이치만 알지 천지의 포태의 이치는 알지 못한다.[39]

여기에서 '포태'는 '태내의 아이를 둘러싸고 있는 얇은 막'을 말한다. 인간은 천지라는 포태에 둘러싸여 있는 태아에 다름 아니라는 것이다. 이것은 천지와 인간의 일체성, 불가분리성을 강조하는 비유이다. "사람이 하늘이고 하늘이 사람이다"[40]는 해월의 명제는 이런 의미로 이해할 수 있다.

반면에 인간의 개체성, 독립성에 주목하면 인간은 천지라는 부모로부터 탄생한 작은 천지가 되는 셈이다. 다만 공간적으로는 천지라는 부모의 품안에서 살고 있다. 그런 점에서 천지는 인간이 살고 있는 거대한 '집'으로 비유될 수 있다. 결국 인간이라는 존재는 천지라는 거대한 하늘(생명체) 속에 살고 있으면서 동시에 그 자체로 완전하고 독립된 작은 하늘(생명체)이다.

그래서 논리적으로 보면 이 우주에는 두 종류의 하늘이 있는 셈이다. 하나는 우주라는 거대한 하늘이고, 다른 하나는 만물이라는 작은 하늘이다. 그러나 이 두 종류의 하늘은 단절되어 있는 것이 아니라 태아를 품은 엄마처럼 한 몸을 이루고 있다. 그렇다고 해서 엄마가 태아와 동일한 것은 아니다. 태아는 태아대로 완성된 개체로서 존재한다. 바로 여기에 하늘과 인간, 인간과 하늘의 연속성과 상호성이 존재한다.

하늘과 인간의 상호의존

전통적으로 중국의 천(天)은, 또는 그리스도교의 신(God)은 완전한 존재로 여겨지고 있다. 그리스도교의 신은 우주를 창조한 완전자이고, 성리학에서 천은 우주의 질서를 주재하는 리(理)에 다름 아니다. 그러나 동학에서의 하늘은 불완전한 존재로 설정되고 있다. 그런 점에서는 퇴계의 「무진육조소」에 나타난 하늘과 유사하다. 「무진육조소」에서의 하늘은 자신의 사랑을 직접 베풀지 못하고, 군주의 도움을 받아야만 실현할 수 있는 존재로 자리매김되고 있기 때문이다.

반면에 동학에서 하늘이 불완전한 이유는 하늘 또한 하나의 생명체이기 때문이다. 생명체는 상황에 따라 죽을 수도 병들 수도 있다. 그래서 최시형은 어린아이를 때리면 하늘을 죽이는 것이라고 하였다.[41] 최시형이 하늘과 인간의 관계를 상호의존적, 또는 상호협력적으로 설정하는 이유도 이러한 맥락에서이다.

① 사람은 먹거리에 의존하여 자신의 생성의 바탕으로 삼고, 하늘은 사람에 의존하여 자신의 조화를 드러낸다. 사람이 호흡하고 움직이고 운동하고 옷을 입고 밥을 먹는 것은 모두 하늘의 조화의 힘이다. 하늘과 인간이 서로 함께하는 원리는 잠시도 떠날 수 없다.[42]

② 사람은 하늘을 떠나지 않고 하늘은 사람을 떠나지 않는다. 그래서 사람이 호흡하고 움직이고 옷을 입고 밥을 먹는 것은 모두 (하늘과 사람이) 서로 함께하는(相與) 원리이다.[43]

③ 하늘은 사람에 의존하고 사람은 먹거리에 의존한다. 만사를 아는 것은 밥 한 그릇의 이치를 아는 것이다.[44]

앞에서는 천지를 하늘로 보아서, 하늘과 인간의 관계를 산모와 태아의 관계로 비유하여 양자의 일체성을 강조했다면, 여기에서는 일기(一氣)를 하늘로 표현하면서, 하늘과 인간의 상호협력(相與)을 강조하고 있다. 인간은 먹거리에 들어 있는 일기(우주적 생명력)를 먹음으로써 살아가고, 일기는 인간의 활동에 의해서 자신의 생명력을 표현하기 때문이다. 밥 한 그릇은 이러한 상호관계를 보여주는 대표적인 예이다. 인간은 밥 한 그릇에 담겨 있는 우주적 생명력을 먹음으로써 살아가고, 반대로 우주적 생명력은 인간의 활동에 의해서 자신의 생명력을 표현한다.

하늘이 하늘을 먹는다

해월은 인간이 먹거리를 먹는 행위도 하늘과 인간의 상호의존 관계로 이해하고, 그것을 "하늘이 하늘을 먹는다"고 표현한다.

> 하늘은 만물을 만드시고 만물 안에 계시기 때문에 만물의 엣센스(精)는 하늘이다. 만물 중에서 가장 영적인 것이 사람이니 사람은 만물의 주인이다. 사람은 탄생한 것만으로는 사람이 되지 못하고 오곡백과의 양분을 받아야 살아가는 것이다. 오곡은 천지의 고기이니, 사람은 이 천지의 고기를 먹고 영적인 힘(靈力)을 발휘하게 하는 것이라. 그래서 하늘은 사람에 의존하고 (天依人) 사람은 먹거리에 의존하니(人依食), 이 "하늘이 하늘을 먹는"(以天食天) (이치) 아래에 서 있는 우리 인간이 심고(心告)로써 천지만물의 융화상통을 어찌 얻지 못하리오.[45]

여기에서 엣센스로 번역한 정(精)이나 영적인 힘으로 번역한 영력(靈力)은 일기, 즉 우주적 생명력의 다른 표현이다. 따라서 동학에서 "인간이 가장 영적이다(最靈)"는 말은 "인간이 우주적 생명력을 가장 잘 발휘한다"는 의미이다. 동학의 인간관이 유학이나 서양의 인간관과 갈라지는 지점은 여기이다. 유학은 인간만이 도덕적 이성을 가장 잘 실현시킬 수 있다고 보고, 서양은 인간만이 수학적 이성을 가장 잘 활용할 수 있다고 본다. 반면에 동학은 인간이야말로 만물 중에서 우주적 생명력을 가장 잘 발현할 수 있다고 생각한다. 그런데 그 생명력의 발현은, 개인적 양생(養生)을 지향하는 것이 아니라, 만물에 대한 존중으로 구현된다는 것이 동학의 윤리학이다.

지금까지 살펴본 최시형의 생명론적 인간관과 세계관은 이후의 한국 역사에서 정치운동과 사회운동 그리고 철학 체계로 발전된다. 1894년의 동학농민혁명에서는 "살생을 금한다"는 농민군의 규율로 실현되었고, 1919년의 삼일만세운동에서는 천도교와 기독교 연합의 비폭력평화주의로 드러났다. 1930년대에는 서양철학을 수용한 이돈화의 『신인철학』으로 이어지고, 해방 이후에는 70년대에 윤노빈의 『신생철학』(1974)과 80년대에 김지하의 생명사상으로 발전되었다. 나아가서 1985년에는 장일순·김지하·박재일·최혜성·이경국·이병철 등에 의해 '한살림'이라는 생명운동으로 꽃을 피웠고, 이 흐름이 2000년대에 들어서 도법 스님 등의 평화운동과 결합되어 생명평화운동으로 발전하다가, 마침내 2017년에는 평화적인 촛불혁명으로 완성된다.

지금까지 고대 부족국가의 제천행사, 퇴계의 경천사상, 그리고 동학의 하늘철학을 대략적으로 살펴보았다. 이 삼자에 나타난 두드러진 특징을 정리해 보면 다음과 같다.

먼저 하늘은 만인에게 열려 있는 것으로 인식되고 있다. 고대의 제천행사가 그렇고, 동학의 시천주(侍天主)나 인내천(人乃天)이 그렇다. 그 사이의 시기에는 중국의 유교가 수용되어, 경(敬)과 같은 윤리적 덕목으로 표현된다. 또한 변계량의 '동국제천설'에서 알 수 있듯이, 하늘은 동방=한반도 사람들의 아이덴티티를 상징한다. 이 점은 동방의 시조로 여겨지는 단군이 하늘에서 내려왔다는 전설과도 무관하지 않다. 조선 말기에 민관(民官) 양쪽에서 천제(天祭)를 부활시킨 것도 이런 맥락에서 이해할 수 있다.

하늘은 인간과 감응하고 상호작용하는 존재로 이해되고 있다. 이것은 고대의 제천행사, 퇴계에서의 인격적 하늘 개념과 리와의 감응, 동학에서의 하늘과의 대화 등에서 확인할 수 있다. 또한 하늘은 인간의 도움을 필요로 하는 불완전한 존재로 인식되고 있다. 그래서 하늘과 인간은 상호협력하는, 일종의 파트너 관계로 설정되고 있다.

지금 우리가 사는 시대는 '인류세(anthopocene)'로 규정되고 있다. 인류세란 인간과 자연이 서로 겹쳐지고 상호 침투하는 시대를 말한다. 인간은 과학으로 자연을 개조하고, 그 결과가 다시 인간에게 돌아온다. 최근의 기후변화가 대표적인 예이다.[46] 그런 점에서 인류세는 최시형의 표현을 빌리면 '천인상여(天人相與)'가 화두가 된 시대라고 할 수 있다. 인간과 자연의 힘의 균형이 요청되는 시대인 것이다. 인간이 자연을 압도하면, 전적으로 인공의 세계에서 살게 될 것인데, 과연 그것이 얼마나 지속가능할지 의문이다. 그렇다고 해서 과거와 같이 인간이 자연의 법칙에 순응하는 시대로 회귀하는 것도 이미 늦었다. 그렇다면 양자의 균형을 어떻게 유지할 것인가가 앞으로 지구에서의 거주가능성을 판가름하는 관건이 될 것이다.

하늘

—

종교

—

실학

—

개벽

—

도덕

—

생명

제2장
종교

───

동아시아의 주류 사상은 유교·불교·도교의 '삼교(三敎)'로 알려져 있다. 그렇다면 여기에서 '교(敎)'는 종교를 말하는가? 만약에 종교를 가리킨다면 동아시아에는 종교가 3개만 있었다는 것인가? 그리고 철학은 없었다는 말인가? 교(敎)가 종교를 나타낸다면 서양의 religion과의 차이는 무엇인가? 중국에서 삼교(三敎)는 어떤 과정을 거쳐서 형성되었는가? 그것은 동아시아에 religion 개념이 수용되었을 때 어떻게 대응하고 어떤 변용을 일으켰는가? 이 장에서는 religion으로서가 아닌 '가르침'으로서의 교(敎) 개념에 주목하여, 종교에 대한 태도에서 보이는 한국 사상의 특징을 살펴본다.

1. 교(敎)의 사상 형태

유교는 종교인가?

동양철학을 공부하다 보면 흔히 접하는 질문 중의 하나가 "유교는 종교인가?"라는 물음이다. 2011년에 번역된 임계유의 『유교는 종교인가?』는 이 물음을 전면에 내세운 책이다.[1] 이와 더불어 최근에는 religion의 번역어로서의 '종교' 개념에 대한 논의도 더해지고 있다. 2016년에 국내에 소개된 이소마에 준이치의 『근대 일본의 종교 담론과 계보』가 대표적인 예이다.[2]

내가 생각하기에 이런 논의들은 태생적 한계가 있다. 그 이유는 전통시대 동아시아의 교(敎) 개념에 대한 이해를 결여하고 있기 때문이다. 즉 유교(儒敎)나 불교(佛敎)라고 할 때의 교(敎) 개념의 역사성에 대한 이해가 부재한 상태에서, 암암리에 서양의 종교(religion)나 철학(philosophy)의 틀을 가지고 논의를 시작하고 있는 것이다.

이러한 접근은 과거의 유교를 오늘날의 종교나 철학이라는 틀에서 해석한다는 점에서는 의미가 있을지 몰라도, 과거의 유교가 어떤 범주에 속했는지를 이해하는 데에는 오히려 방해가 된다. 그래서 "유교는 종교인가

철학인가?'라는 질문은 영원히 끝나지 않은 채 계속된다. 왜냐하면 유교라고 할 때의 교(敎)는 서구적인 철학이나 종교와는 범주 자체가 다를 뿐만 아니라, 종교적 요소와 철학적 요소가 혼재해 있기 때문이다. 이 점은 불교나 도교의 경우도 마찬가지이다. 그렇다면 전통시대 동아시아인들이 말해 왔던 교(敎)는 과연 무엇인가?

'교(敎)'의 사상사

고대 중국의 제자백가에는 유·불·도 삼교(三敎)를 가리키는 교(敎) 개념은 등장하지 않는다. 즉 유교(儒敎)나 불교(佛敎) 또는 그것과 대응되는 도교(道敎) 같은 용어는 나오지 않는다.[3] 제자백가에 단골로 등장하는 개념은 교가 아니라 '도(道)'이다. 그 이유는, 제1장에서 언급했듯이, 제자백가가 기본적으로 도에 대해 논쟁한 철학자들이기 때문이다. 여기서 도는 무질서해진 천하의 질서를 바로잡을 수 있는 철학적 길잡이를 가리킨다. 유가가 말하는 '선왕의 도'(先王之道)나 도가가 말하는 '천도(天道)' 등이 그러한 예이다.[4]

교(敎) 개념이 중국사상사에서 본격적으로 등장하기 시작한 것은 제자백가 시대가 끝날 무렵인 『순자(荀子)』에서부터이다.[5] 예를 들면 정교(政敎)나 법교(法敎) 또는 교화(敎化)나 유교(儒敎) 등이 그것이다.[6] 이 중에서 '교화'는 교(敎)의 가장 원초적인 의미를 나타내는 개념으로, '가르침[敎]에 의한 변화[化]'를 뜻한다. 여기에서 가르침의 주어가 성인이라는 점에서 '성인지교(聖人之敎)'(『효경』「성치(聖治)」)라고도 하는데, 이 말은 이후에 '성교(聖敎)'라는 개념으로 정식화되었다.

그래서 교화로서의 교(敎) 개념을 참고해서 정교(政敎)나 법교(法敎)의 의미를 풀이하면, 정교는 '(성인에 의한) 교화로서의 정치', 법교는 '(성인에 의한) 교화의 수단으로서의 법'이라는 뜻이 된다. 즉 정교는 '정치와 종교의 일치'를 의미하기보다는 '정치는 곧 교화'라는 의미이다. 그리고 그 교화의 수단을 예의(禮義)로 삼고 있다는 점에서 『순자』에서는 '예의교화(禮儀敎化)'(「의병(議兵)」)라고 말하고 있다.

'유교' 개념도 『순자』에 처음 등장하는데, 이후에 "한대(漢代)에 유교가 국교화되었다"라고 말할 때의 그 유교 개념의 원형에 해당한다. 그래서 순자는 오늘날 우리가 '유교'라고 말하는 개념을 처음으로 제시한 사상가가 된다(공자의 언행을 기록한 『논어』에는 '유(儒)' 개념만 나온다). 『순자』에서 말하는 '유교'는 직역하면 '유(儒)에 의한 교화'라는 뜻으로, 구체적으로는 '성인이 제정한 예의에 의한 백성들의 교화(禮儀敎化)'를 가리킨다.

"한대에 유교가 국교화되었다"는 말의 의미는 제자백가의 여러 '도'들(daos) 중에서 유학이라는 '도'만을 천하를 교화할 수 있는 사상으로 인정했다는 의미이다. 즉 유학이 국가에서 지정한 공식적인 '가르침'이 된 것이다. 지금으로 말하면 유학의 텍스트가 일종의 국정교과서가 된 셈이다. 이 국정교과서를 당시에는 '경(經)'이라고 하였다. 그리고 이 '경(經)'으로 교화를 한다'는 의미에서 '경교(經敎)' 개념도 사용되었다.[7]

한대가 끝나고 위진(魏晉) 시대를 거쳐 동진(東晉) 시대에 이르면, 유교 이외에 또 다른 교를 인정하려는 움직임이 일어난다. 지도림(支道林)이나 혜원(慧遠)과 같이 불도(佛道)를 숭상하고 있던 일련의 지식인들이, 마치 제자백가의 유도(儒道)가 한대에 유교(儒敎)로 격상되었듯이, '불도'(Buddhism)를 '불교'(Teaching of Buddha)로 격상시키자는 주장을 하기 시작한 것이다. 이 때에 일어난 논쟁이 「사문불경왕자론(沙門不敬王者論)」이다.

이 논쟁은 "승려가 왕에게 예를 표해야 하는가 아닌가?"를 둘러싸고, 당시의 최고 권력자와 불도 옹호자들 사이에서 일어난 논쟁으로, 외래의 불도가 유교 국가에서 승인받기 위해서는 반드시 거쳐야 하는 통과의례와 같은 것이었다. 결국 승려가 왕에게 예를 표하는 조건으로 '불교'로 인정받는 것으로 논쟁은 마무리된다. 이후에 당대(唐代)에 전개된 도불(道佛) 논쟁에서[8], 어떤 유학자가 "동진(317~420)과 유송(420~479) 시대 이래로 불교가 비로소 성행하기 시작하였다"[9]고 한 것은 이러한 사정을 말해주고 있다. 동진 시기에 불도(佛道)가 중국의 국교(國敎), 즉 '공식적인 가르침'으로 인정받자, 이것을 계기로 붓다의 철학이 마침내 지식인들 사이에서 널리 퍼지기 시작한 것이다. 이로써 중국은 일교(一敎) 체제에서 이교(二敎) 체제로 전환하게 된다. 다교(多敎) 시대가 열린 것이다. '이교(二敎)' 개념이 이 시기 이후에 등장하는 것은 이러한 배경에서이다.[10]

한편 불교의 성립에 자극을 받은 중국의 신선도(神仙道) 계열에서도 교(敎) 체제로의 정비를 시도하는데, 이 때 활약한 이가 유송(劉宋) 시대의 천사도(天師道) 도사(道士) 육수정(陸修靜, 406~477)이다.[11] 육수정 등은 불교의 윤회설과 경전 체제, 구원 의례 등을 전폭적으로 받아들여, 그동안 개인적인 불로장생의 수준에 머물러 있던 신선도를 '도교'라고 하는 교(敎)의 체제로 정비하였다.

이 과정에서 탄생한 경전이 '영보경(靈寶經)'이라는 명칭이 붙은 경전들로, 『태상동현영보무량도인상품묘경(太上洞玄靈寶無量度人上品妙經)』이나 『동현영보자연구천생신장경(洞玄靈寶自然九天生神章經)』 등이 대표적이다. 영보경에는 중생들의 구제라고 하는 불교의 대승적 세계관, 또는 백성을 구제한다고 하는 유교의 겸제(兼濟)적 세계관이 바탕에 깔려 있다. 이것은 어떤 사상이 교(敎)로 인정받기 위해서는 반드시 만인을 구제할 수 있는 교화사상이 있어야 하기 때문이다. 뒤집어 말하면 구제사상이나 교화사상이 희박한 사상체계는 중국에서 주류사상으로 인정받기 어렵다는 뜻이다.

4세기 동진시대부터 불교가 중국에서 성행하기 시작했듯이, 5세기 유송시대에는 육수정의 활약으로 도교 또한 중국의 지식인 사회에서 성행하게 되는데, 이 상황을 마추(馬樞)의 『도학전(道學傳)』「육수정전(陸修靜傳)」에서는 다음과 같이 서술하고 있다.

> 태시 3년(467년) 선생(=육수정)이 법문을 크게 드러내고 경전을 심화시키니 조야(朝野)가 주목하고 도속(道俗)이 귀의했다. 도교는 이 때에 성행하게 되었다.[12]

이로써 유교와 불교에 이어 도교도 중국의 교(敎)의 대열에 합류하게 되었다. 마침내 유불도 삼교시대가 열리게 된 것이다. 곧이어 한반도에도 불교와 도교가 전래되는데, 그 시기는 중국에서 불교와 도교가 성립한 시기와 거의 일치한다. 즉 중국에 새로운 교(敎)가 성립되자마자 한반도에도 곧바로 직수입된 것이다.

한편 유불도 삼교(三敎)는 '성인의 가르침'이라는 점에서 '성교(聖敎)'라고도 불렸다. 가령 당나라 현종의 『효경주소(孝經注疏)』에 나오는 성교(聖敎)는 '유교'를 가리키지만(제11장 「오형(五刑)」), 『대당삼장성교서(大唐三藏聖敎序)』에 나오는 성교는 '불교'를 지칭한다. 또한 성교(聖敎)와 짝이 되는 개념은 성학(聖學)인데, 퇴계의 『성학십도(聖學十圖)』나 율곡의 『성학집요

(聖學輯要)』에 나오는 '성학'이 그것이다. 여기에서 가르치고[敎] 배우는[學] 대상은 성인의 도(道), 즉 성도(聖道)이다. 성인이 제시한 길[道]이 곧 배움 [學]과 가르침[敎]의 대상인 것이다.

말씀의 가르침

교(敎)는 '성인의 말씀에 의한 가르침'이라는 점에서 '경교(經敎)'라고도 하는데, 경교의 형식적 특징은 성인의 말씀에서 시작된다는 점이다. 이러한 특징은 유학의 창시자인 공자의 언행을 기록한 『논어』에서부터 보이고 있다. 『논어』는 '子曰(자왈)'이라는 말로 시작되는데, 여기에서 子(자)는 '스승'을 가리키므로, '자왈'은 '스승(子)의 말씀[曰]'이라는 뜻이다. 이러한 형식은 이후의 불교 경전과 도교 경전에서도 반복된다. 가령 불교 경전인 『불설태자서응본기경(佛說太子瑞應本起經)』은 '佛言(불언)'이라는 말로 시작되고(T3-472c), 도교 경전인 『태상동현영보무량도인상품묘경(太上洞玄靈寶無量度人上品妙經)』 역시 '道言(도언)'이라는 말로 시작된다. 佛言(불언)이나 道言(도언)은 모두 子曰(자왈)의 불교적, 도교적 버전에 해당한다.

반면에 노자(老子)는 이러한 '말씀의 체계에 의한 교화'라고 하는 경교(經敎)의 사상 형태에 반대하는 입장을 취했다. 그 이유는 최진석의 다음과 같은 지적에서 찾을 수 있다.

『노자』에게는 자연의 존재 형식이 근거이고, 공자에게는 성인의 말씀[曰]으로 전승되는 전통이 근거이다. 그래서 『도덕경』은 '是以'(그래서)를 매개로 독자와 만나고, 『논어』는 '曰(왈)'을 매개로 독자와 만나게 된다. 『도덕

경』에 '曰(왈)'이라는 표현이 한 번도 나오지 않는 것은 우연이 아니다.[13]

즉, 노자는 철학의 근거를 문화적 전통이 아닌 자연의 원리에 두기 때문에 말씀의 형태를 취하지 않는다는 것이다. 이러한 입장은 장자의 경우에도 마찬가지이다. 장자는 성인의 말씀을 기록한 경전을 술을 빚고 남은 찌꺼기(糟魄)나 발이 남긴 발자국(陳跡)에 불과하다고 보았다.

> 임금께서 읽고 계신 것은 고인의 찌꺼기일 뿐입니다!"
>
> (君之所讀者, 古人之糟魄已夫!)
>
> -『장자』「천도」

> 대저 육경은 선왕이 남긴 발자국이다. 그것이 어찌 (발자국을 남긴) 발 그 자체이겠는가! (夫六經, 先王之陳跡也. 豈其所以跡哉!)
>
> -『장자』「천운」

여기에서 조박(糟魄)은 술 찌꺼기를 말하고, 진적(陳跡)은 남겨진 흔적을 의미하며, 소이적(所以跡)은 그 흔적이 생긴 까닭을 가리킨다(跡은 迹이라고도 쓴다). 적(跡)은 구체적으로는 발자국을 가리키기 때문에, 소이적은 그 발자국을 만든 발을 말한다. 그래서 술 찌꺼기나 발자국이 결과라면, 술이나 발은 원인에 해당한다.

이 소이적(所以跡)과 적(跡) 개념은 앞에서도 소개했듯이(제1장 제2절), 이후에 불교에서 '본적(本跡/本迹)'으로 정식화되면서 그 의미가 확장된다. 가령 적(跡)은 붓다의 가르침이나 이적(異蹟)과 같은 현상적인 측면을, 본(本)

은 붓다의 지혜나 경지와 같이 그 현상을 가능하게 하는 형이상학적 측면을 가리키는 말로 사용된다.[14] 아울러 본적과 유사한 범주로 '체용(體用)'이 쓰이기 시작하는데, 본적이 붓다나 노자와 같은 성인의 존재 방식을 설명하는 범주라면, 체용은 존재 일반을 설명하는 범주로 사용된다(가령 물(水)=체(體), 파도(波)=용(用)과 같이).

	장자			불교		
원인	술	발	소이적	본	체	본체
결과	술 찌꺼기	발자국	적	적	용	현상

장자가 예로 들고 있는 찌꺼기와 술, 또는 발자국과 발의 비유는 경전과 현실 또는 문자와 진리의 관계로 치환될 수 있다. 즉 문자와 언어로 고착화된 가르침은 역동적으로 변화하는 현실을 온전히 담아낼 수 없고, 그런 의미에서 현실에 대한 대응력[應物]이 떨어지기 마련이다. 『장자』의 표현을 빌리면 "무궁하게 대응할 수" 없다.[15] 노자나 장자가 경교(經敎)나 언교(言敎)의 사상 형태 대신에, 불언지교(不言之敎)나 不敎(불교)를 지향하는 것은 이러한 이유에서이다.[16]

한편 장자는 '불교(不敎)'라는 표현에서 알 수 있듯이, 가르침이라는 형태 그 자체까지 경계하고 있는데, 그 이유는 제도화된 가르침은 특정 세계관에 대한 집착과 그에 따른 인식론적 편견을 낳는다고 생각하기 때문이다. 장자가 "편협한 학자에게 도(道)를 말할 수 없는 것은 가르침(敎)에 구속되어 있기 때문이다."(『장자』「추수」)라고 말한 것은 이러한 이유에서이다. 이것은 하나의 가르침을 절대시하는 일종의 일교주의(一敎主義)[17]에 대한 경계이다.

노장의 반교(反教)사상

이상의 논의를 정리해 보면 다음과 같다. 도가(道家), 그중에서도 특히 장자는 일교(一敎)나 경교(經敎)와 같이 특정한 세계관[道]을 유일한 진리로 절대시하는 태도나(장자의 용어로 말하면 '성심(成心)'에 해당한다), 그 세계관을 가르침[敎]의 형태로 전승하는 경교의 사상 형태에 반대하는 입장을 취하였다. 우리는 이것을 '반교사상' 또는 '반교주의'라고 부를 수 있을 것이다.

한편 장자는 경교(經敎)를 거부하고 대도(大道)의 상태를 제시하는데, 대도(大道)란 여러 세계관들(道) 사이의 소통과 조화를 가능하게 하는 허심(虛心)의 경지를 말한다. 장자는 특정한 신념 체계에 집착하는 상태에서 벗어나면 "여러 도들이 서로 통하여 하나가 되는 경지에 이른다"(道通爲一)고 하였다. 여기서 말하는 통일(通一)은 하나의 가치체계로 수렴시키는 통일(統一)이 아니라, 여러 세계관들(many daos)[18]이 나름의 타당성을 지닌 가치체계임을 인정하는 제물(齊物)의 경지로 해석될 수 있다. 이러한 통일(通一) 사상은 이후에 원효에 이르면, 코끼리의 모습을 묘사하는 맹인의 주장도 "각각 일리가 있다"고 하는 화쟁사상으로 표현된다.

교(敎)에 대한 노장의 부정적인 입장은 이후에 도교가 성립되면 좀 더 타협적인 형태를 띠게 되는데, 그것은 대도(大道)와 경교(經敎)의 융합으로 나타난다. 달리 말하면 노장의 도(道)에 순자적 교(敎)를 결합시켜 도교(道敎)를 만든 것이다. 여기에는 불교의 영향이 작용하였는데, 가령 승조나 길장은 리(理)/지(智)와 교(敎)/사(事)를 나누어서, 리와 지를 성인의 형이상학적인 차원으로, 교와 사를 성인의 형이하학적인 차원으로 설명하였는데, 이러한 도식은 도교에도 그대로 수용되었다.

예를 들면 길장과 동시대의 인물로 7세기에 도교계를 대표했던 성현영은 『노자』와 『장자』를 도(道)와 교(敎)의 두 범주를 가지고 해석하였다. 즉 『노자』에서 말하는 우주 생성의 근원으로서의 도(道)는 억겁의 오랜 시간 동안 수행을 쌓아서 깨달음의 경지에 이른 태상도군(太上道君)과 같은 성인의 다른 이름이고, 노자는 이 성인이 매 왕조마다 중생을 구제하기 위해 세상에 현현한 국사(國師) 중의 한 사람이며, 『도덕경』은 그의 가르침[敎]을 적은 경전이라는 것이다. 이처럼 도교에 이르면 노장의 도(道)가 만물의 생성과 중생의 구제를 모두 담당하는 우주론적인 성인으로 재해석되는데, 이것은 노장의 도(道) 개념에 불교적 세계관을 가미하여 교(敎)라는 사상 형태로 담아냈기 때문이다.

동서 융합의 '종교' 개념

지금까지 『순자』에서 시작된 교(敎) 개념을 중심으로, 중국에서의 삼교의 성립과 전개, 그리고 교(敎)의 사상 형태를 둘러싼 서로 다른 입장에 대해 살펴보았다. 전통적으로 동아시아에서 종교 갈등이 크지 않았던 이유는 유교나 불교 또는 도교라고 할 때의 교(敎)가, 서구적인 일신교(一神敎) 전통에서 나온 religion이 아니라, 중국의 사상 전통에서 나온 성인의 가르침을 의미하기 때문이다. 이러한 전통에서는 성인의 가르침은 많으면 많을수록 중생을 구제하는 데 도움이 된다고 하는 삼교공존론이나 삼교조화론이 발달하게 된다.

그런데 오늘날 학교 제도나 학문 분류는 서양의 철학(philosophy)이나 종교(religion)의 틀 안에서 이루어지고 있다. 그러나 이러한 틀 안에서만 유불도 삼교 전통을 이해하려 한다면, 반쪽만의 이해에 머무를 것이다. 서양철학의 틀로 삼교의 사상을 재단하면 신비적이고 불합리한 측면이 많이 보일 것이고, 서양 종교의 틀로 삼교의 전개를 고찰하면 삼교의 조화나 회통의 전통이 잘 이해되지 않을 것이다.

2. '종교'의 탄생

사사(社寺)만이 종교이다

동아시아 교(敎) 개념은 19세기 말에 이르면 커다란 도전에 직면하게 된다. 그것은 서양의 religion 개념의 수용이다. 그로 인해 敎와 religion 사이의 갈등과 융합이 일어나게 되는데, 이 절에서는 이 문제를 살펴보고자 한다.

한국이 일본의 식민지가 된 이듬해(1911), 조선총독부의 종교문서들을 모아놓은 문서철이 있었는데, 그 제목이 '사사종교(社寺宗敎)'[19]였다. 이 개념은 이 시기의 한일사상사를 이해하는 데 중요한 실마리를 제공한다. 사사종교에서 첫 번째 사(社)는 신사(神社)를, 두 번째 사(寺)는 사찰(寺刹)을 지칭하는 말로, 결국 사사종교는 '신도[社]와 불교[寺]라는 종교'를 뜻한다. 이것은 뒤집어서 말하면 신도와 불교 이외의 신념 체계는 종교가 아닐 수 있음을 시사한다. 만약에 그렇다면 이와 같은 종교관은 어떻게 해서 가능했을까? 오늘날에는 셀 수 없이 많은 신념 체계가 종교로 인정되는데, 왜 이 문서철에서는 신도와 불교만 종교의 범주에 넣었을까?

이 물음의 해답을 찾기 위해서는 religion의 번역어로 채택된 '宗敎

(Shūkyō, 슈우쿄오)' 개념을 근대 일본의 종교정책과의 관련 속에서 이해할 필요가 있다. 그 이유는 1860년 동학(東學) 탄생에서 1945년 해방에 이르는 85년간의 한일 근대사상사의 중심에는 종교 개념이 자리 잡고 있는데, 근대 일본의 종교 개념은 전통과 근대라는 시간과, 동양과 서양이라는 공간이 서로 교차되는 지점에서 형성되었고, 당시 일본의 종교정책은 이 중층적인 기원을 갖고 있는 종교 개념을 바탕으로 전개되었으며, 근대 한국의 개벽운동은 이러한 종교정책과의 대립 속에서 전개되었기 때문이다. 사사종교 개념은 실로 이 복잡한 사상사적 여정의 한복판에 놓여 있다.

이러한 방법론에 입각해서 맨 먼저 주목하고자 하는 것은 메이지 시기 (1868-1912)에 탄생한 '종교' 개념이다. 일제강점기의 한국의 종교 지형에 적지 않은 영향을 끼친 통감부와 조선총독부의 종교정책은 그 연원을 거슬러 올라가면 메이지 시기의 종교 법령에 근거하고 있다. 그리고 그것은 다시 19세기 말에 형성된 '종교' 개념과 그에 따른 분류 체계에 뿌리를 두고 있다. 그런데 메이지 시기 일본의 종교정책 시행자들은, 1911년의 사사종교 개념에서 추측할 수 있듯이, 종교를 신도·불교·기독교의 세 개로만 한정하고, 나머지는 '유사종교'라는 범주로 따로 묶었다. 이것은 달리 말하면 당시의 일본에는 "정식 종교가 세 개만 있었다"는 뜻이 된다. 그렇다면 어떻게 해서 이러한 발상이 가능했을까?

이에 대해서는 두 가지 차원에서 접근할 수 있다. 하나는 전통 시대 동아시아의 사상 형태이고, 다른 하나는 당시 일본이 처한 국내외적 사정이다. 먼저 서구 유럽의 religion에 대한 번역어로 宗敎(슈우쿄오) 개념이 정착된 시기는, 일본의 정치가와 학자들이 국체(國體) 개념을 도입함과 동시에, 신도(神道)의 국교화 및 천황의 신인화(神人化)를 추구하여, 신권적 절대성에 기반한 근대 국민국가를 형성해 나가는 시기였다. 따라서 메이지 시기에 탄생한 종교 개념에는 당연히 이러한 시대적 분위기가 반영되어 있다. 다른 한편으로 religion의 번역어로 채택된 종교(宗敎)라는 한자어는, 앞 절에서 살펴본 동아시아의 교(敎) 개념에 기인하고 있다. 교(敎)는 전통 시대 동아시아의 주류 사상들을 지칭하는 개념으로, 서양의 religion과는 근본적으로 다른 범주이다. 그렇다면 메이지 시기 및 일제강점기의 종교정책의 중심에 자리 잡고 있는 종교 개념에는 전통 시대 동아시아의 사상 형태[敎]와 국민국가 건설을 지향한 일본의 근대화 정책이 맞물려 있는 셈이다.

일본의 종교정책과 한국의 종교운동

종래의 연구에서는 위의 두 차원 중에서 대부분 전자에만 논의의 초점이 집중되어 있다. 즉 당시 일본의 상황을 중심으로 종교 개념을 분석하고 있다. 가령 근대 일본의 종교 개념에 관한 최근 연구라고 할 수 있는 이소마에 준이치의 「일본 근대 종교 개념의 형성」에서는, 종교 개념의 형성에 관한 논의의 출발을 19세기부터 잡고 있기 때문에 그 이전의 동아시아사 상사가 끼친 영향에 대한 고찰은 상대적으로 소략해지고 있다. 이 점은 이소마에의 다음과 같은 말로부터 확인할 수 있다.

이 글은 종교라는 언표의 정착 과정을 네 시기 - 종교라는 번역어가 확립되는 시기, 종교라는 말이 서양문명을 체현하던 시기, 종교가 비합리적·사적 영역으로 한정되게 된 시기, 종교 개념이 정착하는 완성단계로 종교학이 출현한 시기 - 로 구분하고, 그 변천을 통해 근대 일본 사회에서 종교를

둘러싼 여러 담론이 출현하고 배치되어 간 모습을 역동적으로 파악하고자
한다.[20]

즉 '종교'를 둘러싼 담론을 분석하는 데 있어서 종교라는 번역어가 탄생
한 시기를 출발로 삼고 있는 것이다. 이것은 이소마에가 종교 개념의 형성
을 고찰하는 데 있어서 주로 서양의 영향, 그 중에서도 특히 기독교의 영향
에 주목하고 있기 때문이다. 그리고 기독교의 영향에 주목하게 된 것은 당
시 일본 정부의 종교관보다는 일본학자들의 종교관을 고찰 대상으로 삼고
있기 때문이다. 문제는 여기에서 끝나지 않는다. 이소마에는 일본 정부의
종교 개념에 대한 일종의 대항으로서의 한국 신종교에서의 종교 개념에
대해서도 다루고 있지 않다. 그런 점에서 논의의 범위가, 이소마에가 서두
에 소개하고 있는 '트랜스내셔널 역사'라기보다는, 일본사에 한정되어 있
는 느낌이다.

한편 일본에서 종교 개념이 형성되던 시기에 한국에서는 동학이라는 자
생종교가 탄생하였고, 일제강점기에 들어서는 대종교, 증산계 종교, 원불
교 등이 잇달아 형성되었다. 따라서 1860년에서 1945년에 이르는 약 100
여 년은 근대국가 체제를 수립하려는 일본 정부와 이에 맞서서 보국안민
(輔國安民)[21] 운동을 전개한 한국 민중이 각각 국가신도와 민중종교라는 상
반된 종교 유형을 앞세워서 치열하게 대립한 시기로 규정할 수 있다. 국가
신도 중심의 일본의 종교정책은 보국안민을 내세운 한국의 민중종교를 유
사종교로 규정하여, 때로는 회유하고 때로는 탄압하면서 효율적으로 통제
하는 방향으로 나아갔다.

반면에 한국의 민중종교의 보국안민 운동은 하나같이 '개벽'이라는 문

명 전환 사상을 주창하면서 - 대종교의 경우에는 '중광(重光)'(=다시 부활) - 일제에 저항하는 독립운동 내지는 문화운동을 전개해 나갔다. 가령 1860년에 '다시개벽'의 기치를 내걸고서 창도된 동학은 1894년에 동학농민혁명의 사상적 기반으로 작용하였고, 이후에는 천도교로 개칭하여 삼일독립운동과 신문화운동 및 계몽운동의 중심적인 역할을 하였다. 또한 단군사상의 중광(重光)을 표방한 대종교는 일제의 탄압을 피해 만주와 중국을 무대로, 한편으로는 한국사와 한글 연구를 바탕으로 민족의식을 고취하면서, 다른 한편으로는 격렬한 대일항쟁과 독립운동을 전개하였다. 증산계 종교는 후천개벽이라는 운세의 도래를 믿으면서 '해원상생(解冤相生)' 사상의 실천을 전개하였다. 마지막으로 '정신개벽'을 주창한 원불교는 세계의 모든 종교적 진리는 궁극에서는 하나로 통한다는 회통주의적 종교관을 바탕으로, 전통적인 유불도 삼교 및 동학과 증산계의 사상을 흡수하여 수양론 중심의 자생 불교를 탄생시켰다. 원불교의 회통주의적 종교관은 당시에 신도와 불교 그리고 기독교만을 정식 종교로 인정했던 일본 정부의 그것과는 상반된다는 점에서 주목할 만하다.

이상의 한일 양국의 종교적 상황에 의하면, 근대 일본의 종교정책과 근대 한국의 종교운동은 떼려야 뗄 수 없는 관계임을 알 수 있다. 이하에서는 이러한 상관관계를 염두에 두면서 교(敎)와 religion의 결합으로서의 종교 개념, 그리고 그것에 바탕을 둔 일본의 종교정책과 그것에 대항한 한국의 종교운동을, 시간적으로는 메이지 시기에서 한국 독립에 이르는 100여 년에 걸쳐, 공간적으로는 제국 일본과 식민지 한국의 두 지역을 넘나들면서 고찰하고자 한다.

'종교(宗敎)' 개념의 탄생

메이지 시기에 형성된 종교(슈우쿄오) 개념은 전통적인 교(敎)와 서구적인 religion의 사이에 자리 잡고 있다. 메이지 일본은 바로 이런 중간자적이고 혼합적인 종교 개념을 발명함으로써 종교(religion)를 국가의 필요에 따라 도구화하였다. 제이슨 조셉슨이 2012년에 쓴 『일본에서의 종교의 발명』에서, 메이지 시기 일본이 발명한 종교 개념은 학문적(academic) 또는 민족지학적(ethonographic) 범주가 아니라 외교적(diplomatic) 내지는 법률적(legal) 범주[22]라고 규정한 것도 이와 무관하지 않다. 즉 정치적 필요에 의해 정책입법자들이 의도적으로 '고안한' 개념이라는 것이다.

이처럼 근대 국민국가를 지향한 일본은 종교(宗敎)라는 한자어에 독특한 의미를 부여함으로써, 동아시아 전통의 교(敎)를 국가의 하위에 종속시키고, 부국강병이라는 특정한 목적을 위해 도구적으로 사용하였다. 즉 교(敎)가 만인의 교화라고 하는 공리(公理)를 실현하기 위한 가르침으로 존재하는 것이 아니라, 국익 추구를 위한 수단으로 전락한 것이다. 그런 점에서 국가 그 자체가 교(敎)가 되었다고 할 수 있다. 다시 말하면 교(敎)의 목적이, 성리학에서와 같은 공리[理]가 아니라 국가[國]가 된 셈이다. '국체(國體) 사상'이나 '국가주의'라는 말은 근대 일본의 이런 측면을 말해준다.

이러한 움직임이 본격화된 것은 1890년대에 들어서이다. 메이지 정권의 출발점이었던 1868년(明治1)에 나온 「5개조 서문(誓文)」에서만 해도 "만기공론(萬機公論)으로 결정할 것", "천지(天地)의 공도(公道)를 바탕으로 할 것", "지식을 세계에서 구해야"와 같이 보편적 가치를 지향하고 있었다. 그러다가 1889년(明治22)에 프러시아를 모델로 하는 「대일본제국헌법」의 반포와 1890년에 「교육에 관한 칙어」가 반포되면서 보편주의는 흔적을 감추게 된다.[23] 특히 「대일본제국헌법」에서는 "대일본제국은 만세일계(萬歲一系)의 천황이 통치한다," "천황은 신성하게 보호된다"(제3조)는 점을 강조하여 천황 중심의 군국주의로 나아가게 되고, 이러한 천황제 지배체제를 뒷받침하기 위하여 일본의 전통종교인 신도(神道)를 국교화하여 국가신도를 탄생시키기에 이른다. 하지만 이 때의 '신도의 국교화'는 고대 중국의 '유교의 국교화'와는 그 의미가 사뭇 다르다. 유교의 국교화가 천하 사람들을 교화하기 위한 수단으로 공자의 가르침을 채택한 사건을 말한다면, 신도의 국교화는 신도가 국(國)이라는 교(敎)를 실현시키기 위한 수단으로 채택되었음을 지칭하기 때문이다.

이처럼 메이지 시기에 고안된 종교 개념에는 전통적인 교(敎) 개념이 본래 지니고 있던 '교화'의 의미는 담겨 있지만, 그 목적은 '국민'을 탄생시키기 위한 것이었다. 그래서 국민 교화에 방해가 된다고 판단되는 종교들(religions)은 단속과 통제의 대상으로 삼았다. 심지어는 종교로 분류되고 있던 삼교(三敎) 사이에도 질적인 차이를 두었다(물론 여기에서의 '삼교'는, 중국의 도교나 유교의 자리에 신도나 기독교가 들어간 삼교이다). 즉 신도를 대교(大敎)나 대도(大道)로 규정하면서,[24] 불교나 기독교와 구분 지었다. 바로 여기에 '일본적 근대'라는 변수가 작용하고 있다. 즉 근대 일본은 신도, 불교 그리고 기독교를, 전통 시대 중국에서와 같이 동등한 성교(聖敎)로 인정하는 대신에, 이들 사이에 다시 질적인 층차를 두고 있다는 점에서 전통적인 교(敎)의 맥락에서 미묘하게 벗어나고 있다.

"신도는 종교가 아니다"라는 이른바 '신도비종교론' 같은 논법도 이런 맥락에서 탄생하였다. 종교들 사이에서 다시 종교인 것과 종교가 아닌 것을 나눈 것이다. 그러나 여기서 말하는 "신도는 종교가 아니다"라는 논리는 "신도는 유사종교"라는 뜻이 아니라, "신도야말로 국교"라는 의미이다. 결국 엄밀히 말하면 "국교[=신도] 〉 종교[=불교, 기독교] 〉 유사종교[=신종교]"라는 세 가지 위계가 생기는 셈이다. 니시야마 시게루(西山茂)는 이러한 계층적 구조를 다음과 같이 정리하고 있다.[25]

정상(頂) ① 비종교 A (신사 중심의 국가신도 및 국민적 천황 숭배 의례)
↓ 　 ② 종　교　B (교파신도 · 불교 · 그리스도교 등 제 종파)
바닥(底) ③ 비종교 C (유사종교=신종교 종단 및 민속종교 등)

여기에서 '교파신도'라는 명칭은, 기타지마 기신에 의하면, "국가신도가 종교와 단절하고, 여러 종교들의 상위에 서게 됨으로써 인위적으로 생겨난 것이다. 국가신도에 의해 정부는 모든 종교를 지배하는 입장에 서서 제종교들의 활동에 제한을 가할 수 있게 되었다."[26] 즉 국가신도는 서구 근대적인 정교분리(政敎分離) 정책에서 말하는 종교의 범주를 벗어나서 최상위 개념에 위치함으로써, 오히려 천황제 통치를 위한 도구가 된 것이다.

조선총독부의 종교관

종교를 통치 수단으로 삼은 메이지 시기의 종교정책은 일제강점기의 한반도 내에서의 종교정책으로 이어졌다. 그 단초는 식민지 조선의 초대 통감을 지낸 이토 히로부미(伊藤博文)의 다음과 같은 종교관에서 찾을 수 있다.

무릇 종교란 국가의 주축을 이루어 사람 마음속 깊이 침투하여 인심을 국
가로 귀일시켜야 할 것이다. 그러나 우리나라는 종교라는 것이 그 힘이 약
하여 국가의 주축이 될 만한 것이 없었다. … 우리나라에서 국가의 주축이
될 만한 것은 오로지 황실이 있을 뿐이다.[27]

여기에서 이토 히로부미는 종교의 존재 의의를 성인이나 리(理) 또는 천
하가 아니라 철저하게 국가와 황실로 한정시키고 있다. 이러한 종교관은
그의 종교정책에도 반영되어 있는데, 가령 1906년 11월 17일에 공포한 「종
교의 선포에 관한 규칙」(통감부령 제45호)에서는 일본인 포교자가 한국 사
찰을 관리하는 것을 통감이 인가하도록 함으로써 한국불교를 일본불교에
예속시키는 길을 열어 놓았다.[28] 이것으로 모든 종교 활동을 국가의 통제
하에 두는 법률적 발판이 마련된 셈이다. 이토 히로부미에 이어서 초대 총
독이 된 데라우치 마사타케(寺內正毅) 역시 이러한 종교 통제 정책을 이어
나갔다. 1911년에 간행된 『총독부 시정 연보』에서는 공인된 종교 이외의
종교단체는 모두 규제 가능한 대상으로 삼고 있다.

종교 단속에 관해서는 메이지 39년 통감부령 제45호로 일본인의 종교선포
수속절차를 정한 바 있다. 하지만 조선인 및 외국인의 종교에 관한 것은
아무런 법규도 없어서, 이 때문에 포교소(布敎所)가 함부로 설치되고 있어
그 폐해가 크다. 특히 천도교(天道敎)·시천교(侍天敎)·대종교(大倧敎)·대
동교(大同敎)·태극교(太極敎)·원종종무원(圓宗宗務院)·공자교(孔子敎)·
대종교(大宗敎)·대성종교(大成宗敎) 등의 종(宗)이 있는데, 그 종류가 너무
많고 잡다할 뿐만 아니라 그 움직임도 정치와 종교를 서로 혼동하여 순전

하게 종교라고 인정하기 어려운 것이 많아 그 단속이 불가피하다.[29]

여기에서 데라우치는 조선인 및 외국인이 설치하는 포교소 난립을 통제하고 민족종교의 정치화를 막기 위해서는 종교단체의 단속이 불가피함을 역설하고 있다. 그런데 흥미롭게도 이러한 데라우치의 종교정책은, 이토 히로부미가 그랬듯이, 그의 종교관에 기인하고 있다. 데라우치는 종교의 기능에 대해서 다음과 같이 말한다.

사회 교화의 촉진을 위해서는 종교의 본래 기능은 보류해 두는 것이 필요하다.[30]

여기에서 그는 교화와 종교를 대비시켜 "종교는 교화를 위해 활용되어야 한다"는 논리를 이끌어내고 있다. 그런데 이 중에서 '교화'가 전통적인 교(敎) 개념의 연장선상에서 쓰이고 있다고 한다면, '종교'는 서구적인 religion의 번역어에 해당하는 셈이다. 따라서 "종교가 교화를 위해 활용되어야 한다"는 말은, 엄밀히 말하면 서구적인 의미에서의 종교는 전통적인 의미에서의 교(敎)를 위해서 제한적으로 사용되어야 하고, 그것도 공자나 붓다와 같은 성인의 가르침(敎)이 아니라 나라(國)의 가르침(敎)을 위해서만 긍정적인 의미를 지닌다는 뜻으로 해석될 수 있다.

결국 데라우치는 religion의 상위에 교화를 두어 'religion 〈 敎(교화)'의 공식을 제시한 셈이다. 그래서 그가 사용하는 종교(슈우쿄오) 개념은 서구적인 religion 개념 속에 동아시아적인 교화의 의미를 집어넣은 '교화로서의 religion'을 의미한다고 볼 수 있다. 동시에 교화의 목적을 일본이라는 국가의 이익으로 한정시키고 있다는 점에서, 전통적인 교(敎)와도 다르고 서구적인 religion과도 다른, 제3의 개념에 해당한다. 결국 근대 일본에서 사용된 종교 개념은 '국민교화로서의 religion'으로 이해할 수 있다.

데라우치는 이러한 종교관을 바탕으로 식민지 조선에서의 종교를 단 세 개로 제한한다. 1915년 8월 16일에 총독부령 제83호로 공포된 「포교규칙(布敎規則)」에서는 신도, 불도 그리고 기독교만을 '종교(슈우쿄오)'라고 부른다고 한 것이다.[31] 이것은 전통 시대의 중국사상으로 말하면 유교, 불교, 도교만을 교(敎)로 인정한 것에 상응한다. 다시 말하면, 신도, 불도 그리고 기독교만 공식적인 가르침으로 인정하고, 나머지는 유사종교 또는 사이비 종교로 규정하겠다는 것이다.

'유사종교' 개념의 탄생

한편 메이지 시기의 종교 법령에 나타나는 종교와 유사종교의 구분은 식민지 조선에도 그대로 적용되었다. 여기서 '유사종교'는 국가에서 인정한 교(敎) 이외의 사상을 지칭하는 개념으로, 전통적인 범주로 말하면 도(道)에 가깝다. 가령 제자백가가 말하는 도(道)나 신선도의 일종인 한대의 황로도(黃老道)에서의 도(道)와 유사하다. 그런데 가치중립적인 의미의 도(道)가 만에 하나 국가에 반하는 움직임을 보인다고 판단되면, 곧바로 좌도(左道)나 사교(邪敎)로 규정되어 진압의 대상으로 지목된다. 가령 동학의 창시자 최제우는 '좌도난정(左道亂正)'이라는 명목으로 조선 정부에 의해서 형장의 이슬로 사라졌다. 따라서 근대 일본의 유사종교 개념은 전통 시대의 범주로 보면 좌도나 사교에 해당한다. 조선의 신종교 역시 전통시대의 교(敎)의 의미를 일부 담지하고 있는 근대 일본의 입장에서는 "종교처럼 보이지만 엄밀한 의미에서는 종교가 아닌" 사이비종교이자 사교나 좌도에 해당된다.

아오노 마사아키(靑野正明)는 「식민지 조선에서의 '유사종교' 개념」이라는 논문에서,[32] 일본에서 사용된 유사종교 개념이 어떻게 조선에 적용되었는지를 검토하였다. 그에 따르면 유사종교라는 말이 사용된 것은 1919년의 「문부성 종교국 통첩」에 나오는 "종교 유사의 행위"라는 표현이 계기가 되었다(76쪽). 이후 1920년대의 「제2차 종교법안」(1926)이나 「제1차 종교단체법안」(1929)에서 유사종교라는 말이 본격적으로 사용되었다고 한다.

한편 조선에서는 법률상에서 '종교유사의 단체'(1915년 「포교규칙」 제15조)라는 말이 사용되었고, 이 법적인 용어에 기초하여 행정용어로 '종교유사단체'가 사용되었는데, 아마도 1920년대에 일본에서 유사종교라는 말이 사용된 영향을 받아서 조선에서도 1920년대 후반에 '종교유사단체'의 약어로서 '유사종교'(「조선총독부 경무국 보고서」)라는 말이 사용되었을 것이라고 보고 있다(77쪽). 이로부터 알 수 있는 것은 조선에서 사용된 유사종교라는 말은 기본적으로 법률용어('종교유사의 단체')나 행정용어('종교유사단체')를 지칭하는 개념이었다는 사실이다(72쪽).

여기에서 주목할 사실은 유사종교 개념이 일본에서 먼저 사용되고 있었다는 점이다. 즉 1935년에 무라야마 지준(村山智順)의 보고서 『조선의 유사종교(朝鮮の類似宗敎)』가 나오기 이전에 이미 일본에서 사용되기 시작한 개념이다. 그리고 그것을 식민지 조선에 적용한 것이다. 그래서 아오노는, 조선에서의 유사종교 개념을 제대로 이해하기 위해서는 먼저 일본에서의 유사종교 개념의 출현을 고찰하지 않으면 안 된다고 지적하고 있다.

이상에 의하면 아오노는 유사종교 개념의 기원을 1919년 「문부성 종교
국 통첩」의 '종교유사의 행위'로 잡고 있다. 그러나 순수하게 용어상으로
만 보았을 때에는, 그 이전인 1915년에 조선에서 공표된 종교법령 「포교규
칙」에 '종교유사의 단체'라는 표현이 이미 나오고 있다고 한다면, 유사종
교라는 말의 기원은 오히려 조선에서 시작되었다고도 볼 수 있다. 아마도
이런 이유에서, 아오노는 뒤에서 "이 '종교유사의 단체'라는 용어는 형식적
으로 비공인단체를 가리키고 있고, 그런 의미에서 '내지'(=일본)에서 1919
년에 생긴 '유사종교' 개념의 선구적 사용이라고 할 수 있"(80쪽)다고 덧붙
인 것 같다.

유사종교화된 개벽종교

어쨌거나 한국에서는 1920년대 후반부터 유사종교 개념이 쓰이기 시작
했는데, 이때의 유사종교는 어디까지나 행정용어나 법률용어에 가깝다.
그러다가 1935년에 무라야마 지준이 제출한 『조선의 유사종교』[33]라는 보
고서에서 당시 한국의 종교들을 학문적으로 분류하는 범주로도 사용하기
시작하였다. 무라야마는 이 책에서 유사종교를 동학을 포함한 '신흥종교'
(1쪽)나 '신종교'(16쪽)로 규정하고,[34] 중국 전래의 유불도 삼교(三敎)와 구분
짓고 있다. 예를 들면 다음과 같다.

유사종교의 대부분은 유불도 삼교의 종합을 교의로 삼고 있다.(1쪽)

동시에 중국 전래의 삼교(三敎)를 '기성종교'라고 지칭하고 있다. 구체적

으로는 다음과 같다.

> 본래 조선 종교사의 내용은 고유의 무격신도(巫覡神道)를 제외하고는 (모두) 중국 전래의 기성종교로, 조선에서 발생한 것은 하나도 없었다.(1쪽)

 이상에 의하면, 똑같이 '종교'라는 명칭을 사용하고 있지만, 하나는 '유사'이고 하나는 '정상'으로 인정하고 있는 것이다. 오늘날의 범주로 보면, 동학이든 삼교이든 모두 종교(religion)에 해당하지만, 무라야마의 논리에 따르면 전통적인 삼교만이 엄밀한 의미에서 정통 종교에 속하고, 이것을 제외한 민족종교는 사이비 종교로 분류되어 사회질서를 혼란시킬 수 있는 잠재적인 범죄집단으로 간주되고 있다.

 일본은 이와 같은 유사종교 개념을 바탕으로 한국의 자생종교들을 규제하고 탄압하는 구실로 삼았다. 가령 1930년에는 〈유사종교 해산령〉을 내려 신종교를 해산시켰고, 1940년에 발간된 『사상휘보』[35]에서는 유사종교는 안녕질서를 문란하게 하기 때문에 엄중하게 처벌할 것을 지시하고 있다.

> 유사종교 단체의 횡행은 사회의 안녕질서를 문란케 하고, 인심을 어지럽히며 후방의 치안 확보에 지장을 초래할 뿐만 아니라 교리의 이면에 민족의식의 색채가 농후한 것이 많고, 그중에는 불경죄나 유언비어 죄를 띤 것이 많으므로, 이에 대한 단속강화의 철저는 당장의 급선무라고 믿는 바입니다. 각자는 이들 교단의 행동에 한층 엄밀한 시찰을 가하고, 이면의 동향에 주의하여 치안에 방해하는 것이 있으면 단호하게 엄중 처벌하는 방

침으로 나가서, 반도(=조선)에서의 사상범의 예방과 소멸에 있어 빠트리는 일이 없도록 하고자 합니다.[36]

이처럼 한국에서 탄생한 자생종교는 정식 종교가 아닌 유사종교로 취급되고, 사회질서를 문란하게 하고 민족의식을 고취시키는 사상범으로 규정되어 엄중 처벌의 대상이 되었다. 또한 조선총독부는 한국 신종교를 학무국이 아닌 경무국을 중심으로 감시와 탄압을 계속했으며, 결국 민족종교가 와해되고 해체되는 결과를 초래하였다.

한일 간의 사상적 종교전쟁

오늘날 '종교'라고 하면 그 범위가 대단히 넓어서 그 수를 일일이 다 헤아릴 수 없을 정도이다. 그러나 지금으로부터 약 150년 전의 일본에서는 뜻밖에도 대단히 제한적인 의미로 종교가 사용되고 있었다. 이런 특수한 의미의 종교 개념이 가능했던 이유는, 전통 시대 동아시아의 사상 형태와 근대 서구의 종교 개념이 특정한 목적에 의해서 만날 수 있었기 때문이다. 즉 근대 국민국가 건설을 지향하고 있던 일본은 동아시아적인 의미의 교(敎)를 바탕으로 서구적인 의미의 religion 개념을 받아들여 당면한 과제를 해결하고자 하였다. 바로 여기에 이른바 한일 간의 사상적인 '종교전쟁'이 발생하게 된다.

즉 일본은 천황을 정점으로 하는 국가신도를 앞세워 식민지 동화정책을 추진하였고, 이에 맞서 한국은 단군이나 하늘과 같은 종교적 구심점을 중심으로 독립운동을 전개해 나갔다. 홍암 나철은 단군을 숭상하는 대종교를 만들어 천황 중심의 국가체제에 맞서 격렬한 저항운동을 전개함과 동시에 천제(天祭)를 거행함으로써 민족적 정체성을 확인하였다. 천제는 대종교 이전에 이미 동학에서 부활되었고, 이후의 증산계 종교와 원불교에서도 공유했던 한국인의 오랜 종교문화이다. 이들은 천제를 통해서, 마치 『삼국유사』의 저자 일연이 그랬던 것처럼, 위협받는 자신들의 민족적·문화적 정체성을 공고히 하고자 하였다.

이 때 싸움의 핵심에 있었던 것은 '국가'였다. 일본은 국민국가 건설을 위해 식민지 정책을 전개해 나갔고, 한국은 이에 대해 보국안민이라는 사상으로 맞섰다. 한쪽은 자기 나라를 확장해 가려 하였고, 다른 한쪽은 자기 나라를 지키려 한 것이다. 그리고 이 국가를 확보하기 위한 기제로 종교가 작용하였다. 삼교(三敎)와 백교(百敎), 또는 비(非)종교(=일본신도)와 유사종교(=한국종교)의 대립은 이러한 과정에서 생겨났다. 그래서 전통 시대 동아시아에서 사상사의 중심에 교(敎)와 리(理) 또는 교(敎)와 도(道)의 관계가 있었다고 한다면, 근대에 들어와서는 종교와 국가의 관계가 핵심으로 자리 잡게 되었다고 할 수 있다. 마치 고대 중국의 제자백가가 저마다의 도(道)를 부르짖으며 중국철학의 시작을 알렸듯이, 이때의 한국과 일본에서는 종교를 둘러싼 논의를 바탕으로 근대국가로 향하는 길을 모색한 셈이다. 바로 여기에 근대 한일 사상사에서 종교 개념에 주목해야 하는 이유가 있다.

3. 포함과 회통

종교백화점 한국

오늘날 한국은 '종교백화점'이라고 일컬어질 정도로 세계의 주요 종교가 모여 있는 곳이다. 실제로 캐나다의 한국학자인 돈 베이커는 한국에서 가장 현대적인 서울 강남에서조차도 한두 블록만 가면 불교, 기독교, 도교, 샤머니즘과 같은 다양한 종교사원을 모두 볼 수 있다고 술회하였다.[37] 또한 2016년에 중국의 한 언론에서는 한국에서 일어나고 있는 정치적 사건을 분석하면서 한국을 '종교백화점' 또는 '종교박물관'이라고 소개하고 있다.[38]

그런데 이러한 현상은 비단 어제 오늘만의 일은 아니다. 단일한 주자학적 질서가 깨지고 서양의 종교(religion) 개념이 들어오기 시작한 일제강점기에 이미 한반도에는 수많은 자생종교가 우후죽순으로 생겨나기 시작했다. 뿐만 아니라 일제강점기의 종교사가 이능화(李能和, 1869~1943)는, 일본이 규정한 삼교(三敎)가 아닌 백교(百敎), 즉 '세상의 모든 종교'를 논의의 대상으로 삼았고, 심지어는 그것들 사이의 회통까지 지향하였다(이능화, 『百敎會通(백교회통)』, 1912). 더 나아가서 원불교 재단에서 세운 원광대학교 캠퍼스의 한복판에는, 원불교 창시자인 소태산 박중빈의 동상은 없고, 유교·그리스도교·불교·서양철학을 창시한 공자·예수·붓다·소크라테스의 동상들이 나란히 세워져 있다. 이러한 현상들을 우리는 어떻게 이해할 수 있을까? 그것은 한국사상사의 맥락에서 어떤 식으로 설명될 수 있을까? 이 절에서는 최치원의 '포함(包含)'과 이능화의 '회통(會通)' 개념을 실마리로 이 문제에 접근해 보고자 한다.

최치원의 '포함' 사상

3세기 말의 중국 역사서 『삼국지』에 소개된 한반도 부족국가들의 제천행사와 더불어, 한국사상의 원형을 전해주는 또 하나의 귀중한 자료로는 『삼국유사』에 수록된 9세기 최치원의 「난랑비서문」에 나타난 '풍류도'를 들 수 있다.

> 나라에 현묘한 도가 있으니 '풍류'라고 한다. 가르침을 세운 근원은 선사(仙史)에 상세하게 나와 있는데, 핵심은 삼교를 포함하고(包含三敎) 중생을 접화하는 것이다(接化群生). 가령 들어가서는 집에서 효도하고 나와서는 나라에 충성하는 것은 노나라 사구(司寇)의 가르침이고, 무위의 일에 처하고 불언(不言)의 가르침을 행하는 것은 주나라 주사(柱史)의 종지이며, 어떤 악도 저지르지 않고 모든 선을 봉행하는 것은 인도 태자(太子)의 교화이다.[39]

여기에서 먼저 눈에 띄는 것은 최치원의 중국에 대한 대등의식이다. 그것은 '공자'나 '노자' 또는 '석가'라는 존칭어 대신에 '사구'나 '주사' 또는 '태자'라는, 이들의 관직명이나 지위명을 쓴 점에서 알 수 있다. 뿐만 아니라 최치원은, 최영성의 연구에 의하면, 중국을 '서국(西國)'으로, 신라를 '동국(東國)'으로 부름으로써, 중국과 신라를 중심과 주변이 아닌 수평적 관계로 설정하였다.[40]

이와 같이 한국을 중국의 제후국가나 주변국가로서가 아니라 대등한 국가로 설정하고자 하는 태도는, 같은 『삼국유사』에 수록된 「단군신화」에서도 반복되고 있다. 이 신화에서는 건국의 시기를 중국 성왕(聖王)의 시조라고 할 수 있는 요임금과 동시대인 '무진년'으로 설정함으로써 한국이 중국과 출발을 같이 한다고 서술하고 있다.

그러나 「난랑비서문」에서 가장 주목할 만한 키워드는 역시 포함삼교(包含三敎)에서의 '포함'일 것이다. '포함'에 대한 해석은, 풍류에 대한 이해는 물론이거니와, 더 나아가서는 한국문화의 특징을 어떻게 볼 것인가 하는 문제와도 관련되기 때문이다. 일반적으로 포함삼교(包含三敎)에 대한 해석은 크게 두 가지이다. 하나는 중국의 삼교는 처음부터 신라의 풍류에 다 들어 있었다는 해석이고, 다른 하나는 중국의 유불도 삼교를 절충 내지는 혼합한 결과가 풍류도라는 것이다.

전자를 '근원'으로서의 포함 개념이라고 한다면, 후자는 '종합'으로서의 포함 개념이라고 할 수 있다. 그런데 이 두 해석은 모두 극단적이라는 느낌이 든다. 후자의 해석은 한국문화의 근원이 모두 중국에서 유래하였다는 관점을 깔고 있다는 점에서 지나치게 비주체적인 반면에, 전자의 해석은 이것을 정반대로 뒤집어 놓은 것에 다름 아니기 때문이다. 하나는 한국문화를 지나치게 수동적으로 보고 있고, 다른 하나는 한국문화를 지나치게 우월적으로 보고 있다.

이에 반해 신학자 이정배는 포함의 '함(含)'을 '수용'으로 해석하였는데,[41] 이 해석은 전통적인 해석과는 다른 관점을 열어주고 있다. 왜냐하면 '수용으로서의 포함' 개념은 포함의 의미를 내용이 아닌 태도의 차원에서 이해하고 있기 때문이다. 즉 "외래사상을 수용하고자 하는 개방적인 태도"를 포함으로 보고 있는 것이다. 나는 기본적으로 이 해석을 따르고 있다.

'어우러짐'으로서의 풍류

최치원의 "포함삼교"는 전통적으로 중국문화를 수용해야 하는 입장에 있던 한국의 특수한 상황을 잘 보여주고 있다. 그것은 한편으로는 외래문화를 받아들이면서도 다른 한편으로는 자기 정체성을 유지하고자 하는 이중과제적인 입장을 대변하고 있기 때문이다. 최치원은 전자를 삼교로, 후자를 풍류로 표현한 것이다.

풍류는 말 그대로 바람과 같은 존재 방식을 의미한다. 그것은 어느 한곳에 머물지 않으면서 끊임없이 자기를 새롭게 하는 과정적 삶의 방식을 상징한다. 그런 점에서 장자가 말하는 소요유와 상통한다. 실제로 조선후기의 다산 정약용은 『아언각비(雅言覺非)』에서 화랑을 '귀유(貴遊)', 즉 '유랑하는 귀족 집단'이라고 설명하였는데,[42] 여기에서 유(遊)는 떠돌아다니는 놀이적 삶을 가리킨다.

풍류신학자 유동식의 해석에 의하면, 화랑은 명산대천을 유랑하면서 자연의 정기를 흡수하고 거기에 깃들인 신령과 교제하였다고 한다.[43] 이러한 삶의 방식이 사상적 형태로 표현된 것이 포함삼교일 것이다. 포함삼교는 어느 하나의 가치체계에 머물지 않고 다양한 사상들을 수용하고자 하는 철학적 태도를 의미한다. 그래서 화랑은 유교나 불교 또는 도교와 같은 특정한 진리만을 고집하지 않고, 어느 하나도 배제함이 없이 모두를 아우르고자 하는 사상적 어우러짐을 지향하였다. 이러한 어우러짐의 정신이 풍류도이다. 자연과 어우러지고(遊娛山水) 사람과 어우러지고(接化群生) 사상과 어우러지는(包含三敎) 경지야말로 화랑이 지향한 최고의 경지였다.

따라서 풍류도는 기본적으로 일교주의가 아닌 다교주의를 지향한다. 즉 조선시대와 같이 주자학만을 정통으로 인정하고 다른 사상이나 종교는 이단시하는 배제주의가 아니라, 가급적 많은 사상을 받아들이고자 하는 포용주의의 입장을 취한다. 그래서 '포함삼교'는 상황이 바뀌면 포함사교나 포함오교 또는 포함백교 등으로 확장될 수 있다. 중국의 교(敎) 개념이 붕괴되고 서양의 종교(religion) 개념이 들어오기 시작한 일제강점기에 이능화가 백교의 회통을 주장한 것도 이러한 사상적 풍토 위에서 가능했다.

한편 풍류의 포함삼교는 중국의 삼교공존과는 기본적으로 다른 발상이다. 왜냐하면 중국의 삼교공존 내지 조화사상은 삼교의 독자성을 인정한다는 것이지, 삼교를 포함해서 새로운 도(道)나 교(敎)를 만들겠다는 발상은 아니기 때문이다. 따라서 거기에는 삼교끼리의 교류나 영향 관계는 있을지언정 삼교와는 다른 새로운 교(敎)는 설정되지 않는다. 이에 반해 최치원의 포함삼교는 삼교를 수용한 새로운 도(道)의 탄생을 의미한다. 동시에 그것은 삼교의 소양을 골고루 갖춘 전인적 인간형의 양성을 지향한다. 즉 유불도 삼교의 어느 하나에 치우치지 않고 모두를 아우르는 인재를 기르겠다는 발상이다.

유교와 천주교의 만남

최치원의 포함은 기본적으로 어느 사상도 배제하지 않겠다는 사상적 개방성의 표현이다. 이와 같은 포함의 태도가 한국 역사상 가장 위축되었던 것은 조선시대이다. 주자학으로 대표되는 신유학의 일교주의를 표방한 조선에서는 당연히 포함삼교보다는 '배제이교(二敎=도교와 불교)'의 분위기가 지배적이었다.

그러다가 주자학적 질서가 약화되고 서양사상이 유입되는 조선 말기에 이르면, 본래의 포함 정신이 되살아나기 시작하는데, 그것이 바로 다산 정약용에서의 유교와 천주교의 만남이다. 잉글랜드의 한국학자 캐빈 콜리는 다산의 사상을 'Christo-Confucianology'(그리스도-유학)라고 규정하고, 그 사상 구축의 방법론을 "resisting exclusions(배제 거부)"라고 설명하였다.[44] 여기에서 말하는 배제 거부야말로 풍류도의 포함적 태도에 다름 아니다. 정약용은 천주교의 전래라는 새로운 상황에 대해서, 유교와 천주교 중 어느 하나를 선택하고 다른 하나를 배제하는 양자택일의 방식을 취하지 않고, 둘 다 포함하는, 또는 유교 안에 천주교를 포함시키는 방법을 택한 것이다.

그 결과 유교 윤리의 정점에 천주교 상제(=God)가 위치하는 새로운 형태의 유교가 탄생하게 되었다. 여기에서 상제(God)는 유교의 천(天)보다 더 강력하게, 그리고 신유학의 리(理)가 수행하지 못했던 도덕적 감시자의 역할을 수행하고 있다. 그래서 이제 유학자가 신독(愼獨=혼자 있을 때에도 삼가는 태도)하지 않을 수밖에 없는 이유는, 그것이 유학적 도(道)에 부합되거나 성리학적 리(理)에 합치되어서가 아니라, 저 하늘 위에서 창조주 하느님이 굽어보고 있기 때문이라고 설명 방식이 바뀌게 된다. 이러한 성격을 지니는 다산의 유학을 우리는 '상제유학'이라고 명명할 수 있을 것이다.

다산의 상제유학은 그의 작업이 마테오 리치(Matteo Ricci, 1552~1610)의 해석학적 작업과 근본적으로 다른 성격임을 말해준다. 즉 다산이 유교와 천주교를 융합시켜 새로운 유교를 시도했다면,『천주실의(天主實義)』(1603)의 저자인 마테오 리치는 유교 경전을 천주교 교리에 맞춰 해석함으로써 유교와 천주교 사이의 '회통'(=두 개 이상의 사상 체계가 서로 충돌되지 않고 근원적으로 통하고 있음을 보이기 위한 해석학적 작업)을 꾀했다고 할 수 있다. 그리고 그 목적은 중국에 천주교를 전파시키기 위한 선교에 있었다. 이에 대해 다산은 유교의 윤리적 성격을 강화하기 위해서 유교 안에 천주교의 신을 받아들였고, 그 결과 유교와 천주교의 '어우러짐'이 일어나게 된 것이다.

이능화의 백교회통

최치원이 제시한 포함의 정신은 다산 이후에 서양의 종교(religion) 개념이 들어온 일제강점기에 이르면 본격적으로 표출되는데, 대표적인 예가 이능화와 원불교이다. 당시에 제국 일본이 표면적으로는 근대를 표방하면서도 종교(religion) 개념에 대해서는 전통적인 삼교 체제의 형식을 고수하고 있었다고 한다면, 이능화와 원불교는 말 그대로 근대적인 종교 개념을 전폭적으로 받아들였다. 일본 정부의 '공인종교-유사종교'의 범주를 받아들이지 않고, 모든 종교의 동등한 가치를 인정한 것이다.

이능화는 1912년에 출간한『백교회통』의 서문에서 다음과 같이 말하고 있다.

> 오늘날에는 묵직한 종교만도 수십 종을 헤아릴 정도가 되어 있으며, 또한
> 조선인이 만든 종교도 적지 않으니, 오래지 않아 한 사람이 하나씩의 종교
> 를 만나게 될 날도 있을 것이다. 그럴 때에는 어떤 것이 올바른 종교이며
> 어떤 것이 삿된 종교라고 할 수 있겠는가? … 비록 그렇다고 하더라도 따
> 지고 보면 원래 한 개의 동그라미가 나누어져서 백 개의 네모가 되었을 뿐
> 인데(元以一圓分成百方), 세상 사람들이 그것을 모르고 자기 것은 옳고 남의
> 것은 그르다고 분별을 짓는다. … 이에 모든 종교의 강령을 서로 병행 대
> 조하여 같고 다름을 밝히고 서로 끌어당겨 변증하여 세상의 모든 종교[百
> 敎]를 모아 통하게 하였다(會而通之).[45]

여기에서 이능화는 삼교가 아닌 '백교(百敎)' 또는 '제교(諸敎)'라는 개념
을 쓰면서, 종교 간의 차등을 부정하고 모든 종교를 말 그대로 종교로서
인정하고 있다. 그리고 이러한 관점의 연장선상에서 당시 한국에서 탄생
한 신종교들을 "조선인이 만든 종교"라며 종교의 범주에 넣고 있다. 더 나
아가서 "모든 종교의 근원은 하나에서 나왔"고, 그렇기 때문에 모든 종교
는 궁극에서 하나로 통할 수 있다는 이른바 '종교회통주의'까지 주장하고
있다.

이와 같이 이능화가 "백교가 종교이다"라고 하는 백교종교론을 주장하
는 것은 엄연히 일본 정부의 "삼교만이 종교이다"라고 하는 삼교종교론과
는 정면으로 배치되는 것이다. 그런데 이러한 종교관의 차이는, 지금과 같
이 단순히 학문적인 견해차가 아니라, 국가적 정체성과 직결되는 문제였

다. 즉 일본정부는 삼교종교론을 가지고 국가신도 중심의 동화정책을 추진해 나아간 반면에, 조선의 학자들은 백교종교론을 통해서 이에 대해 저항을 한 것이다. 이능화가 한국종교의 원류로 '단군신교'에 주목한 것도[46] 이러한 이유에서일 것이다.

원불교의 회통과 포함

한편 원불교의 경우에는 이능화와 마찬가지로 모든 종교들에 대해 회통의 태도를 취하고 있었을 뿐만 아니라, 거기에서 한 걸음 더 나아가서 그런 종교관으로 새로운 종교를 만든 주목할 만한 사례이다. 원불교의 회통적 종교관을 가장 잘 보여주는 대표적인 인물은 원불교의 전신인 '불법연구회'(1924~1948)의 제2대 회장을 지낸 조옥정(1876~1957. 본명 조송광)이다. 그는 구한말에 유학자로 출발했다가 일제강점기를 전후하여 동학교도가되어 동학농민전쟁에 참전하였고, 이후에는 기독교에 몸담으며 교육 사업을 행했으며, 마지막에는 원불교에 귀의한 독특한 인물이다. 이러한 그의 다양한 종교적 편력은 그가 종교에 대해서 포함의 태도를 취하고 있었음을 추측하게 한다. 이 점은 그가 원불교로 전향한 뒤에 기독교인들과 주고받은 논쟁에서도 확인할 수 있다.

> 남장로교인들: "야소교인으로 불교를 믿는 것은 웬말인가? 초심을 바꾸지 말고 한 곳[一方]에 머물며 평생 편하게 지내다가 여생을 마침이 어떠한가?"
>
> 조옥정: "그렇지 않소. 초심을 바꾸지 않고 한 곳에 머무는 것보다 세상만

사를 두 곳[兩方]에서 만들어 가는 것이 적합하다고 생각하오."

남장로교인들: "한 몸으로 두 곳을 섬기는 것은 부정한 행위요."

조옥정: "거두절미하고 직접 보시오. 우리 눈은 하나보다는 둘이 낫고 우리 손도 하나보다는 둘이 나으니, 우리 발도 하나보다는 둘이 어떻겠소?"[47]

여기에서 남장로인들은 '일방(一方)'을 고집하는 반(反)풍류적인 입장을 취하고 있는데, 이것은 조선시대에 주자학만을 인정했던 일교주의적 태도와 크게 다르지 않다. 반면에 조옥정은 "하나의 눈보다는 두 개의 눈이 낫다"는 말로부터 엿볼 수 있듯이, 종교는 가능한 한 많이 받아들이면 받아들일수록 좋다고 하는 다교주의의 입장을 취하고 있는데, 이것은 풍류도의 포함적 종교관과 상통하고 있다.

그런데 조옥정의 이러한 입장은 원불교의 창시자인 소태산 박중빈(少太山 朴重彬, 1891~1943)의 영향을 받은 것이다. 조옥정은 소태산에게 "당신의 제자가 되고 싶지만 예수를 믿다가 변절하는 것 같아서 유감이다"라는 식의 고민을 털어 놓았는데, 이에 대해 소태산은 다음과 같이 대답하였다.

예수님을 독실히 믿어서 심통(心通) 제자가 되면 나의 제자가 되는 거나 다름없고, 내 법을 독실히 믿어 심통(心通) 제자가 되면 예수를 떠나지 않은 것이다.[48]

여기에서 소태산은 다른 종교를 믿는 것이 결코 원불교를 믿는 것과 별개의 것이 아니라는 입장을 취하고 있다. 이것은 종교 수용의 측면에서는 포함적 종교관이라고 볼 수 있지만, 진리관의 측면에서는 세상의 모든 종교가 그 근원에서는 하나로 통한다는 융통적 종교관 내지는 회통적 종교관을 전제로 하고 있다. 이 점은 원불교의 다음과 같은 사상으로부터 확인할 수 있다.

> 세계의 모든 종교도 그 근본 되는 원리는 본래 하나이나, 교문(敎門)을 별립(別立)하여 오랫동안 제도와 방편을 달리하여 온 만큼 교파들 사이에 서로 융통을 보지 못한 일이 없지 아니하였나니, 이는 다 모든 종교와 종파의 근본 원리를 알지 못하는 소치라….
> -『정전』 제1 총서편, 제2장 「교법의 총설」

여기에서는 세상의 모든 종교가 그 근원에서 하나로 통하고 있다고 보고서, 그것을 '융통'이라는 개념으로 표현하고 있다. 이것은 이능화가 『백교회통』에서 "세상의 모든 종교는 다 하늘을 중심에 두고 있다(悉皆以天爲主)"는 점에서 근원적으로 통한다고 본 것과 유사한 입장인데, 다만 이능화가 '회통'이라는 말을 쓴 반면에 원불교에서는 '융통'이라고 표현했다는 차이가 있을 뿐이다.

이에 의하면 조옥정이 여러 종교를 수용할수록 좋다고 한 것이나, 소태산이 예수의 제자가 되는 것이 곧 자기의 제자가 되는 것이라고 말한 바탕에는 모두 융통 또는 회통 사상이 깔려 있음을 알 수 있다. 즉 종교와 종교 사이에는 장애가 없다[敎敎無碍]는 회통/융통의 태도가 확보되어야 비로소 어느 한 종교만을 배타적으로 신봉하지 않고, 여러 종교를 수용할 수 있게 되는 것이다.

그런데 원불교는 이러한 회통/융통의 차원에 머물지 않고, 풍류도나 상제유학과 같은 새로운 도(道)의 창출이라는 의미에서의 포함으로까지 나아갔다.

> 과거에는 유·불·선 삼교가 각각 그 분야만의 교화를 주로 하여 왔지마는, 앞으로는 그 일부만 가지고는 널리 세상을 구원하지 못할 것이므로 우리는 이 모든 교리를 통합하여 수양·연구·취사(取捨)의 일원화와 또는 영육쌍전·이사병행(理事並行) 등 방법으로 모든 과정을 정하였나니, 누구든지 이대로 잘 공부한다면 다만 삼교의 종지를 일관할 뿐 아니라 세계 모든 종교의 교리며 천하의 모든 법이 다 한마음에 돌아와서 능히 사통 오달의 큰 도를 얻게 되리라.
> -『대종경』 제2 교의품 1절

여기에서 '통합'은 풍류도적인 의미에서의 포함을 가리킨다. 즉 유불선 삼교를 포함하여 새로운 교(敎)를 창출하는 직업을 말한다. 그래서 원불교는 회통과 포함의 두 요소를 모두 지니고 있다고 할 수 있다. 반면에 이능화는 회통의 차원에 머무르고 있고 포함으로까지는 나아가지 않았다. 반대로 최치원은 포함은 말했지만 회통은 직접적으로 언급하지 않았다. 다만 풍류라는 무집착의 태도가 회통의 역할을 대신하고 있다고는 할 수 있을 것이다.

지금까지 살펴본 바와 같이, 포함과 회통은 한국인의 종교에 대한 태도를 설명할 수 있는 두 가지 중요한 기둥이다. 그것은 신라 말기에 유불도 삼교를 포함한 풍류도에서 시작되어 세상의 모든 종교를 회통시키고자 하는 일제강점기의 원불교에서 절정을 이루고 있다. 오늘날 한국이 '종교백화점'으로 일컬어지고 있는 이유도 "한국이 하나의 풍류공화국"이기 때문일 것이다.

하늘

—

종교

—

실학

—

개벽

—

도덕

—

생명

제3장

실학

|

종래에 한국 근대철학은 서구 근대적인 '실학'이라는 관점에서 서술되어 왔다. 그런데 1990년에 김용옥이 '실학허구론'을 주장하고, 2000년대에 오가와 하루히사와 정인재 등이 '실심실학론'을 제기하면서, 종래의 실함 담론에 대한 근본적인 재고가 요청되고 있다. 뿐만 아니라 일제강점기에 원불교에서는 '실천 실학' 개념을 제시하였고, 해방 이후에는 '이론 실학'과 '실천 실학'을 나누어서 조선 후기 이래의 사상사를 이해하는 관점도 제기되었다. 이 장에서는 율곡 이이의 '실심'과 '실학' 등을 실마리로 삼아서, 조선 후기 사상사를 새롭게 바라보는 관점을 모색해 본다.

1. 탈근대적 실학관

근대적 '실학' 개념

20세기 후반에 역사학계를 중심으로 진행된 실학 연구의 특징을 한마디로 요약하면 '근대'라는 말로 압축될 수 있다.[1] 1930년대에 식민지라는 특수상황에서 일련의 영향력있는 한국사상가들에 의해 역사상 처음으로 시작된 실학 연구의 결과는, 세대마다 약간의 차이는 보이고 있지만, 전체적으로 보면 "실학은 조선 후기에 등장한 실용과 실증을 중시하는 근대지향적인 개혁 사상"이라는 말로 요약할 수 있다.

가령 최근까지 가장 영향력 있는 견해 중의 하나였던 이우성의 학설에 의하면, 실학에는 "경세치용, 이용후생, 실사구시"의 세 학파가 있는데, 이 중 경세치용은 '개혁'을, 이용후생은 '실용'을, 실사구시는 '실증'을 각각 중시한 학파로 분류될 수 있다. 여기에서 '실용'과 '실증'은 서구 근대가 추구했던 근대적 가치를 대변하고 있고, '개혁'은 조선 후기에 그런 가치를 지향했던 제도적 개혁론이 있었음을 말한다. 지난 한 세기 동안 한국의 국시(國是)가 '근대 국가로의 진입'이었음을 감안한다면 이러한 실학관은 당연한 귀결일 것이다. 역사에 대한 해석은 그 해석 작업이 이루어지는 시대상을 반영하기 때문이다.

그러나 좀 더 면밀하게 따져보면, 그동안 실학 연구를 담당하고 있던 역사학자들이 철저하게 근대적 세계관에 충실했다는 사실이 좀 더 근본적인 이유일 것이다. 즉 '실증'이라는 학문방법론을 중시하고 '근대=진보'라는 역사관에 충실한 역사학자들이, 자신들의 방법론과 역사관을 조선 후기 사상사 연구에 투영시켜 나온 결과물이 바로 "실용과 실증과 개혁으로서의 실학"이라는 학술 개념인 것이다.

실학 개념 비판론

이와 같은 근대적 실학 개념에 대한 비판이 본격적으로 나온 것은 1990년의 일이다. 김용옥은 『독기학설』(통나무)에서 종래의 실학론은 서양의 '고대-중세-근대'라는 역사발전 단계에 꿰어 맞춘 사상사 이해에 불과하다고 지적하였다. 실학자들이 하나의 학파를 형성하여 활동한 적도 없고, 그런 점에서 실학론은 실체가 없는 허구적 담론이라는 것이다.

2000년대에 들어서는 일본에서도 실학비판론이 제기되었다. 오가와 하루히사(小川晴久)는 홍대용의 '실심'(참마음) 개념에 주목하여, 홍대용의 실학을 '실심실학'이라고 규정하면서, 도덕을 도외시한 채 실용만 추구한 근대 일본의 '실용실학'과 구별하였다. 이어서 정인재도 조선 후기의 양명학자인 정제두의 문집에 나오는 '실심실학'이라는 표현을 근거로, 정제두야말로 최초의 실심실학자이고, 종래의 실학관은 이와 같은 실심의 측면은 간과하고 실용적 측면만 부각시킨 오류를 범했다고 비판하였다. 쉽게 말하면, 아담 스미스를 이해하는 데 있어서 『국부론』에만 주목한 나머지 그것의 철학적 바탕이 되는 『도덕감정론』(일종의 심성론이자 도덕론)은 도외시해 왔다는 것이다. 또한 한예원은 조선 후기에 유학자들에게서 보이는 실심(實心) 개념의 용례를 풍부하게 소개하면서, 그것이 실정(實政)이나 실학(實學) 개념과 함께 쓰이고 있음을 지적하였다.

조선 후기의 실심실학

좀 더 구체적으로 이들 세 연구자의 논지를 간략히 소개하면 다음과 같다. 실심실학 연구의 선구자인 오가와는 흔히 북학파 실학의 선구자로 꼽히는 홍대용(1731~1783)[2]에게서 보이는 "실심(實心)과 실사(實事)로써 나날이 실지(實地)를 밟아나간다" 는 표현이나 "실심실학(實心實學)"과 같은 개념을 근거로 그를 실심실학자로 규정하고, 실심실학의 가장 큰 특징을 실천을 중시하는 점이라고 보았다.[3] 비유적으로 말하면, 실심(實心)은 아담 스미스의 『도덕감정론』의 테마에, 실학(實學)은 『국부론』의 테마에 해당한다.

이처럼 오가와가 실심실학에 주목하게 된 배경에는 이른바 근대에 대한 반성이라는 문제의식이 깔려 있다. 즉 그는 "근대 이전을 근대가 잃었던 중요한 것을 갖고 있던 사회"[4]였다고 보고, 그것을 실학에 대한 새로운 이해에서 찾으려 한다. 그래서 일본의 근대를 개척한 후쿠자와 유키치가 제창한 실학은 실업(實業)의 실학이었다고 규정하고,[5] 근대 이전의 실학에는 그것과는 또 다른 형태의 실학이 존재하고 있었는데 그것이 바로 실심실학이라는 것이다.

한편 정인재는 양명학을 신봉하는 하곡 정제두(1649~1736)의 문집에서 그의 제자들이 스승 정제두를 가리켜서 '실심실학의 선구자'라고 찬양한 것을 근거로, 홍대용에 앞서 정제두야말로 최초의 실심실학자였다고 평가하였다.[6] 나아가서 정제두의 실심(實心)은 양명학에서 말하는 양지(良知)에 다름 아니고,[7] "실학은 실심을 가지고 실천하는 학문"[8]이라고 하는 간결하면서도 통찰력 있는 견해를 제시하였다.

그런데 오가와의 연구의 문제점은 실심실학의 범위를 지나치게 넓게 잡고 있다는 점이다. 그는 유학을 모두 실심실학이라고 하거나, 심지어는 "근대 이전의 실심실학은 유학(유교)의 독점물인 것은 아니었다"[9]고까지 하여 읽는 이에게 혼란을 주고 있다.

반면에 정인재는 이와 정반대로 실심실학의 범위를 양명학자인 하곡 정제두를 필두로 하는 하곡학파로 한정시키고 있다. 그래서 정인재에게서 실심실학은 곧 조선시대에 전개된 '양명학적 실학'에 다름 아니게 된다. 이 점은 정인재의 다음과 같은 언급에서 확인할 수 있다.

> 양명학을 받아들인 실심실학 (172쪽)
> 실심실학이 양명학과 주자학의 단점을 보완한 하곡학에서 나왔다면 (184쪽)
> 실심실학은 인간의 양지가 천지만물과 소통하는 생명의 이성을 바탕으로 한 철학 (187쪽)

한편 한예원의 경우에는 조선 후기에 보이는 실심의 용례를 폭넓게 소개하는 방식으로 실심실학의 의미를 추적하고 있다.[10] 그리고 실심을 때로는 양명학적인 마음 개념과 같은 것으로 설명하고 있다는 점에서[11] 앞의 두 선행연구와 동일선상에 있다. 그러나 다른 한편으로는 실심을 두 가지 경우, 즉 정치적 의미의 실심과 수양적 의미의 실심으로 나누어서 이해하고 있다는 점에서는 다른 견해를 제시하고 있다.

실제로 조선왕조실록에 한해서만 보면, 실심이란 말은 분명 조선 후기에 집중적으로 보이고, 그 용례도 실학에 비해 압도적으로 많으며, 또한 학파를 불문하고 다양한 사상가들의 언설에서 보이고 있다. 구체적으로는 실심(實心)의 용례가 294차례나 나오는데, 대부분이 17세기 숙종(1674~1720) 이후에 집중되어 있다. 숙종 이전까지는 28번에 불과하다가, 숙종 때 17회, 영조 때 44회, 정조 때 54회, 순조 때 33회, 그리고 고종 때 104회의 용례가 보인다. 우리가 보통 실학의 황금기라고 말하는 영정조 시기에 급증하고 있는 것이다. 반면에 실학이라는 말은 실심의 3분의 1에 해당하는 85차례 정도밖에 보이지 않는다. 그중에서도 17세기 숙종 이후의 용례는 겨우 29차례로, 조선 전기보다도 오히려 적다.

실학 개념의 모호성

이상의 실심실학 연구는 기존의 역사학계 중심의 연구가 놓쳤던 실학의 중요한 측면을 환기시키고 있다. 여기에서는 그것을 실학에 대한 '탈근대적 접근' 또는 '내재적 접근'이라고 부르고자 한다. 왜냐하면 이 새로운 관점은 암암리에 서구 근대를 하나의 지향점으로 상정한 상태에서 서술된 기존의 조선 후기 사상사 연구와는 달리, 마음이나 도덕과 같이 세상을 대하는 인간의 태도를 소홀히 하지 않는 조선 유학자들의 입장을 반영하고 있기 때문이다.

반면에 기존의 역사학계 중심의 접근법은 자본주의 맹아론이나 내재적 발전론과 같이 사회경제사를 중심으로 한 '사회과학적 접근', 또는 토지개혁론이나 신분제와 같은 사회제도를 중심으로 한 '제도사적 접근', 또는 실용이나 실리 혹은 실증과 같은 근대적 가치를 중심으로 한 '계몽주의적 접근'이 주류를 이루었다고 할 수 있다. 그러나 이와 같은 실학 개념은 그것이 지칭하는 범위가 지나치게 넓을 뿐만 아니라 그 외연도 학자마다 자의적이어서 '모호하다'는 비판에서 벗어날 수 없다.

이런 현상은 다른 동아시아사상사 연구에서는 매우 드문 일이다. 가령 우리가 주자학이나 양명학 또는 위진 현학이나 청대 고증학 등을 논할 때, 그 내포나 외연의 불일치 때문에 문제가 생기는 경우는 거의 없다. 유독 실학 연구에만 이런 문제가 발생하게 된 데에는 방법론상에 문제가 있기 때문이다. 즉 모종의 외재적 틀을 이미 상정해 놓고, 그 틀에다 각각의 사상을 끼워 맞추는 식의, 어떤 의미에서는 신발에다 발을 맞추는 것과 같이 본말이 전도된 순서를 밟고 있기 때문이다. 기존의 실학 연구가 1세기 가까이 축적되었음에도 불구하고 역사학자들 사이에서 여전히 그 외연이 불분명하다거나 실체가 모호하다는 평가가 나오는 것도 이러한 이유에서일 것이다.

이러한 자기비판의 일환으로 2011년에 유봉학은 기존의 실학연구사를 정리하면서 다음과 같이 말하였다.

> 이제 실학 연구 80년을 맞아 그간의 연구 성과를 토대로 하여 실학 연구 전반에 대한 재검토와 정리가 필요한 시점이다. 실학의 계보와 학풍도 최근의 연구 성과에 입각하여 새롭게 정리함으로써 앞으로의 올바른 연구 방향을 설정함이 마땅할 것이다. 오해로 점철된 '실학'이란 용어를 사용함

에는 보다 신중할 것이 요구된다. 통설적 '실학'론에 덧씌워진 편견과 선입
관이 아직 정리되지 않았기 때문이다. … 진지한 토론을 통해 '실학' 개념
을 재설정하며, 나아가 실학의 계보와 학풍을 재정립함으로써 오랜 혼란
을 마감하는 것이 필요하다고 생각한다.[12]

유봉학의 자성적인 이 한마디는 21세기의 한국 역사학계가 처한 실학
연구의 현실을 여실히 보여주고 있다.

혼란의 근원으로서의 실학

기존의 실학 연구가 보여준 이와 같은 혼란은 중국 도교 연구에 있어서
의 혼란과 그 성격이 유사하다.[13] 서양적 합리성을 중시한 연구자들에 의
해 진행된 20세기까지의 도교 연구는, 주로 유교와 불교를 제외한 '나머
지' 사상이라는 식으로 이해되어, 민중 종교나 신선 사상, 미신이나 방술과
같이 그것이 지칭하는 외연이 지나치게 넓어져서, 급기야는 유교와 불교
를 제외하면 도교 아닌 게 없게 되었고, 마침내 '도교'라는 범주 자체가 무
색할 정도까지 되었기 때문이다. 심지어 도교는 '이단의 종교'로까지 규정
되었다. 서양학자들에게서 이런 경향이 두드러진데, 막스 베버는 『유교와
도교』에서 유교를 정통으로, 도교를 이단으로 분류하였다.[14] 그러나 제2
장에서 살펴보았듯이, 전통 시대 중국사상에서 교(敎) 개념은 기본적으로
국가에서 공인한 정통 사상에 한해서만 붙일 수 있는 명칭이었다.

종래의 도교 이해는 도교가 도교로서의 주체적인 지위를 얻지 못하고,
'나머지'라고 하는 부정적이고 소극적인 지위가 부여된 데서 비롯된 결과

이다. 그리고 그 배후에는 이성과 합리성을 가치 척도로 삼아서 사물을 평가하고 재단하는 서구 근대의 계몽주의적 사유가 작용하고 있다. 마찬가지로 실학도 그 의미를 규정하는 기준이 처음부터 서양이라고 하는 외부에 있었다. 즉 태생부터 조선사상사 내에서 자신의 주체적인 지위를 얻지 못할 운명에 있었던 것이다.

그럼 도교는 어떻게 하면 중국사상사에서 도교로서의 주체적인 지위를 얻을 수 있을까? 그것은 서양 근대의 religion이나 philosophy와 같은 외적인 잣대를 들이대는 것이 아니라, 성인의 가르침(聖敎)이라고 하는 중국 고유의 사상 형태에 즉해서 도교의 외연을 정하면 된다. 그래서 그것이 교(敎)로서의 형태를 어느 시기부터 갖추기 시작했는지, 그리고 그때의 내용은 무엇이었는지, 그 후에 외연이 어떻게 확장되어 갔는지 등을 가지고 판단하면 된다.[15] 마찬가지로 실학도, 만약에 그러한 사조가 실제로 있었다고 한다면, 근대라는 외적인 틀은 일단 괄호에 넣고 조선사상사에 즉해서 그 실체를 규명하면 될 것이다. 그렇지 않고 근대라는 잣대를 암암리에 적용하려 한다면, 그것은 '조선사상사'가 아니라 조선에서의 '계몽주의사상사'를 쓰고자 하는 기획에 다름 아니게 된다.

마지막으로 한 가지만 덧붙이면, 보통 동아시아사상사나 철학사에서 '학(學)'이라고 할 때는 주로 '인문학'을 말한다. 위진의 현학(玄學), 송대의 도학(道學), 명대의 심학(心學), 송명의 리학(理學), 서양의 서학(西學=천주교), 조선의 동학(東學) 등등, 어디까지나 철학적 또는 종교적 세계관과 그것을 향한 실천적 노력에 대해 붙여진 명칭들이다. 그래서 이러한 세계관을 탄생시킨 하나의 역사적이고 사회적인 원인으로서 생산 관계나 신분제 변화와 같은 경제사적 또는 제도사적 배경을 탐구할 수는 있어도, 그것이 곧 '학'의 본질인 것은 아니다.

가령 중국 송대에 도학(道學)이라는 새로운 학풍이 일어나게 된 배경에는 이른바 당송변혁기라고 하는 송대의 정치제도사적 또는 사회경제사적 배경이 작용했을 것이다. 그러나 '도학'이라는 범주 안에 이러한 제도사나 경제사에 관한 내용이 들어오는 것은 아니다. 마찬가지로 설령 조선후기에 자본주의 맹아나 상업자본의 형성 내지는 신분제의 변화 등이 일어났다고 해도 그것이 곧 '실학'의 내용인 것은 아니다. 만약에 그러한 사회적인 변화가 있었다고 한다면, '실학'은 그러한 배경을 업고서 일어난 새로운 '인문학'을 지칭해야 할 것이다. 다시 말하면, 이른바 실학자들의 '제도개혁론'이 실학 그 자체이거나 실학의 전부인 것은 아니다.

이상과 같은 문제의식 하에 이 책의 기본적인 입장은 한편으로는 실심실학 연구자들의 비판적 견해에 동의하면서도, 다른 한편으로는 실심 개념을 양명학에만 한정시키지 않고 조선 후기의 다수의 사상가들이 공유한 일반적 개념으로 이해하고자 한다(물론 사상가마다 내용상의 차이는 있을 수 있다). 그래서 기본적인 문제의식 상에서는 오가와의 생각에, 실학의 정의에 있어서는 정인재의 견해에, 그리고 실심실학의 외연에 있어서는 한예원의 접근에 각각 공감한다.

이러한 관점을 바탕으로 다음 절에서는 율곡 이이의 「무실론(務實論)」에 주목한다. 율곡에 주목하는 이유는 훗날 실학과 관련된 중요 개념이나 핵심 사상이 이미 그에게서 보이고 있고, 그런 점에서는 실학적 사유의 선구자로 볼 수 있기 때문이다. 그래서 이하에서는 「무실론」에 나오는 실심(實心)과 실리(實理) 개념에 주목하여 그의 실학론을 재조명하고, 그것을 향후의 조선 후기 실학사상 연구의 하나의 실마리로 삼고자 한다.

2. 율곡의 실천철학

실학의 선구자 율곡

율곡(1536~1584)의 '무실사상'[=실(實)에 힘써야(務) 한다는 사상]은 일부 학자들 사이에서는 이른바 실학의 선구로 평가받을 정도로 주목되어 왔다. 대표적인 예로는 김길환을 들 수 있다. 그는 1972년에 쓴 「율곡성리학에 있어서 실학 개념과 체계」라는 논문에서, 조선시대의 실학을 전기와 후기로 나눈 뒤에, "후기의 실학사상은 전기의 실학사상에 바탕을 두고 전개된 것이며, 또한 전기의 실학사상은 율곡에 의해 집성되고 있다는 근거에서 율곡의 실학사상은 후기 실학사상의 선구적 사상으로 취급되어야 할 것이다. 그러므로 본 논문은 이조 실학의 선구자인 율곡의 실학사상을 체계적으로 분석하고, 성리학적 실학사상의 본질과 성격을 천명해 보려는 것이다"고 하였다.[16]

이처럼 일부 연구자들 사이에서 율곡이 실학사상의 선구자로까지 평가받는 이유는, 오늘날 사용되고 있는 '실학'이라는 학술용어의 본질에 해당하는 實(실) 개념을 조선시대에 하나의 사상 언어로 본격적으로 사용하기 시작한 철학자가 율곡이기 때문이다. 구체적으로 맹현주의 「율곡의 무실사상에 관한 연구」[17]에 따르면, 율곡의 언설에는 實心(실심), 實學(실학), 實德(실덕), 實行(실행), 實踐(실천), 實功(실공), 實效(실효), 實利(실리), 實事(실사), 實惠(실혜) 등과 같이 實과 관련된 개념들이 대량으로 나오고, 나아가서 實에 대한 이러한 요청과 강조는 율곡 이전의 어느 유학자에게서도 찾아볼 수 없다고 한다(145쪽).

그래서 만약에 우리가 조선사상사에 즉해서 실학 개념의 성격을 규정하려 한다면, 그리고 그것의 일환으로 실심실학 개념에 주목한다면, 율곡의 실(實) 개념에 대한 분석은 피해갈 수 없을 것이다. 나아가서 이 작업은 조선 후기에 전개되는 실심과 실학 또는 실심실학 등의 개념을 이해하는 데 중요한 단초가 될 것이다. 이러한 문제의식 하에 이하에서는 율곡이 1574년에 선조에게 올린 장문의 상소문 「만언봉사」에서 전개되고 있는 '무실론(務實論)'에 대해 살펴보고자 한다.[18]

「만언봉사」의 구성

율곡의 나이 39세가 되는 1574년은 그가 관직에 나아간 지 10년째 되는 해이자 죽기 10년 전에 해당하는 해이다. 이 해에 올린 상소문 「만언봉사」의 첫머리는 정치의 핵심에 대한 율곡의 견해로 시작되고 있다.

> 정치는 때(時)를 아는 것을 귀히 여기고 정사는 실(實)에 힘쓰는 것을 핵심으로 합니다. 정치를 하는 데 시의(時宜)를 모르고 정사를 돌보는 데 실공(實功)에 힘쓰지 않는다면, 비록 성인과 현인이 만나서 다스린다 하더라도 효과(效)를 거둘 수 없습니다.

(政貴知時, 事要務實. 爲政而不知時宜, 當事而不務實功, 雖聖賢相遇治, 效不成矣.)[19]

이 첫마디는 율곡이 「만언봉사」를 저술하게 된 동기를 간접적으로 말해
주고 있다. 그것은 지시(知時)와 무실(務實), 또는 시의(時宜)와 실공(實功)이
라는 두 개의 개념 짝으로 압축된다. 지시(知時)란 "때를 알아야 한다"는 뜻
이고, 무실(務實)은 "실에 힘쓴다"는 말이다. 시의(時宜)는, 율곡이 다른 곳에
서 "시대에 따라 변화해서 법을 제정하여 백성을 구제한다"[20]라고 설명하
고 있는 것으로부터도 알 수 있듯이, 시대의 변화에 따른 제도개혁, 즉 경
장(更張)을 의미한다. 반면에 실공(實功)은 "일을 하는 데 정성이 있고 빈말
을 일삼지 않는다"[21]고 율곡이 설명하듯이, 그런 제도를 실행시키고자 하
는 실천적인 노력을 말한다(실공에서 공(功)은 '공력을 들이다'고 할 때의 공(功)
이다). 따라서 시의와 실공, 또는 지시와 무실에는 "변화하는 시대에 대한
올바른 인식과 그것에 걸맞은 제도 개혁의 필요성, 그리고 그것을 실행하
기 위한 구체적인 노력에 대한 요청" 등의 의미가 담겨 있음을 알 수 있다.
　「만언봉사」의 전반부는 이 시의와 무실에 대한 구체적인 설명으로 이루
어져 있다. 즉 「시의무실론」이 전개되고 있다. 반면에 후반부에서는 「수
기안민론(修己安民論)」이 이어진다. 이 중에서 「수기론」은 군주의 수양과
자질에 관한 논의이다. 구체적으로는 당시의 군주인 선조에게 제도개혁
의 의지가 부족하다고 보고, 그것을 촉구하는 성격의 글이다. 그래서 「만
언봉사」의 구성은 크게는 「시의무실론」과 「수기안민론」의 두 부분으로,
작게는 「시의론」, 「무실론」 및 「수기론」, 「안민론」의 네 부분으로 나눌 수
있다.

만언봉사			
시의무실론		수기안민론	
시의론	무실론	수기론	안민론

실천의지로서의 실심

이상에 의하면 「만언봉사」는 개혁의 필요성이라는 시대 인식과 더불어, 군주에게 그런 개혁을 추진할 만한 의지가 부족하다는 판단에서 나온 일종의 철학적 처방이라고 할 수 있다. 이런 맥락에서 율곡은 군주의 입지(立志)와 실심(實心) 그리고 실공(實功)과 역행(力行)을 강조한다.

① 단지 전하께서는 성인이 되고자 하는 뜻이 서 있지 않고 다스림을 구하는 정성이 돈독하지 않아서, 선왕은 될 수 없는 것이라고 생각하고 있을 뿐입니다.[22]

② 전하께서는 무엇을 꺼리시어 뜻을 세우지 않으십니까? 옛 말에 이르기를 "뜻이 있는 자는 일이 마침내 이루어진다"고 하였습니다.[23]

③ 큰 뜻이 섰다고 해도 반드시 학문으로 그것을 실현한(實之) 후에야 말과 행동이 일치하게 됩니다.[24]

④ 만약 자신을 닦는 데 실공(實功)이 있고 백성을 편안히 하는데 실심(實

心)이 있다면, 현인을 구해서 함께 다스리고(共治), 폐해를 고쳐서 시폐를 구제할 수 있습니다.[25]

당시의 정치가 군주를 중심으로 하는 왕정 체제였고, 퇴계나 율곡과 같은 유학자의 이상이 군주의 성인화, 즉 "성군(聖君) 만들기에 의한 이상적인 유교 정치의 실현"이었다는 점을 감안한다면, 율곡이 선조의 입지(立志)를 강조하는 것도 그리 이상적인 것만은 아닐 것이다. 다만 그가 동시대의 다른 정치가들과 달랐던 점은 그 자신이 투철한 개혁 의지의 소유자였다는 점이다. 이 점은 그가 「시의론」에서 동시대의 정치인들이 사화(士禍)를 두려워해서 경장(=개혁)을 논하기를 꺼린다고 지적하고 있는 사실로부터도 알 수 있다.

> 신하된 자들은 남을 논하자니 왕안석과 같은 화가 있을까 두려워하고, 자기를 돌보자니 기묘사화와 같은 실패를 할까 두려워하여, 아무도 감히 개혁을 입에 담지 못하고 있습니다.
>
> (爲臣者, 論人則恐有安石之患, 自愛則恐有己卯之敗, 莫敢以更張爲說)

아마도 율곡의 실심은 이러한 맥락에서 제기된 개념일 것이다. 즉 자신의 실심을 군주에게 담아서 공감을 이끌어 냄으로써 말 그대로 군신공치(君臣共治)를 통한 이상 정치를 실현하고자 하는 열망의 표현인 것이다. 이상의 맥락을 염두에 두면, 율곡의 실심에 담긴 가장 근원적인 의미는 '실천 의지' 정도로 이해할 수 있다. 물론 여기에는 단순한 의지뿐만 아니라 실천 상에서의 '진실성'이나 '정성' 등의 함축도 담겨 있다. 그것이 실(實)이라는 글자에 담긴 의미이다.

한편 율곡의 실심 개념은 여기에서 끝나지 않고 우주론적인 실리(實理) 개념에 의해 뒷받침되고 있다. 실리 개념은 「만언봉사」에는 보이지 않지만 그의 문집에 산견된다. 그래서 이 개념 역시 기존의 율곡 연구자들로부터 주목을 받았는데, 여기에서는 특히 맹현주의 선행연구에 힘입어 실심과 실리의 관계를 고찰하고자 한다.

권근의 실심실리론(實心實理論)

율곡의 실(實)에 관한 언설에서 철학적으로 가장 주목할 만한 점은 실심과 실리를 연관시켜서 하나의 짝 개념으로 사용하고 있다는 것이다. 이러한 용례는 이미 조선 초기의 성리학자 양촌 권근에서부터 보이고 있다. 이에 대해서 맹현주는 다음과 같이 말하고 있다.

> 한국유학사에서 무실(務實) 내지 실학적 연원을 살펴보면, 여말선초(麗末鮮初)의 유학자들에게서 찾아 볼 수 있다. 양촌 권근(1352~1409)은 그의 문집 속에서 실학(實學), 실리(實理), 실심(實心)은 물론 무실(務實)이라는 용어를 사용하고 있다. 권근의 이 무실(務實)은 아마도 한국유학에서 최초의 언표가 아닌가 싶다. 그는 [중국] 송대 주자(朱子)의 '실유지리(實有之理)', '실연지심(實然之心)'의 전통을 계승하여 실리(實理), 실심(實心)을 다음과 같이 설명하고 있다. 천지만물은 본래 하나의 리(理)이다. 나에게 있는 실심으로써 저기에 있는 실리를 접촉하면 묘합해 사이가 없다고 한다. 인간 주체인 나에게는 실심이 있고, 천지만물에는 실리가 있다. 나의 실심과 저 실리는

묘합해 그 틈이 없다는 것이다. (…) 이는 그가 주자의 실유지리와 실연지심을 천인합일의 관점에서 실리와 실심의 묘합무간(妙合無間)으로 본 것이다.[26]

이에 의하면 권근은, 주자가 사용한 실유지리(實有之理)와 실연지심(實然之心)이라는 말을 각각 실리(實理)와 실심(實心) 개념으로 변용하고, 그것을 가지고 "나에게 있는 실심과 만물에 있는 실리의 일치와 합일"이라는 사상을 말하고 있다. 이 사상은 일견 주자학과 비슷해 보이지만 미묘한 차이가 있다. 왜냐하면 주자학에서는 '성리학(性理學)'이라는 별칭으로부터 알 수 있듯이, 나에게 있는 본성(本性)과 만물에 있는 천리(天理)와의 일치를 말하고, 그것을 현대 학자들이 '천인합일'이라는 말로 설명하고 있는데 반해, 권근의 경우에는 나에게 있는 실심(實心)과 만물에 있는 실리(實理)와의 일치를 말하고 있기 때문이다.

따라서 같은 천인합일이라고 해도 그 내용이 미세하게 다르다. 주자학에서의 성(性)이 권근에서는 심(心)으로 바뀌고 있기 때문이다. 이 점만 보면 권근의 심성론은 '심즉리(心卽理)'를 제창한 것으로 알려져 있는 양명학에 가까운 느낌이다. 그러나 나의 마음과 독립적으로 존재하는 천리를 인정하고 있다는 점에서는 여전히 주자학적이다. 아마도 이러한 측면이야말로 중국의 주자학과 조선의 성리학을 나누는 미묘한 차이일 것이다.

또한 권근의 실심실리론은, 적어도 개념상으로만 보면, 조선후기의 실심실학론의 선구처럼 보인다. 그리고 그 사이에 율곡이 있다. 따라서 율곡은 사상사적으로 보면, 권근에 의해 제기된 실심실리론을 조선후기의 실심실학으로 연결시켜 준 일종의 가교 역할을 한다고 볼 수 있다.

실심(實心)의 근거로서의 실리(實理)

그렇다면 구체적으로 율곡은 실리와 실심에 대해서 어떻게 말했을까?

① 성(誠)은 하늘의 실리(實理)이고 마음의 본체이다.[27]

② 하늘에 실리(實理)가 있기 때문에 기(氣)의 운행이 쉬지 않고(不息) 진행된다. 사람에게 실심(實心)이 있기 때문에 공부가 끊이지 않고(無閒) 이어진다. 사람에게 실심이 없으면 천리에 어긋나서, 부모에게 마땅히 효도해야 한다는 것을 모르는 사람은 없지만 (실제로) 효도하는 자는 드물게 된다.[28]

②에 의하면 실리(實理)란 '끊임없는 자연의 운행'(氣化流行而不息)을 말한다. 그 운행을 율곡은 리(理)라고 하는 성리학적 개념으로 나타내고 있다. 동시에 그것이 언제 어디서나 어김없고, 그래서 믿을 수 있다는 점에서 그 앞에다 '실'(實=참됨)이라는 수식어를 붙이고 있다. 이러한 사상은 일찍이 고대 중국의 유학 문헌인 『맹자』나 『중용』에 "성실함 그 자체는 하늘의 도이고, 성실하고자 하는 것은 사람의 도이다"라는 명제로 표출된 적이 있다.[29] 이 명제는 자연과 인간의 관계, 즉 천인(天人) 관계의 본질을 성실함으로 파악하고 있다는 점에서 특징적이다. 다만 고대 유학에서는 그것을 성(誠) 개념으로 나타내고 있는데 반해, 신유학에서는 실(實) 개념으로 표현하고 있다는 차이가 있을 뿐이다.

②의 "사람에게 실심이 없으면 천리에 어긋난다"는 율곡의 말 또한 이러

한 천인관(天人觀)의 전통에서 이해될 수 있다. 성리학자들은 효(孝)와 같은 윤리적 덕목을 자연(天)에 근거하고 있는 객관적 도덕법칙(理) 같은 것으로 생각한다. 따라서 실심은 자연의 존재 방식을 자신의 삶 속에서 구현할 수 있는 심성론적 근거로 이해할 수 있다. 이 점은 실심이 없으면 "효도해야 한다는 사실(=天理)을 모르는 사람은 없지만 실제로 효도하는 사람은 드물게 된다"라는 율곡의 부연 설명으로부터도 알 수 있다. 그래서 실심은 단순한 知(앎)의 차원을 넘어서 行(실천)으로의 전환을 촉구하는 일종의 실천 의지를 가리킨다. 바로 이 점이 주자학과의 차이를 낳으면서 양명학에 가까워지는 지점이다.

다만 양명학에서 '지행합일'이라고 할 때에는 당위적 차원이 아니라 존재의 차원을 말한다는 점에 주의할 필요가 있다. 즉 사람은 "악취를 맡는 [知] 순간 우리는 그것을 멀리하게 된다[行]"는 왕양명의 예시로부터 알 수 있듯이, 우리는 도덕적이지 않은 것은 처음부터 싫어하고, 도덕적인 것은 처음부터 좋아하도록 타고났다는 것이 지행합일이 말하고자 하는 본래 의미이다.[30] 반면에 율곡의 실심은 실천할 수 있는 '의지'적 측면을 누구나 타고났다는 사실을 나타내는 개념이다.

율곡은 이 실심이 실리에서 기원한다고 본다. 이 점은 ①의 "성(誠)은 하늘의 실리(實理)이고 마음의 본체이다"는 말로부터 확인할 수 있다. 이 말은 실리가 실심의 우주론적 근거라는 뜻이다. 그런데 율곡은 이 실리 개념에다 "기의 끊임없는 운화(氣化)를 주재한다"는 의미를 부여하고 있다. ②의 "하늘에 실리가 있기 때문에 기(氣)의 운행이 쉬지 않고 진행된다"는 말이 그것이다. 이에 의하면 기의 변화를 지속하게 하는 우주론적인 원리가 실리이다. 이 원리가 있기에 자연은 멈추지 않고 계속해서 진행하게 된다.

그래서 그것은 우주를 진행시키는 일종의 추동력이라고 할 수 있다.

인간은 이러한 자연의 추동력을 태어나면서 부여받았다. 그래서 그것을 바탕으로 자기완성으로 나아가는 훈련, 즉 공부(工夫)가 가능해진다. 그 바탕이 실심이다. 따라서 실심은 자기 변화의 심성론적 근거로 제시된다. 우주가 끊임없이 운행을 계속하듯이, 인간은 끊임없이 자기완성을 향한 노력을 지속할 수 있는 의지를 우주로부터 부여받았다. 그리고 이러한 실천 의지가 정치 영역에 적용될 때에는 개혁(更張)을 향한 의지로 전환되게 된다. 이것이 율곡이 개혁을 주장하면서 실심을 논하는 이유이다.

조선 후기에 "실심으로 실정을 한다(以實心行實政)"는 식의 표현이 자주 등장하는 것도 이러한 문맥에서 이해될 수 있다. 한예원의 「조선 후기의 실심실학에 관하여」에 소개되고 있는 용례를 나열하면 다음과 같다.[31]

> 이수광(1563~1628): 以實心, 行實政, 致實效.
>
> 정제두(1649~1736): 以實心, 行實政. 此爲喫緊工夫矣.
>
> 정조(재위 1776~1800): 故孟子曰: "以實心, 行實政."
>
> 정조시대 상소문(1787): 大聖人懋實心, 行實政之道乎!

여기에 나오는 "실심으로 실정을 한다"는 말의 의미는, 율곡의 실심론을 참고하면, 인간에게 타고날 때부터 주어진 실천 의지를 바탕으로 한 도덕 정치의 실천 내지는 정치적 개혁을 촉구하는 것임을 알 수 있다. 그리고 율곡의 실리론에 입각해서 이 구절을 이해하면, 이 세계는 고정된 불변이 아닌 끊임없는 변화를 본질로 하기 때문에, 시대의 변화에 따른 제도의 변화는 자연의 운행과 호흡을 같이 하는, 지극히 실리(實理)에 부합되는 실사

(實事)이자 실정(實政)이라는 의미로 해석할 수 있다.

율곡학과 주자학의 비교

① 궁리와 궁행

'실리(實理)'라는 말은 주자학에서도 이미 나오는 개념이다. 가령 주자의 말들을 내용별로 모아놓은 『주자어류』에는 다음과 같은 용례가 보이고 있다.

> 誠, 實理也.
> 誠者, 實有之理.[32]

여기에서 주자는 『중용』 등에 나오는 誠(성)의 의미를 實(실)로 풀이하면서, 그것을 '실재한다(實有)'고 하는 존재론적 차원에서 설명하고 있다. 동시에 불교를 의식해서, 그 理(리)가 도덕적 내용이 없는 空理(공리)가 아니라는 점에서 實理(실리)라고 말하고 있다. 즉 신유학에서 말하는 리(理)는 "인(仁)이라고 하는 도덕적 내용을 지닌 원리"라는 점에서, 모든 것의 실체성을 부정하는 불교의 공리(空理)와는 다르다는 것이다. 그래서 주자는 불교를 비판하면서 다음과 같이 말하였다.

> 무릇 본성에 들어 있는 모든 도덕적 이치는 단지 인의예지일 뿐으로, 이것은 실리(實理)이다. 우리 유학에서는 본성을 실[實=도덕적 내용이 있다]로 보는데 불교에서는 공[空=도덕적 내용이 없다]으로 본다.[33]

따라서 주자의 실리 개념은 "형이상학적인 도덕적 원리가 실재한다"고 하는 일종의 '도덕적 실재론'을 주장하는 맥락에서 사용되고 있다. 이처럼 주자의 실리 개념에 불교와의 강한 대결 의식이 작용하고 있다고 한다면, 율곡의 실리 개념에는 주자학의 한계에 대한 문제의식이 반영되어 있다. 이 점은 주자학의 격물궁리(格物窮理)에 대한 율곡의 다음과 같은 언급에서 엿볼 수 있다.

ㄱ. 이치를 궁구하는 일이 완성되면 몸소 [그것을] 실천할 수 있다.

(窮理旣明, 可以躬行)

ㄴ. 그러나 반드시 실심이 있은 후에 실공을 하게 된다.

(而必有實心, 然後乃下實功)

ㄷ. 그래서 성실[실천 의지와 실천 노력]이 궁행(도덕 실천)의 근본이 된다.

(故誠實爲躬行之本)[34]

여기에서 ㄱ은 주자학적인 격물궁리설에 충실한 논법이다. 그러나 율곡은 여기에 '실심'과 '실공'을 덧붙임으로써 실천성을 강조하고 있다(ㄴ). 격물궁리만 강조하다 보면 자칫 이론적 탐구로 끝날 수 있다고 생각하기 때문이다. 그래서 율곡은 知(앎) 중심으로 흐르기 쉬운 주자의 '궁리론'에 대해서, 行(실천) 중심의 '무실론'을 덧붙이고 있다(ㄷ). 그런 점에서 율곡의 무실론은 양명의 지행론과 문제의식을 공유하고 있다.

주자학에 대한 이러한 문제 제기는 주자의 심성론에서 이미 예견되어 있었다고 해도 과언이 아니다. 주자학에서 심(心)의 역할은 인식과 감응을 하는 기관이다. 즉 사욕(私欲)을 제거하고 천리(天理)를 인식하여 도덕적 상황에서 자연스럽게 도덕 감정이 발현되도록 하는 것이 이상적인 심(心)의 역할이다. 따라서 여기에는 천리에 대한 인식은 강조되고 있지만, 그것을 실현하는 적극적인 의지에 대한 언급은 없다.

뿐만 아니라 주자가 공부론의 핵심 경전으로 삼았던 『대학』의 「팔조목」에는 行(행)에 대한 조목이 없다. 단지 격물치지(格物致知)에서 성의정심(誠意正心)으로 넘어가고 있을 뿐이다. 성의정심에 대한 주자의 해석도 "[행위의] 의도를 참되게 한다(實其心之所發)"[35]는 식으로, 의도나 동기의 차원에 머무르고 있다. 달리 말하면 감정이 겉으로 드러나기 이전의 미발(未發) 공부에 그치고 있는 것이다. 따라서 이러한 심성론에서는 애초부터 실천성이 약해질 수밖에 없다는 약점이 따르게 된다. 왕양명이 지행합일을 주장할 수밖에 없었던 이유도 이러한 구도에서는 실천성(行)을 확보하기 어렵다고 판단했기 때문이리라.

율곡도 문제의식 차원에서는 양명과 크게 다르지 않다. 그러나 율곡은 주자학자답게 양명의 심즉리(心卽理)설을 채택하지는 않는다. 대신 심(心)의 의지적 측면을 강조하여 무실론을 전개하는 방향으로 나아간다. 그래서 율곡의 논리에 충실하면, 『대학』의 팔조목인 격물치지 다음에는 성의정심보다는 실심실공(實心實功)이 와야 적절할 것이다. 그래야 그것이 다음 단계인 궁행(躬行)으로서의 수신(修身)으로 이어지기 때문이다.

② 천리와 실리

주자학에서 리(理)가 담고 있는 가장 근원적인 의미는 인(仁)이다. 주자는 우리가 사는 우주를 "만물을 생성하려는 방향으로 진행하는 거대한 생명체"로 파악하였다(天地生物之心). 그리고 그러한 생성의지를 인(仁)이라

는 도덕적 가치로 해석하였고, 이러한 인(仁)이 인간의 마음에 내재해 있
는 것이 측은지심(惻隱之心)과 같은 도덕감정이라고 보았다. 따라서 주자
는 우주의 본질을 '생성'에서 찾고 있다고 할 수 있다. 주자가 자주 쓰는 '천
리유행(天理流行)'이라는 말은 우주의 생성작용이 모든 존재에 두루 침투
해 있음을 말한다.

반면에 율곡은, 마치 조선후기의 혜강 최한기와 같이, 우주의 '운행' 쪽
에 초점을 맞추고 있다(氣化流行). 그리고 그 운행을 우주의 끊임없는 '실
천' 과정으로 해석하였고, 그것을 담보하는 형이상학적 원리를 실리(實理)
로 근거 지웠다. 그래서 율곡에게 있어 인간에게 선천적으로 주어진 본성
은, 주자학에서와 같이 만물을 생성하는 '생명의지'보다는, 끊임없이 도덕
적 이상을 실현하고자 하는 '실천의지'가 더 본질적이다. 마음이 이런 의
지로 가득 찬 상태가 실심(實心)이고, 그것이 실리(實理)와 하나 된 상태이
다.[36] 그래서 주자학에서는 매사에 이기적인 욕망이 제거되어야(去人欲)
비로소 판단의 공정성(天理之公)이 확보된다고 한다면, 율곡학에서는 매사
에 실심(실천의지)이 충만해야 비로소 진실성을 획득하게 된다(一心苟實, 萬
事皆眞).[37]

이런 점에서 주자학에서 말하는 실학이 불교와 대비되는 '윤리학'의 의
미가 강하다고 한다면, 율곡의 실학은 주자학에 비해 '실천학'의 의미가 강
하다. 예를 들면 다음과 같다.

삼대를 목표로 해서 반드시 **실학**에 힘쓰고 몸소 실천하여(躬行) 마음으로
터득해야, 일신(一身)이 일세(一世)의 표준이 될 수 있을 것입니다.[38]

여기에서 율곡은, 실학에 힘써야 요순시대와 같은 이상사회를 건설할 수 있다고 말한다. 여기에서도 실천성[躬行]이 강조되고 있음을 알 수 있다.

이상을 정리해 보면, 주자학에서의 이상적인 인간은 마음의 본래 상태를 회복하여 천리와 하나 된 존재로, 이 경지에 이르면 모든 사리 분별과 도덕 판단에 통달하게 된다(豁然貫通). 반면에 율곡이 제시하는 실학적 인간은 좀 더 적극적으로 자기를 변화시키고 현실을 개혁하기 위해 부단히 노력하고 실천하는 인간형이다.

성(誠)과 경(敬)

율곡의 실학 개념 또는 무실사상은, 그 연원을 거슬러 올라가면, 조선의 정치사상에서 특히 제례를 거행할 때에 중시되었던 성경(誠敬) 개념에서 그 사상적 뿌리를 찾을 수 있다.

조선왕조실록에는 誠敬(성경)의 용례가 총 442번 보인다. 예를 들면 "조상의 은혜에 보답하고자 제사지낼 때에는 반드시 성경(誠敬)을 다해야 한다"(태조 7년, 1398년)[39]거나, "신령한 존재에게 제사지낼 때에는 성경(誠敬)을 위주로 한다"(정종 2년, 1399년)[40]는 식으로 나온다. 나아가서 이것이 도덕적 덕목으로 사용되면 효도를 행하거나 백성을 사랑하는 태도를 가리키기도 한다. 예를 들면 다음과 같다.

태상왕을 섬길 때에는 성경(정성과 공경)을 지극히 해야 효도라고 할 수 있습니다.[41]

전하께서는 등극하신 이래로 매사에 옛 성왕들을 본받으셔서, 하늘을 두려워하고 백성을 어여삐 여기시고 성경(정성과 공경), 관인(너그러움과 인자하심)이 위와 아래에 극진하시니….[42]

이들 용례에 의하면, 성경(誠敬)은 기본적으로 종교적 의례를 행할 때의 정성스럽고 경건한 태도를 의미하며, 그것이 도덕적 덕목으로도 전환되어 쓰이고 있음을 알 수 있다. 이후에 성경 개념은 영남 유학의 보편적 덕목으로 자리 잡게 되고, 그것은 다시 동학으로까지 이어진다.[43]

그렇다면 율곡의 경우에는, 조선사상사 전반에 흐르고 있는 성경(誠敬)이라는 종교적·윤리적 에토스 중에서, 특히 성(誠) 개념에 주목하고, 거기에 강한 실천성을 가미했다고 할 수 있다. 즉 성(誠)을 우선 주자의 해석을 근거로 실(實)로 해석한 다음에, 그 실(實)에다 '실천성'이라고 하는 적극적 성격을 부여하고 있는 것이다. 그러나 그렇다고 해서 율곡의 실(實) 개념에 종교적 경건성이 탈색되었다거나, 그가 경(敬) 쪽은 아예 무시했다는 의미는 아니다. 다만 퇴계가 경(敬)을 강조했다고 한다면, 율곡은 상대적으로 성(誠)을 강조했다는 정도의 의미이다. 이런 대비의 타당성은 「만언봉사」에 나오는 율곡의 다음과 같은 언설에서 엿볼 수 있다.

때의 적절함(時宜)을 모르고 실천적인 노력(實功)에 힘쓰지 않으면 두려워하는 마음(危懼)이 비록 절실하다고 해도 다스림의 효과(治效)는 끝내 요원해지니 민생을 어떻게 보장할 수 있겠습니까! 하늘의 진노를 어떻게 그치게 할 수 있겠습니까![44]

여기서 "두려워하는 마음"(危懼)은 퇴계가 그토록 강조했던 경(敬)의 태도이다. 그리고 그것은 멀리는 『중용』 1장의 신독(愼獨) 사상에 뿌리를 두고 있다. 그러나 율곡은 이것만으로 현실을 바꾸기에는 부족하다고 생각하였다. 아마도 이러한 현실진단이 그가 경(敬)보다는 성(誠)을, 그것도 '실천'으로 해석된 성(誠)을 강조하게 된 이유이리라. 그래서 율곡은 천재지변에 대한 군주의 대응에 있어서도, 퇴계와 같이 단지 자성(修省)이나 경천(敬天)에만 머무는 것이 아니라,[45] 적극적인 개혁(革弊)의 차원까지 요구하고 있다.[46]

이수광의 「무실론」

한편 조선유학사에서 흔히 '실학의 선구자'로 분류되기도 하는 지봉 이수광(1563~1628)은 율곡의 「무실론」(1574)보다 약 50년 뒤에 자신의 「무실론」(1625)을 전개하였다(정식 이름은 '조진무실차자(條陳懋實箚子)'로 인조에게 바친 상소문이다). 그의 「무실론」의 특징은 율곡의 '실심 · 실공 · 실효' 개념에 실정(實政)을 추가하고, 그것을 다시 "실심으로 실정을 행하고 실공으로 실효를 다한다(以實心而行實政, 以實功而致實效)"라는 하나의 정식화된 명제를 만들어내고 있다는 점이다. 이 명제는 이후에 여러 사상가들에 의해 반복되어 나타난다. 가령 "실심으로 실정을 행한다"(以實心行實政)는 표현은 조선왕조실록에 총 39차례 나온다. 1651년 효종 2년에 처음 보이는 것을 시작으로, 영조 때가 13번으로 가장 많고, 정조부터 고종 때까지 20번의 용례가 보인다.

이수광의 「무실론」에서 사상사적으로 더욱 주목할 만한 점은 율곡적인 무실사상과 퇴계적인 경천사상이 동시에 보인다는 사실이다(「경천지실(敬天之實)」). 여기서 퇴계적인 '경천사상'이란, 제1장 제2절에서 살펴보았듯이, 이법적인 천리(天理)를 종교적인 상제(上帝)로 재해석하는 경향을 말하는데, 이러한 점에서 이수광의 사상사적 위치는 위로는 퇴계와 율곡을 잇고 아래로는 다산과 통한다고 자리매김할 수 있다. 왜냐하면 다산은 실심사천(實心事天), 즉 "참된 마음으로 하늘을 섬긴다"는[47] 말로부터 알 수 있듯이, 현실을 중시하는 실학자이면서 동시에 독실한 경천가(敬天家)였기 때문이다.

그럼 먼저 이수광의 「무실론」 중에서 「경천지실(敬天之實)」에 해당하는 부분을 살펴보자.

> 셋째, 하늘을 공경하는 실천. ⋯ 하늘이 [천재지변을 내리어 전하를] 경고하심이 이와 같으니 [어찌] 그 '실천'(實)을 다할 것을 생각하지 않을 수 있겠습니까! 바라옵건대 전하께서는 하늘의 운행을 체화하시어 혹여 감히 게으름이 없게 하시고, 하늘의 위엄을 두려워하시어 감히 경건하지 않음이 없게 하시옵소서.[48]

여기서 이수광은 군주를 향해서, 한편으로는 하늘의 운행을 본받아(體天之行) 성실하게(毋敢或怠) 정사에 임할 것을 요구하면서도, 다른 한편으로는 하늘의 위엄을 두려워하여(畏天之威) 경건한 태도를(毋敢不敬) 유지할 것을 촉구하고 있다. 즉 하늘이 한편으로는 율곡적인 '실리'로 이해되면서도(天行), 다른 한편으로는 '상제'와 같은 인격적 존재로(天威) 여겨지고 있는 것이다.[49] 그래서 이수광의 경천사상에는 율곡적인 성(誠=實)과 퇴계적인 경(敬)의 덕목이 동시에 강조되고 있다. 달리 말하면, 율곡의 「무실론」
이 주자에 비해 실천성을 강조했다면, 이수광의 「무실론」은 여기에 더해
서 종교성까지 강화되는 형태를 띠고 있는 것이다.

실학의 종교성

이 문제와 관련해서 이수광의 「무실론」에서 흥미로운 점은, 마치 퇴계
가 그랬던 것처럼, 주자학적인 리(理)를 다시 천(天)으로 되돌려놓는 독특
한 천관(天觀)이 나타나고 있다는 사실이다.

> 셋째, 하늘을 공경하는 실천(敬天之實).
> 하늘과 인간은 하나의 이치를 공유하고 있어서 양자 사이에는 간극이 없
> 습니다. 리가 있는 곳은 곧 하늘이 있는 곳입니다(理之所在, 天之所在也). 육
> 경(六經)에서 하늘에 대해 언급한 것은 대체로 리를 말한 것입니다. '성(性)'
> 은 천성(天性)이라고 하고, '위(位)'는 천위(天位)라고 하고, '작(爵)'은 천작
> (天爵)이라고 하고, '민(民)'은 천민(天民)이라고 하고, '공(工)'은 천공(天工)이
> 라고 합니다. …
> 사물 하나하나가 모두 하늘과 관계되지 않은 것이 없습니다(事事物物, 無一
> 不係於天). 그래서 고대의 제왕은 하늘을 본받아서 도를 실천하고 하늘을
> 받들어 일을 실천했습니다. 엄숙하고 두려워하며 경건함에 힘쓰기를 게
> 을리 하지 않았습니다. 말 하나하나 행동 하나하나가 모두 천리에 따르면,
> 하늘이 반드시 [그것을] 내려다보고서 온갖 상서로움을 내려줍니다.[50]

여기서 이수광은 군주에 대해서 한편으로는 천리에 따를 것을 요구하면서도 다른 한편으로는 하늘을 두려워할 것을 요청하고 있다. 즉, 성리학적 문맥에 입각해서 천리에 따르는 것이 하늘을 공경하는 것이라고 해석하면서도, 본래 하늘에 담겨 있는 종교적 측면을 탈색시키고 있지 않다. 아니 오히려 성리학에 비해서 훨씬 강화되고 있는 느낌이다. 그리고 그 결과가 "사물 하나하나가 모두 하늘과 관계되어 있다"는 해석이다.

바로 이런 경향성, 즉 주자학이 종교적인 하늘을 도덕적인 이치로 해석하는 방향으로 나아갔다고 한다면, 그 도덕적인 이치로 해석된 하늘을 다시 본래의 종교적인 하늘로 되돌려 놓으려는 경향은 앞에서 살펴본 퇴계학에서 전형적으로 나타나고 있다. 주자가 천리(天理)라는 보편적 법칙에 대한 두려움을 바탕으로 그의 도덕철학을 건립했다고 한다면, 퇴계나 이수광은 여기에다 상제와 같은 인격적 초월자에 대한 두려움을 가미하여 도덕철학적 성격을 강화하고 있는 것이다.

나는 이수광에게서 보이는 이런 성향을 '실학의 종교성'이라고 생각한다. 그리고 그것은 훗날 다산으로까지 이어지게 된다. 따라서 실심에는 단지 도덕적 의미만 있는 것이 아니라 때로는 종교적 함축까지도 들어 있다고 보아야 할 것이다. 가령 다산이 말하는 '실심사천(實心事天)'에서의 실심의 경우에는 "종교적 경건함을 실천하고자 하는 마음"을 의미한다. 이러한 종교적 에토스는 위로는 조선초기의 성경(誠敬) 사상의 전통을 잇는 것이고, 뒤로는 동학의 시천주(侍天主) 사상으로 이어지게 된다.

실천학으로서의 학(學)

율곡은 '학문(學問)'이란 말의 유래에 대해서 다음과 같이 말하고 있다.

> 옛날에는 '학문'이라는 명칭이 없었습니다. 일상의 인륜의 도는 모든 사람
> 이 마땅히 행해야 할 것이어서 따로 학문이란 명칭이 없었습니다. 군자는
> 그 마땅히 해야 할 바를 하기만 하면 될 뿐이었습니다. 후세에 도학이 밝
> 혀지지 않자 인륜도 따라서 어두워졌습니다. 이에 그 마땅히 해야 할 것을
> 하는 것을 '학문'이라고 명명하였습니다.[51]

이에 의하면 율곡에게 있어 학문이란 '도덕적 실천 행위'에 다름 아니다.
그래서 그는 "학문이란 [오륜관계로 이루어진] 일상생활에서 그 마땅함을 얻
는 것일 뿐이다"라고도 하였다.

> 이른바 '학문'이란 것은 무슨 특별한 것이 아니다. 단지 부모 된 자는 자애
> 로워야 하고, 자식 된 자는 효성스러워야 하고, 신하 된 자는 충성해야 하
> 고, 부부 된 자는 구별해야 하고, 형제간에는 우애가 있어야 하고, 어린 자
> 는 윗사람을 공경해야 하고, 친구 간에는 신의가 있어야 하는 것일 뿐이
> 다. 이 모두는 일상생활에서 매사에 각각 그 마땅함을 얻는 것일 뿐이다.[52]

이와 같은 실천적 '학' 개념은 일찍이 『논어』에서 공자의 제자인 유자(有
子)에 의해 다음과 같이 제시된 적이 있다.

어진 이를 어질게 대하기를 마치 여색을 대하듯 하고, 부모를 섬김에 그 힘을 다할 수 있으며 임금을 섬김에 그 몸을 바칠 수 있고 벗과 사귐에 그 말에 신의가 있다면 비록 그가 배우지 못한 사람이라고 하더라도 나는 반드시 그를 배웠다고 하겠노라! [53]

아마도 율곡의 실심이나 실학 개념에는 이와 같은 고대 유학의 이상적인 학문 개념을 당시의 조선 땅에서 되찾고자 하는 바람이 담겨 있을 것이다. 그래서 율곡이 애용한 실(實) 개념에는 삼대(三代)로 상징되는 고대의 '이상'과 조선이라고 하는 당시의 '현실'이 동시에 담겨 있다고 할 수 있다.

율곡의 실사와 다산의 행사

율곡의 실학 개념은 사상사적으로 많은 시사점을 던져주고 있다. 가령 율곡보다 약 반 세기 뒤의 인물로 '실학의 비조'라고도[54] 평가받는 반계 유형원(1622~1673)에서는 활심(活心)과 실리(實理) 개념이 보이는데, 이 개념도 율곡(1536~1584)의 실심과 실리의 연장선상에서 이해되어야 할 것이다.[55] 뿐만 아니라 실천을 강조하는 다산의 행사(行事) 개념 또한 멀리는 율곡의 실학 개념과 맞닿아 있다. 왜냐하면 율곡 역시 행사(行事)나 실사(實事)라는 말을 통해서 이성적인 사리(事理) 탐구에서 한 걸음 더 나아간 구체적인 도덕 실천을 강조하고 있기 때문이다.

독서란 시비를 변별하여 일을 행하는(行事) 데 그것을 적용하는 것이다. 만약 구체적인 일을 살피지 않고 단지 책만 읽으면 쓸모없는 학문이 된다.[56]

바라옵건대 전하께서는 지겨운 잔소리로 듣지 마시고 심사숙고하시어 일을 행하는 데 시행하시고 단순한 글귀로만 치부하지 않으시면, 재난은 길조로 바뀌고 쇠란은 지치(至治)로 변하며 종묘사직과 백성들이 모두 행복해질 것입니다.[57]

다만 율곡과는 달리 다산은 선험적인 실리 개념을 거부하고 행사(실천)를 통해야만 비로소 인의예지의 도덕적 덕목이 성립한다는 철학적 입장을 취하고 있기 때문에 한층 더 도덕적 실천이 강화되고 있다고 할 수 있다.

인의예지는 [구체적인] 일을 행한(行事) 이후에 바야흐로 이 이름이 있게 된다.[58]

[구체적인] 일을 행한(行事) 이후에 덕이라는 이름이 성립하게 된다.[59]

인의예지는 본래 행사(行事)로서 이름을 얻는다.[60]

한편 이러한 실천 중시의 학문 전통은 동학의 학(學) 개념으로까지 이어진다. 19세기 말의 동학교도들은 "동학을 믿는다"고 하지 않고 "동학을 한다"고 하였다.[61] "하늘이 쉬지 않는데 내가 어찌 쉬겠느냐!"면서 도피행각 중에도 한시도 새끼 꼬기를 쉬지 않았다고 하는 해월 최시형의 삶은 그 자체가 하나의 하늘(天)의 실천이었다.

흥미롭게도 현대의 정치철학자 김태창은, 마치 '동학한다'라는 개념을 연상시키기라도 하듯이, '공공한다'는 개념을 제시하고 있다.[62] 이에 대해

정윤재는 김태창의 '공공함'이라는 실천적 개념은 '공공성'이라고 하는 기존의 정태적 개념을 역동적인 방향으로 전환시켰다고 평가하면서, 민세 안재홍(1891~1965)의 '다사리' 이념을 바탕으로 한 조선정치철학 역시 공공함의 정치를 지향하였다고 해석하였다.[63]

이상은 모두 진리나 규범에 대한 이론적 탐구보다는 구체적인 삶 속에서의 실천을 강조한다는 점에서 '실천학'으로 분류될 수 있다. 그리고 율곡의 실심 개념과 이후의 용례 등을 고려해 보면, 조선후기 유학사를 '실심유학'이라는 틀로 묶는 것도 가능할 것이다. 무엇보다도 이 개념은 근대적인 실학 범주 하에 진행된 기존의 조선후기사상사 연구가 간과했던 중요한 측면을 환기시키기에 적합하다고 생각한다. 뿐만 아니라 실심 개념이 이미 조선초기의 권근에서부터 나오고 있는 점을 고려해 보면, 중국의 주자학과 다른 조선 성리학의 특징으로도 볼 수 있을 것이다. 이상의 문제들은 향후의 과제로 남겨두기로 한다.

3. 원불교의 민중실학

조선후기에 '실심실학' 개념이 등장했다면, 초기 원불교에는 '실천실학'
이라는 개념이 보이고 있다. 원불교의 창시자인 소태산 박중빈을 이어서
원불교를 이끌어간 정산 송규(鼎山 宋奎, 1900~1962)가 1937년에 쓴 「일원
상에 대하여」[64]가 그것이다. 송규는 성주 지방의 야성 송씨 가문에서 태
어난 유학자로, 해방 이후에 원불교를 오늘날의 모습으로 끌어올린 제2대
종법사이다. 송규의 '실천실학' 개념에 주목한 인물은 원불교 학자 류병덕
(柳炳德, 1930~2007)이다. 그럼 먼저 류병덕이라는 인물에 대해 살펴보기로
하자.

류병덕의 학문세계

여산 류병덕은 한기두, 송천은 등과 더불어 원불교학을 정립한 제1세대
학자로, 원불교를 특히 철학적 관점에서 해석하는데 기여하였다. 뿐만 아
니라 한국종교와 한국철학에 관한 연구도 병행했는데, 이러한 그의 관심
이 집대성된 역작이 1977년에 나온 『원불교와 한국사회』이다. 또한 원광
대학교 교수로 재직 중이던 1967년에는 원광대학교 종교문제연구소를 설

립하여, 근대한국 민중종교 연구를 선구적으로 이끌어 갔다.

유병덕의 학문 세계는 크게 세 분야로 나뉘어지는데, 첫째는 한국사상사이고, 둘째는 근대 한국의 개벽종교[65]이며, 마지막은 원불교사상이다.[66] 이들은 서로 유기적으로 관계를 맺고 있는데, 가령 원불교를 한편으로는 '개벽'의 이념을 표방한 개벽종교들과의 연관 속에서 연구하면서, 다른 한편으로는 한국불교사의 맥락에서도 자리매김하고 있는 것이 그러한 예이다. 즉 원불교나 개벽종교를 종교학이나 불교학의 틀에서만 보지 않고, 한국사상사라고 하는 보다 거시적인 지평에서 해석하는, 다시 말하면 한국학의 일부로서 연구하는 태도를 취하고 있다.

이러한 점을 단적으로 보여주는 예가 '원불교실학론'이다. 왜냐하면 "원불교가 실학이다"는 주장은 "개벽종교의 하나로서의 원불교를 한국사상사의 맥락에서 자리매김하려는 시도"의 일환이라고 볼 수 있기 때문이다. 이러한 주장은 종래의 실학 담론에서는 찾아볼 수 없는 독특한 관점으로, 1990년에 김용옥이 '실학허구론'을 주장한 이래로 '실심실학론'을 제외하고는 이렇다 할 대안이 없는 실학연구사에 새로운 시각을 제공해 주리라 생각한다.

이러한 문제의식 하에 이 절에서는 류병덕이 주장하는 원불교실학론의 내용과 연원, 그리고 그의 논의가 지니는 사상사적 의미를, 그가 1991년에 발표한 선구적인 논문 「소태산의 실천실학 - 조선후기 실학과 대비하여」를 중심으로 고찰해보고자 한다.

정산 송규의 '실학' 개념

류병덕의 원불교실학론은 그 연원을 추적해보면 원불교의 제2대 지도 자인 정산 송규로까지 거슬러 올라간다. 류병덕은 정산이 1937년에 쓴 「일원상에 대하여」라는 글에서 '실천실학'이라는 표현을 쓰고 있는 점에 주목하면서 "소태산의 '실천의지'를 나타낸 대목"이라고 해석하고 있다.[67] 정산이 '실천실학'이라는 표현을 쓴 사실은 원불교 내부에서조차 알려져 있지 않다. 그래서 먼저 「일원상에 대하여」에 나오는 해당 부분을 살펴보 기로 하자.

> 7. 통론
>
> 이상 각 절의 대지를 총괄적으로 말한다면 또한 타력과 자력 두 가지로 나 누어지나니 신앙과 숭배는 일원상을 상대로 한 타력이요, 체득과 이용은 일원상을 상대로 한 자력이니 일원의 공부가 자력인 중에도 타력이 포함 되고 타력인 중에도 자력이 포함되어 자타력 병진법으로 이 무궁한 사리 를 원만히 이행하는 바 신앙을 하면 신앙에 대한 <u>실효</u>가 나타나고 숭배를 하면 숭배에 대한 <u>실효</u>가 나타나고 체득을 하면 체득에 대한 <u>실효</u>가 나타 나고 이용을 하면 이용에 대한 <u>실효</u>가 나타나서 능히 복리를 수용하고 불 과를 증득하나니 이것이 곧 무상대도이며 <u>실천 실학</u>이 되는 것입니다.[68]

여기에서 정산은 "일원상에 대한 신앙 및 숭배와 체득과 이용은 실제 효 과가 나타난다는 의미에서 '실효'가 있다"고 하면서, 일원상을 최고의 진리 로 삼는 원불교를 '실천 실학'이라고 평가하고 있다. 따라서 여기에서 정산이 말하는 실학의 의미는, 우리가 역사교과서에서 배운 조선후기의 실용적이고 과학적인 학문을 의미하는 실학이 아니라, 신앙이나 체득을 실천하면 그것의 실제 효과가 나타난다는 의미에서의 실천학을 말한다. 정산은 다른 곳에서도 실학이라는 말을 사용하고 있는데, 거기에서도 의미는 크게 다르지 않다.

> 시자 묻기를 "조신(操身)의 예를 밝히신 첫 편의 모든 조항은 그 설명이 너무 자상하고 비근하여 경전의 품위에 혹 손색이 없지 않을까 하나이다." 말씀하시기를 "무슨 법이나 고원하고 심오한 이론은 기특하게 생각하나 평범하고 비근한 실학은 등한히 아는 것이 지금 사람들의 공통된 병이니, 마땅히 이에 깊이 각성하여 평상시에 평범한 예절을 잘 지키는 것으로 예전 실행의 기본을 삼을 것이며, 너무 자상한 주해 설명은 앞으로 예전을 완정할 때에 줄일 수 있는 데까지 줄이자."[69]

여기에서 말하는 '실학'도 추상적 이론에 머물지 않고 일상의 도덕적 실천을 추구하는 학문을 말한다. 그런데 주목할 만한 점은 조선후기의 이른바 실학자들이 사용했던 실학 개념도 실은 정산이 사용하는 실학의 의미와 크게 다르지 않다는 점이다.

조선후기의 실학 개념

이 장 제1절에서 조선후기의 양명학의 선구자로 알려진 정제두의 문집에서 '실심' 개념이 사용되고 있다는 사실을 소개하였다. 여기에서는 정제두의 '실학' 개념을 중심으로 살펴보고자 한다. 정제두가 세상을 뜨자, 그의 문인들이 스승의 서원과 사당을 설치해 줄 것을 요청하는 상소를 올렸는데,[70] 이 상소문에서 정제두의 학문을 "참된 앎을 실천하는 실학"이라고 말하고 있다.

> 엎드려 생각하옵건대, 지극한 본성을 궁구하고 순수한 실천을 돈독히 하는 것은 실학(實學)이요, 순박한 덕을 드러내고 교화의 명성을 세우는 것은 실정(實政)입니다. 이에 신들은 감히 선정(先正=정제두)의 실학(實學)을 들어서 성조(聖朝)의 실정(實政)을 우러러 찬양하였습니다. (중략)
>
> 대저 대개 성(誠)이란 마음속의 실리(實理)를 말합니다. 하늘이 이 실리를 사람에게 부여하고, 사람은 이를 얻어서 마음으로 삼아서, 이것으로 앎(知)을 지극히 하면 진지(眞知)가 되고, 이것으로 힘써 행하면 실행(實行)이 되며, 진지를 실행으로 삼으면 이것이 실학(實學)입니다. 다만 이 실학은 얻은 자가 대개 적은데 오직 우리 선정신(先正臣) 정제두는 금같이 정미하고 옥같이 윤택한 자질을 가지고서도 연못에 임하여 얼음을 밟는듯한 공부를 쌓았으며, 일찍이 과거업(科擧業)을 버리고 침잠하고 정진하였으니 탁연(卓然)히 "먼저 그 큰 것을 세운다"는 뜻에 부합되는 바가 있습니다.[71]

여기에서 정제두의 문인들은 마음속에 부여된 실리(實理)로 참된 앎을 알아서 실제로 행하는 것(實行)을 '실학'이라고 규정하고 있다. 따라서 이때의 실학이란 일종의 '도덕실천학'에 해당한다. 그런 의미에서 '실천학으로서의 실학'이라고 부를 수 있다. 이러한 실학 개념은, 앞에서 살펴보았듯이 조선전기의 율곡에서 본격적으로 나타나기 시작하여, 조선후기에는 학파를 불문하고 널리 사용되었다. 가령 실학의 황금기로 알려져 있는 시대의 정조(1752~1800)도 정제두의 문인들과 비슷한 의미의 실학 개념을 사용하고 있다.

> 나의 마음이 곧 너희들의 마음이고, 너희들의 마음이 곧 일국(一國)의 마음이고, 일국의 마음이 곧 만고(萬古)의 마음이다. 실심으로 실학을 강론하고 (以實心講實學), 실학으로 실사를 행하는(以實學行實事) 것이 오늘날의 급선무이니, (이것이) 내가 너희들에게 도움을 구하는 것이다.[72]

여기에서도 앞의 정제두의 문인들과 마찬가지로, 실제로 일을 하는 '행실사(行實事)'를 실학이라고 말하고 있다. 이 행실사(行實事)를 다산 정약용은 줄여서 '행사(行事)'라고 하였는데, 여기에서 주목할 만한 점은 실학과 함께 실심이 강조되고 있다는 사실이다. 이것은 실심실학 연구자들이 주장하듯이, 조선후기 유학자들이 결코 실심을 도외시한 실학을 추구하지 않았음을 시사한다. 그런 의미에서 조선후기 유학자들은 탈성리학자가 아니라 어디까지나 성리학자였고, 원불교식으로 말하면 도학자였다고 할 수 있다. 이에 대해 원불교학자 송천은은 다음과 같이 말하고 있다.

> (조선후기 실학자들은) 인민의 경제생활을 등한시하는 도학 일변도의 사고에 반대하고, 생활 속의 건전한 도학이 되도록 했다는 점에서 영육쌍전(靈肉雙全)적 경향을 띄는 것이라 볼 수 있다. 사실상 실학자들은 단순한 정치가나 경제학자가 아니라 모두 도학자들이었다. 그러나 조선조의 실학은 이론상으로만 풍미했을 뿐 현실적으로 실현될 수 없었던 것은 유감된 일

이다.[73]

이 글은 실학의 정설이 확립되어 가던 1970년대에 쓰여진 것인데, 여기에서 송천은은 우리가 오늘날 알고 있는 실학의 이미지와는 약간 다른 실학론을 제시하고 있다. 즉 조선후기 실학자들은 단지 물질적인 것만 강조한 것이 아니라 정신적 수양의 측면도 소홀히 하지 않았다는 것이다. 원불교식으로 말하면 일종의 영육쌍전(靈肉雙全)을 추구했다고 보고 있다.

이처럼 그가 실학자들을 단순한 경세사상가나 부국강병론자로만 보지 않고 도학자로서의 성격도 유지하고 있다고 볼 수 있었던 이유는, 원불교의 '영육쌍전'이라는 인식 틀을 가지고 있었기 때문일 것이다. 그러나 그는 조선후기의 실학은 이론의 차원에 머물러 있다는 비판도 덧붙이고 있는데, 이러한 비판은 류병덕에서도 보이고 있다(후술).

근대 일본의 실학 개념

지금까지 살펴본 정산 송규나 조선후기 유학자들이 사용하고 있는 실학 개념은 우리가 그동안 교과서에서 배운 실학과는 다소 거리가 있다. 우리가 알고 있는 실학은 실용적이고 실증적이며 과학적인, 그래서 다분히 서구 근대적인 성격을 띠는 학문을 가리키기 때문이다. 그렇다면 이 생소한 실학 개념은 어디에서 온 것일까?

한국사상사 서술에서 실학 개념을 처음으로 도입한 것은 1930년대의 조선학운동으로 알려져 있다. 최남선, 정인보, 안재홍, 문일평 등이 중심이 된 조선학운동에서는 정약용을 비롯한 조선후기의 일련의 사상가들을 근대지향적인 실학자로 평가하였다. 그리고 1950년대의 천관우를 거쳐 실학의 외연이 확대되고, 1970년대의 이우성에 이르면 이른바 '삼대실학파'(경세치용 · 이용후생 · 실사구시)가 교과서의 정설로 정착되게 된다.

그런데 문제는 이러한 의미의 실학 개념은 조선후기의 사상가들에게는 뚜렷하게 보이지 않는다는 점이다. 그렇다면 이들은 어떻게 해서 새로운 의미의 실학 개념, 즉 서구적인 의미의 실학 개념을 착안하게 되었을까? 그 실마리는 당시가 일제강점기였다는 사실에서 찾을 수 있다.

카타오카 류(片岡龍) 등의 연구에 의하면, 19세기말에 일본의 근대화를 주도했던 후쿠자와 유키치(1835~1901)는 '과학(science)'으로서의 실학 개념을 사용하였고, 이러한 용례는 후쿠자와 유키치 이전의 일본사상가들에게서 이미 나오고 있다.[74] 그럼 먼저 후쿠자와 유키치가 사용한 실학 개념에 대해서 살펴보기로 하자.

> (자연과학에서는) 1400년대에 이르기까지는 … 세상 사람들은 모두 고대의 성인 아리스토텔레스의 학풍에 심취하여 부회기이(附會奇異)한 신설(神說)을 주창하고, 유용한 실학에 뜻을 두는 자는 없었다. 1600년 무렵까지도 이러한 추세는 여전했는데, 이 때 프란시스 베이컨, 데카르트 등의 현명한 철인이 나와서 전적으로 시험(試驗=실험)의 물리학을 주창하여 고래(古來)의 공담(空談)을 배척하고, 1606년에는 이태리 학자 갈릴레오가 처음으로 지동설을 세우고, 1616년에는 영국의 의사 하비가 인체 혈액 운행의 이치를 발명하는 등, 세상의 학풍이 점점 실제로 향한다.
> (후쿠자와 유키치, 『서양사정』)[75]

여기에서 후쿠자와는 "기이한 신설(神說)"이나 "고래(古來)의 공담(空談)" 과 대비되는 개념으로 "시험의 물리학"과 "유용한 실학"을 사용하고 있는 데, 이로부터 후쿠자와의 실학 개념이 서양의 물리학에 바탕으로 둔 자연 과학을 가리키고 있음을 알 수 있다.[76] 그렇다면 우리는 여기에서 하나의 가설을 세워볼 수 있을 것이다. 1930년대 조선학운동가들이 조선후기의 사상사를 실증적이고 유용성을 추구하는 실학으로 해석한 것은 후쿠자와 유키치로 대변되는 일본 근대의 실학 개념의 영향을 암암리에 받은 것이 아닐까?

이에 반해 정산은 조선학운동이 일어난 동시대에, 후쿠자와 유키치적 인 서구화된 실학 개념이 아니라, 조선사상사의 맥락의 연장선상에서 실 학 개념을 사용하고 있다. 아마도 여기에는, 송천은에게서 볼 수 있었듯 이, 원불교라는 요소가 작용하고 있었을 것이다. 즉 도덕적 실천을 강조하 는 원불교이기 때문에 서구화된 실학 개념에 쉽게 경도되지 않을 수 있었 던 것이다. 그렇다면 정산을 이은 류병덕의 실학 개념은 어떠할까?

류병덕의 실학 개념

류병덕은 정산이 1930년대에 일원상을 '실천실학'으로 규정한 사실에 대해 다음과 같이 평가하였다.

> 1920년대 1930년대에 한국은 혹심해진 일제의 간섭과 문화말살정책으로 그 당시 뜻있는 국학자들은 조선후기의 '이론실학'을 더듬고 이에 대응하 려는 풍조가 일고 있었다. 정산은 이러한 학계의 숨은 움직임에도 귀를 기

울이고 있었던 지성을 가진 분이다.[77]

여기에서 류병덕은 한편으로는 1930년대에 일어난 조선학운동을 높게 평가하면서, 다른 한편으로는 조선후기 실학을 보는 자신의 견해를 피력하고 있는데, 그것은 '이론실학'이라는 개념이다. 이 '이론실학' 개념은 뒤집어 말하면 '실천성이 결여된 실학'이라는 비판적인 의미를 담고 있기 때문에, 조선학운동가들의 조선후기 실학에 대한 적극적인 평가와는 다소 거리가 있다. 실제로 그는 조선후기의 실학이 이론실학에만 머물러 있었기 때문에 근대화에 기여하지 못했다고 비판하고 있다.

조선조 실학이 왜 한국근대화의 효시나 역할이 되지 못하고 다만 학자들의 문헌 분석에 의한 이론실학으로만 머무르고 있는가?[78]

이와는 대조적으로 원불교를 창시한 소태산 박중빈의 행적은 '실천실학'이라고 평가하면서, 이 점을 일찍이 지적한 이가 정산 송규라고 말하고 있다.

소태산의 일생동안 행적은 왜 실천실학인가? 소태산은 … 구도과정에서나 … 교단의 형성과정에서나 … 제자들의 식견 속에서도 실학에 대해서는 한말도 거론되지 않았던 일생이었는데 뜻밖에도 1937년에 정산에 의해 표현된 '실천실학' 한마디는 결정적으로 소태산의 실천의지를 나타낸 대목임을 천명하는 바다.[79]

여기에서 우리는 하나의 흥미로운 사실을 발견하게 된다. 즉 류병덕이 '이론실학'이라고 비판하고 있는 조선후기의 실학 개념은, 조선후기 실학자들이 사용한 실천학으로서의 실학 개념보다는, 후쿠자와 유키치적인 실학 개념의 영향을 받아서 1930년대에 조선학운동가들에 의해 성립된 실학 개념에 더 가깝다는 사실이다. 그리고 류병덕이 긍정적으로 평가하고 있는 소태산의 '실천실학' 개념이야말로 사실은 조선후기의 실학자들이 사용한 실학 개념과 일맥상통한다는 점이다.

그렇다면 류병덕이 말하는 소태산의 실천실학과 조선후기 실학자들의 실천학으로서의 실학과는 아무런 차이가 없는 걸까? 이에 대해서는 그의 다음과 같은 말이 참고할만하다.

> 당시의 시대적 왜곡 현상들을 광정(匡正)하고자 했던 사회 제도 개혁의 노력도 그것이 실지 기층민들에 바탕한 실천운동으로 나타난 것이라기보다는 피치자(被治者)의 편에선 지식인의 논리로서 집권층에 대한 주장에 치중했지만, 이 또한 시대적 주류를 형성하지 못했었다는 제약적 상황에 의해 당시의 정책에 제한적으로밖에는 반영되지 못한 채, 그 최종 단계를 1870년대로 하여 마무리 지음으로써 후대에 망국의 비운을 맞게 되고 ···.[80]

여기에서 류병덕은 조선후기 실학의 한계를 두 가지 측면에서 지적하고 있다. 하나는 민중들이 주체가 된 실천운동이 아니었다는 점이고, 다른 하나는 실학자들의 개혁론이 정책에 반영되지 못했다는 점이다. 즉 설령 조선후기의 유학자들이 도덕적 실천학으로서의 실학을 주창했다고 해도, 류병덕이나 송천은의 입장에서 보면, 그것은 지도층 차원의 도덕수양에 머무를 뿐 민중들과 함께 사회를 변혁시키는 사회적 차원의 실천으로는 나아가지 못한 것이다.

아울러 만약에 그들의 이론적 개혁론이 정책에라도 반영되었더라면 현실적인 영향력을 발휘할 수 있었고, 그런 점에서 실천실학이라고 평가할 수 있었을텐데 아쉽게도 그러지도 못했다는 것이다. 바로 여기에 류병덕이 조선후기의 실학의 한계를 지적하면서, 구한말의 실학운동을 따로 설정하는 이유가 있다.

> 물론 실학적 전통이 근대로 이어지는 개화사상에 내면적으로 계승되고 있었다고 볼 수 있겠지만 … 개화사상도 지배적인 조류가 되지 못한 채 정치적 사상적 혼란 속에서 결실을 보지 못하고 말았던 것이다. … 마침내 한말(韓末)이라는 종언을 고하고 일제의 지배 하로 곤두박질한다. … 그러나 이 시기에 실학적 사고와 민족의식은 도리어 민중 속으로 맥맥히 흘러들게 되고, 이 시대 경향을 바로잡으려고 종교운동 사회사상 운동들이 끊이지 않고 산발적으로 일어나 확산되었던 것이다. 이들 운동단체들은 전기실학 · 후기실학[81]에 대하여 그를 연구했다거나 학통을 따져 본 일도 없이 필연 발생적으로 일어났던 운동이었기에 일명 '준 실학운동'이라고 불러 본다. 이들은 후기실학적 성격의 변용으로 나타나게 된 것이라고 다시 평가할 수 있어야 한다.[82]

여기에서 류병덕은 구한말의 사회운동의 전개나 민중종교의 탄생은 조선후기의 실학 정신이 민중 속에서 부활된 것이고, 그런 점에서 '준 실학운

동'으로 재평가 되어야 한다고 주장하고 있다. 즉 조선후기 실학의 연속선
상에서 구한말의 사회운동과 종교운동을 보아야 한다는 것이다. 그리고
그 구체적인 실례로 안창호나 김성수 또는 백용성이나 소태산을 들고 있
고, 특히 소태산이 이끈 '불법연구회'(훗날의 원불교)는 해방 이후에 실학정
신을 실천했다는 점에서 '실천실학운동'으로 부르고 있다.

> 이러한 점에서 한말 이후에 새롭게 전개되는 실학적 경향의 흐름은 문자
> 로써 기록되는 것이 아니라 행동으로써의 실천성이 절실히 요망되었던 것
> 이며, 따라서 안창호의 무실역행에 의한 민족활로 개척이라는 지도이념은
> 허위와 가식에 반하는 것으로써 이것이 국가의 내실을 기약하는 적절한
> 처방이었다는 점에서 실학적 운동의 한 양태로 볼 수 있을 것이며, 김성수
> 의 물산장려운동 · 인재양성 · 언론확보운동 등도 실학적 평가를 받을만
> 한 운동이라고 본다. 그리고 백용성의 대각교 제창이나 한용운의 불교유
> 신운동도 … 자체 내의 실학적 실천성을 지녔다고 볼 수 있을 것이다.
> 이러한 집단들 중에서도 특히 소태산이 이끌어온 일제시의 '불법연구회'
> 는 해방을 맞이하면서 종교입장에서 실학적 견해를 유감없이 발휘하여 오
> 늘에 이른다. 해방 후 소태산의 실학적 움직임은 그 어느 집단에서도 찾아
> 볼 수 없으리만치 실학정신을 실천한 단체로 보여진다. 특히 소태산은 이
> 론실학을 한번도 접해본 적이 없었음에도 불구하고 그가 실천하려고 했던
> 분야가 모두 실학적이었다는 점에서 논자는 이를 '실천실학운동'이라고 명
> 명해 본 것이다.[83]

그동안 한국의 선각자들이 실학을 추구하였으나 경세를 담당했던 왕조 집

권층에서는 이념과 사상을 받아들이지 못했던 것이며, 따라서 그 당시의 실학도 완전히 <u>이론 실학</u>에 머물렀고 마침내 국혼마저 상실되고 말았는데, 민중의 저층에서 26세의 청년 소태산은 스스로 일어나 "물질이 개벽되니 정신을 개벽하자"라는 표어를 내걸고 그 당시 실의에 찬 민중들을 규합해서 실천적으로 이끌었던 것이니, 그는 아직까지 실현할 수 없었던 실학의 의지를 펴려고 나타난 모습이었다. 이 개교표어는 … 새로운 역사인식 그리고 과학정신을 이 땅에 수용하여 조화로운 현실낙토를 건설하려고 부르짖은 것이었으며, 이는 <u>실천실학</u>의 종합적인 실현이기도 하였다.[84]

이상의 서술에 의하면, 류병덕이 보기에 안창호, 김성수, 백용성, 소태산 등은 모두 실학자이고, 그 중에서도 특히 실천을 강조한 실천실학자이며, 그런 점에서 이들의 운동을 '실천실학운동'이라고 명명할 수 있다. 이러한 평가로부터 우리는 류병덕이 말하는 '실천실학'이란 단지 개혁 이론으로서의 실학을 가리키는 것이 아니라 하나의 '사회운동으로서의 실학'을 말하고 있음을 알 수 있다.

원불교에 대한 실학적 해석

류병덕은 이상의 관점을 바탕으로 원불교의 실천실학적 측면을 표어와 교리 그리고 교단창립의 세 부분으로 나누어서 제시하고 있다. 이것은 원불교를 실학의 관점에서 해석하는 류병덕의 '원불교해석학'의 일환으로 볼 수 있는데, 구체적인 내용을 간략히 소개하면 다음과 같다.

(1) 표어

① 처처불상(處處佛像) 사사불공(事事佛供) : 일상생활(개체) 속에서 부처(전체)를 발견하는 실천실학

② 무시선(無時禪) 무처선(無處禪) : 삶의 현장에서 선(禪) 수련을 하여 올바름을 판단하도록 하는 활선(活禪)

③ 동정일여(動靜一如) : 우주의 본래적인 동화력에 입각한 현실적 인생관과 우주관

④ 영육쌍전(靈肉雙全) : 물질(사실)을 정신적(수행) 차원에서 재조정하고자 한 실사구시

⑤ 불법시생활(佛法是生活) 생활시불법(生活是佛法) : 생활 속에서 불법을 찾고자 한 실학정신

⑥ 물질이 개벽되니 정신을 개벽하자 : 실의에 빠진 민중들을 규합해서 실천적으로 이끌고, 과학정신을 수용하여 조화로운 사회를 건설하고자 한 실천실학

(2) 교리

① 일원상(一圓相) 진리 : 사실(實事)에 입각하여 일원의 진리를 깨닫는(求是) '진리적 종교'와, 일상생활에서(實事) 일원의 진리를 구하는(求是) '사실적 도덕'을 제시한 실사구시(實事求是)의 실학.

② 사은(四恩) : 삶의 현장에서(實事) 천지와 부모, 동포와 법률의 은혜(四恩)를 자각하고, 이것을 현실생활 속에서 실천하는(求是) 실사구시의 실천원리이자 실학적 신앙.

③ 사요(四要) : 자력양성과 지자본위(知者本位) 등의 네 가지 실천 덕목은

조선후기 실학자들의 이론을 실천하고자 한 명제.

(3) 교단창립

① 저축조합 : 현실을 토대로 한 자주적 정신과 경제적 토대 확립 추구

② 숯장사 : 조선후기 실학자들이 갈망했던 이용후생 이념 실천

③ 간척사업 : 실사구시의 역행이자 실천실학의 본보기

④ 총부건설 : 새시대의 실천실학의 종교관

⑤ 조합운영 : 실리실용성을 기본정신으로 경제적 자력 실현

⑥ 인재양성소 : 실천실학의 개척정신에 바탕을 둔 종교(靈)와 생활(肉)의 병진

　이상의 해석에서 주목할 만한 점은 다음과 같다. 먼저 「(2) 교리」에서 '실사구시'를 실천적으로 해석하고 있는 대목이다. 보통 실학 담론에서 '실사구시'는 김정희로 대변되는 실증적이고 고증학적인 학풍을 가리키는 말로 이해되고 있는데, 류병덕은 일상생활이나 삶의 현장(實事)에서 진리를 찾고, 그것을 현실생활 속에서 실천한다고 하는 실천실학적 맥락에서 재해석하고 있다. 그런 점에서 김정희 이전에 양득중(1665~1742)이 사용하고 있는 '실사구시'의 의미에 가깝다.[85] 이렇게 보면 류병덕의 실사구시 해석도 실천학으로서의 실학의 연장선상에 있다고 볼 수 있다.

　한편 ③사요(=네 가지 할 일)에 대해서는 실증실학과 실천실학의 병진을 추구한 사례로 해석하고 있는 점이 독특한데, 여기에서 실증실학과 실천실학 개념은 미나모토 료엔(源了圓)의 '실증적 실학'과 '실천적 실학'의 구분에서 차용해 온 것으로, 실증실학은 과학화·합리화·근대화의 기능화 운

동을 말하고, 실천실학은 종교화·철학화·도덕화의 사회화운동을 가리킨다.[86]

류병덕은 사요를 실천실학적으로 해석하면서 다음과 같이 끝맺고 있다,

> 소태산은 실증실학적 측면으로는 물질문명이라고 하여, 즉 과학적 합리적 근대화의 수용이라는 입장에서 선용 활용을 강조했고, 실천실학의 측면에서는 도덕적 인간의 훈련과 사요의 사회적 실천이라는 종교를 내놓았다.[87]

이에 의하면 류병덕이 미나모토 료엔의 실증실학과 실천실학의 틀을 가지고 원불교가 지향하는 "도학과 과학의 병진"의 추구를 설명하고 있음을 알 수 있다. 여기에서 실증실학은 과학의 영역에 해당하고 실천실학은 도학의 영역을 가리킨다. 그런 점에서 류병덕이 사용하고 있는 실학 개념은 서구적인 과학적 실학과 한국적(또는 동아시아적)인 실천적 실학을 아우르는 통합적 혹은 회통적 실학 개념이라고 할 수 있다.

여기에서 우리는 원불교적 사유의 사례를 발견할 수 있다. 즉 조선학운동의 실학 개념이 다분히 서구적인 실학 개념이었고(류병덕의 '이론실학', 미나모토 료엔의 '실증실학'), 조선후기 실학자들의 실학 개념이 유교적인 실학 개념이었다고 한다면(정산의 '실천실학') 류병덕은 원불교에서 양자의 겸전(兼全)을 보고 있는 것이다. 그런 점에서 류병덕은 '신실학(新實學)' 개념을 제창하고 있다고 할 수 있고, 신실학 개념으로 원불교를 해석하고 있다고 평가할 수 있다.

원불교실학론의 함축

이상의 논의를 정리해보면 다음과 같다. 조선학운동의 실학 개념은, 류병덕의 용어로 말하면 이론 중심의 실학이다. 그런데 실학연구사의 관점에서 보면, 이론 중심의 실학 개념은 본래 실천을 강조했던 조선후기의 실학 개념이 19세기말~20세기 초에 서구 학문관의 영향을 받아서 변질된 것이다. 류병덕이 조선후기의 실학을 '이론실학'으로 규정한 데에는, 본래 실학이란 실천성이 동반되어야 한다는 생각을 갖고 있음을 시사한다.

류병덕이 보기에, 조선후기 실학이 이론실학에 머무른 데에는 두 가지 이유가 있다. 하나는 실학자들의 개혁론이 실제 정책으로 구현되지 못했기 때문이고, 다른 하나는 실학자들이 민중과 함께 사회운동을 전개하지 않았기 때문이다. 류병덕은 바로 여기에 원불교가 지니는 실학적 의의가 있다고 생각한다. 원불교는 조선후기 실학자들이 구현하고자 했던 경제적 개혁을 민중과 함께 실천했다는 점에서 실천실학이라고 할 수 있다. 뿐만 아니라 서양의 과학까지도 인정하는 태도를 취하고 있는데, 그런 점에서 실증실학 또는 이론실학 - 혹은 '과학실학'이라고도 할 수 있을 것이다 - 도 배제하지 않고 있다.

이상의 원불교실학론은 도학과 과학의 병진이라는 원불교의 이상을 실학의 관점에서 재해석한 것으로, 그 자체로 원불교의 '포함'적 사유의 단면을 보여주고 있다. 이러한 해석은 여러 가지 점에서 중요한 의미를 지닌다. 먼저 그동안 유학이 독점해 왔던 실학 담론을 원불교나 불교와 같은 유학 이외의 사조에도 적용해야 한다는 관점의 제시이다. 실제로 류병덕은 원불교가 "실학이라는 한국학의 한 장으로 다시 가설되어야 한다"고 주

장하고 있다.[88]

　뿐만 아니라 그동안 '실학파-개화파'가 독점해 왔던 근대화 담론을 원불교와 같은 개벽파에도 적용할 수 있다는 관점도 제시하고 있다. "소태산이 이 회상 창립에서 사명감에 불타는 인재들을 배출시키려 의도한 것은 한국 근대화운동의 선구였다고 평가할 것이다."[89]라는 서술이 그것이다. 이러한 견해는 그동안 서구적 이성 중심으로만 생각해 왔던 실학과 근대화를 종교적 영성의 관점에서도 생각할 수 있다는 시사점을 던지고 있다. 실제로 류병덕은 "실학적 종교(1231쪽)"나 "실학적 신앙"(1231쪽)이라는 표현을 사용하고 있는데, 이것은 실학과 종교가 결코 배치되지 않음을 말하는 것이다. 그런 점에서 류병덕의 원불교실학론은, 조선후기의 실심실학론과 함께, 그동안 서구 근대적 실학과 개화를 중심으로 서술되어 왔던 한국 근대사상사의 기본 틀이 근본적으로 재고되어야 함을 촉구하고 있다.

하늘

—

종교

—

실학

—

개벽

—

도덕

—

생명

제4장

개벽

|

오늘날 '개벽'이라고 하면 종말론이나 신비주의와 같은 부정적인 이미지가 지배적이다. 그러나 사상사적으로 보면, 개벽은 한국 근대의 철학과 종교의 시작을 알린 신호탄이었고, 새로운 세상을 지향하는 민중들의 염원이었다. 개벽의 이념은 1919년의 「삼일독립선언서」에도 녹아 있고, 개벽의 가치는 일제강점기의 조명희의 문학작품에서도 발견할 수 있다. 이 장에서는 1860년에 동학을 창도한 최제우가 '개벽'이라는 중국철학적 개념을 어떻게 한국철학의 개념으로 전환시켰는지, 그리고 그것이 이후에 어떻게 전개되는지를, 개벽종교·개벽운동·개벽문학의 범주로 나누어서 살펴본다.

1. 개벽으로 읽는 동학사상

실심실학에서 개벽운동으로

조선후기의 실심실학에 이어서 등장한 새로운 흐름은 자생적 한국철학의 모색이다. 최한기의 기학(氣學)과 최제우의 동학(東學)이 그것이다. 두 사상의 공통점은 종래의 중국사상과는 틀을 달리하는 새로운 철학 체계를 구축했다는 점이다. 이 중에서 최한기의 기학은 최한기 당대로 끝났지만, 지금과 같은 기후변화 시대에는 다시 소환되고 있다.[1] 반면에 동학은 '개벽'을 표방하는 자생종교로 계승되었다.

그런데 한국 사회에서 '개벽'이라고 하면 대개 운명론이나 종말론과 같은 신비적인 이미지를 떠올리기 십상이다. 아니면 우주의 운행 질서가 바뀌어 이상사회가 도래한다는 이른바 '후천개벽'을 연상하기도 한다. 그 이유는 원래 '개벽'이라는 말 자체가 중국에서 탄생한 우주론적인 개념이었기 때문이다. 그러나 동학에서 말하는 '다시개벽'이나 '후천개벽'은 지금 식으로 말하면 일종의 인문운동에 해당한다. 실제로 이후의 천도교에서는 '인문개벽'이라는 말을 쓰기도 하였다. 가령 해방정국에 천도교청우당(북측)에서 간행한 당원교육 교재 「천도교청우당론」에서는 인문개벽의 의미를 다음과 같이 설명하고 있다.

> 최수운 선생은 이를 가리키며 개벽운수 또는 후천개벽이라고 하였으며, 뒤에 손의암(=손병희) 선생은 이 말을 해명하되 '후천개벽은 인문개벽'이라고 하였다. (…) 후천개벽은 결코 천변지이(天變地異)적인 산천(山川) 변역 현상이 일어나는 것을 가리키는 것이 아니요, 이미 이루어져 있는 이 우주, 이 지구상, 이 인간 사회 역사에 전반적인 '인문개벽'이 일어남을 의미하는 것이다.[2]

여기서 '인문'의 측면을 나타내는 전통적인 개념이 학(學)이다. '개벽'은 그것이 전적으로 새롭다는 의미이다. 그리고 그 새로운 인문 운동의 진원지가 한반도라는 의미에서 '동학(東學)'이라고 명명한 것이다. 이 새로운 인문학은 조선과는 다른 사회를 꿈꾸는 민중운동으로 전개되었는데, 그것을 상징하는 개념이 개벽이다. 동학을 창시한 최제우는 "하늘과 땅이 처음 열린다"는 우주론적인 의미의 개벽에 "하늘과 땅을 다시 연다"는 인문학적인 의미를 부여하여 '다시개벽'이라고 하였다(『용담유사』「안심가」). 우주론적인 차원에서의 대전환의 시기일 뿐만 아니라 인문학적인 차원에서도 대전환이 필요한 시기라는 것이다. 그래서 최제우부터는 개벽이 중국철학적 개념에서 '한국철학'의 개념으로 전용되게 된다.

동학 이후에 개벽운동은 천도교, 증산교, 대종교, 원불교, 갱정유도회 등으로 이어지고 확산되어서 하나의 역사적인 흐름을 형성하게 된다. 그런 의미에서 이들을 '개벽파'라고 명명할 수 있다.[3] 아울러 이들의 사상이나 인문학을 '개벽사상' 또는 '개벽학'[4]이라고 이름 지을 수 있다. 그래서 조선

후기에 실학이라는 지식인들의 개혁사상이 있었다면, 조선 말기에는 개벽학이라는 민중들의 변혁사상이 있었던 것이다. 따라서 조선 말기의 사상 지형도는 척사파(유학파), 개화파(서학파) 그리고 개벽파(동학파)로 나눌 수 있고, 이 중에서 개벽파가 수적으로 가장 큰 세력을 차지하였다.

포스트휴먼 윤리

개벽파의 시작을 알린 동학의 핵심 사상은 "사람이 하늘이다"이다. 이것을 존재론적으로 표현한 명제가 '시천주(侍天主)'이고 윤리학적으로 나타낸 말이 '사인여천(事人如天)'이다. 시천주는 "누구나 하늘님(天主)을 모시고 있다(侍)"는 뜻이고, 사인여천은 "사람(人)을 하늘처럼(如天) 대하라(事)"는 말이다. 그렇다면 여기에서 하늘은 무슨 의미일까? 제1장에서는 그것을 일기(一氣)의 인격적 표현이라고 소개하였다(제3절 "동학의 하늘철학"). 최제우는 일기(一氣) 이외에도 지기(至氣)라는 표현도 사용한다. 반면에 일제강점기의 천도교 이론가 이돈화는 '생명'이라는 말로 하늘과 지기를 설명하였다.

> 작은 개자(芥子-겨자씨) 종자 속에도 생명이 머물러 있고, 원형질 세포에도 생명이 있고, 물질의 원자 전자에도 거력(巨力) 흡력(吸力)이 있는 것으로 보아, 우리는 먼저 우주에는 일대 생명적 활력이 있음을 알 수 있다. 이 활력을 수운주의에서는 '지기(至氣)'라 하고, 지기의 힘을 '한울'이라 한다. 그러므로 대우주의 진화에는 한울의 본체적 활력, 즉 생생무궁의 생명적 활동의 진화로 만유의 시장을 전개한 것이라 보는 것이다.[5]

여기에서 '한울'은 동학의 'ᄒᆞᄂᆞᆯ(『용담유사』)'을 천도교 식으로 개칭한 표현이다.[6] '수운주의(水雲主義)'란 동학을 창시한 수운 최제우의 철학을 말한다. 이돈화에 의하면, 동학의 하늘 또는 천도교의 한울은 우주에 내재해 있는 일대 생명적 활력을 가리킨다. 그것을 최제우는 '지기(至氣)'라고도 하였다. 이 지기의 생명력은 만물에 깃들여 있으면서 우주를 진화시키고 있다. 이것은 하늘에 대한 일종의 '생명철학'적 해석이다. 이 해석은 이후에 하나의 전형으로 자리 잡았다. 가령 시인 김지하는 시천주의 의미를 다음과 같이 풀이하였다.

> '시천주', 내 안에 한울님을 모셨다는 뜻은 우선 모든 사람, 중생이, 끊임없이 활동하는 일체의 생명이 제 안에 한울님, 즉 끊임없이 활동하는 범 생명의 활동을 모셨다는 뜻입니다. (…) 나의 주체요 나의 자아인 한울을 내가 살아 생동하는 가운데서 회복한다는 뜻입니다. 이때 주인 주(主) 자는 한울님을 뜻하며, 한울이 사람과 중생 속에 주인으로서, 주체로서 살아 생동하여 계신다는 뜻입니다.[7]

여기에서 김지하는 동학의 ᄒᆞᄂᆞᆯ을 한울로 표기하고서, 그것을 모든 사람 안에 들어 있는 '생명의 활동'으로 설명한다. 그리고 그 생명의 활동을 '주체'로 해석한다. 따라서 이 경우에 주체는, 데카르트에서와 같은 이성적 주체가 아니라 '생명 주체'라고 할 수 있다.

동학의 평등사상은 이러한 생명사상에서 자연스럽게 도출된다. 생명의 차원에서는 누구나 하늘처럼 존귀하고, 그런 점에서 모두가 평등하다고 보기 때문이다.[8] 이러한 존엄과 평등의 세계관을 가지고 있는 동학공동체에서는 신분과 지위에 상관없이 누구나 맞절을 하였다. 맞절은 정치적 권력이나 사회적 관습에 의한 일체의 불평등을 거부하겠다는 의사표시이다. 이것이 동학이 꿈꾼 개벽세상이다. 그런데 동학의 현대성은 여기에서 한 걸음 더 나아간다. 하늘의 대상을 사람에게 한정시키지 않고 '사물'까지 확장시켰기 때문이다. 그것이 제1장에서 소개한 최시형의 경물(敬物) 사상이다(제3절 "동학의 하늘철학").

최시형은 아이를 때리는 것은 물론이고 땅을 함부로 밟고 다니는 것까지도 가슴 아파했다. 하늘님의 기운이 손상된다고 생각했기 때문이다. 이것은 '사인여천'에서 한 걸음 더 나아간 사물여천(事物如天)의 경지이다. 인내천(人乃天) 식으로 말하면 물내천(物乃天)에 다름 아니다. 그리고 이렇게 사물을 공경하는 경물의 차원이야말로 '도덕의 극치'라고 하였다. 여기에서 우리는 새로운 도덕 개념과 마주하게 된다. 그것은 인간 중심의 인의도덕(仁義道德)이 아닌 만물로 '확장된' 천지도덕(天地道德)이다. 이처럼 동학에서는 인간뿐만 아니라 만물까지도 하늘님으로 존중받는 세계를 꿈꾸었다. 지금으로 말하면 인간들의 민주주의를 넘어서는 '피조물들의 민주주의'[9] 또는 '지구민주주의'[10]를 지향했다고 할 수 있다.

더 큰 세계를 열다

종교학자 박규태에 의하면, 한국철학의 '하늘' 관념에는 '더 큰 세계'라는 의미가 담겨 있다고 하였다. 그리고 '하늘님'은 이 '더 큰 세계'를 인격적으로 표현한 말이라고 보았다.[11] 그렇다면 동학의 하늘 관념은 "생명사상으로 열어가는 더 큰 세계"를 의미한다고 볼 수 있다. 한국 최초의 천주교 순교자인 윤지충(1759~1791)이 유학에서 서학으로 전향한 이유도, 유교적 하늘보다 그리스도교적 하늘이 더 큰 존재로 다가왔기 때문이다. 그런 의미에서 서학의 전래는 당시의 동아시아인에게는 새로운 하늘이 등장하는 개벽과도 같은 사건이었다. 동학과 서학이 유학으로부터 이단으로 탄압받았던 이유는 유학과는 다른 하늘을 섬겼기 때문이다.

'더 큰 세계'를 지향하는 한국인의 하늘 관념은 서학이라는 새로운 하늘이 등장하자, 기존의 하늘을 담아내는 '더 큰 하늘'을 탄생시켰다. 유학의 하늘을 포함하는 동학의 하늘이 그것이다. 제1장에서도 소개했듯이, 최제우는 서학과 동학을 모두 '천도(天道)'라고 하였다(『동경대전』「논학문」). 이 말에는 동학과 서학은 유학과는 다른 '새로운 하늘'을 섬기는 신념 체계라는 뜻이 담겨 있다. 다만 동학과 서학은 리(理)가 다를 뿐이라고 하였는데, 그 의미는 구체적인 교리 체계나 신관이 다르다는 뜻이다. 그러나 결과적으로 최제우는 '천도'라는 말 때문에 처형을 당했다고 해도 과언이 아니다. 당시에 유학에서 이단시하는 서학과 같은 계열의 사상가임을 스스로 인정했기 때문이다.

이 외에도 동학 문헌에는 '도유(道儒)'라는 표현이 종종 보인다. 도유(道儒)는 '유학(儒)을 겸하는 동학(道)'이라는 의미이다. 도유의 대표적인 예가 녹두 전봉준이다. 전봉준은 서당 훈장 출신이지만 이후에 동학 조직을 이끄는 접주가 되었다. 그래서 전봉준에게는 유학과 동학이라는 두 개의 사상적 정체성이 있는 셈이다. 전봉준은 유학적 세계관에 만족하지 않고 동학까지 겸하고자 하였다.

한편 20세기에 들어서 서양의 '릴리전(religion)' 개념이 한반도에 전래되자, 한국인들은 하늘 관념으로 세상의 모든 종교를 아우르고자 하였다. 마치 중국인들이 도(道) 관념으로 동서양의 가르침을 포괄하였듯이(가령 東道와 西道), 한국인들은 하늘 관념으로 세상의 모든 종교를 회통시키고자한 것이다. 대표적인 예가 제2장에서 소개한 이능화의 『백교회통(百教會通)』(1912)이다(제3절 "포함과 회통"). 이 책에서 이능화는 "세상의 모든 종교는 (중국의 도교를 제외하고는) 하늘을 중심에 두고 있다"고 하였다. 이와 유사하게 동학 이후에 탄생한 천도교, 대종교, 원불교에서는 하늘의 변형어인 '한울' 관념을 사용하였다(대종교는 '한얼'). 한울은 '가장 큰 하나' 또는 '가장 큰 울타리'라는 뜻으로, "세상은 하나"라는 의미이다. 한울 관념에는 동서를 포함하고자 하는 세계주의와 보편주의가 담겨 있다. 그런 의미에서 동학에서 원불교에 이르는 개벽학은 다른 말로 하면 '한울학'이자 '지구학'이다.[12]

이렇게 보면 '개벽'이란 "더 큰 세상을 열고자 하는 인문학적 추동력"이라고 해석할 수 있다. 그리고 한국철학에서 하늘이 '더 큰 체계'를 상징한다면, 개벽은 '하늘지향성'이라고 바꿔 말할 수 있다.

2. 개벽으로 읽는 독립선언

개벽사상의 특징: 전환 · 개척 · 도덕

동학이 창시된 1860년은 제2차 아편전쟁에서 중국이 패배하여 북경이 함락된 해로, 이 사건은 조선의 입장에서는 중국이라는 오래된 중심의 붕괴를 의미하였다. 그렇다고 해서 조선의 민중들로서는 개화파들처럼 서양을 새로운 중심으로 설정할 수도 없었다. 그러기에는 그들이 침략적이고 폭력적으로 보였기 때문이다. 그래서 부득이하게 자기 사상을 처음으로 만들어야 했는데, 그것이 바로 '개벽학'이다. 개벽학의 탄생은 한국사상의 대전환을 의미하였다. 종래에 외국에서 사상을 수입해 오는 방식에서 벗어나서 자신이 직접 새로운 사상을 개척하는 방식으로 전환되었기 때문이다. 비유적으로 말하면, 처음으로 문제의 해답을 바깥에서 빌려오지 않고 자신이 직접 찾아 나서기 시작한 것이다.

그래서 개벽학은 기본적으로 '개척정신'에서 출발한다. 그리고 시간 인식도, '개벽'이라는 말이 시사하듯이, 과거회귀적이 아니라 미래지향적이다. 즉 상고주의(尙古主義)가 아니라 미래주의의 태도를 취하고 있다. 이 점은 최시형이 "우리 도는 5만 년의 미래를 표준한다"(『해월신사법설』「용시

용활」)고 말한 점으로부터도 엿볼 수 있다.[13] 즉 동학이야말로 새로운 미래를 개척하는 사상적 기준이라는 것이다.

개벽학 중에서 '개척'이라는 말을 본격적으로 쓰기 시작한 것은 원불교이다. 원불교경전에는 "참회라 하는 것은 옛 생활을 버리고 새 생활을 개척하는 초보이다"[14]거나 "오직 철저한 생각과 큰 경륜을 가진 사람은 무슨 일을 하다가 혹 어떠한 실수를 할지라도 그것을 전감 삼아 미래를 더욱 개척은 할지언정 거기에 뜻이 좌절되어 당초의 대중을 놓아 버리지는 아니하나니"[15]와 같이 '개척'이라는 표현이 자주 보인다.

그렇다면 무엇으로 새로운 미래를 개척할 것인가? 개벽학이 생각하는 문명 전환의 키워드는 과연 무엇인가? 그것은 바로 '도덕'이다. 그런데 이때의 도덕은 기존의 도덕을 탈구축한 새로운 도덕을 말한다. 가령 최제우가 자신이 거느리고 있던 노비를 며느리와 수양딸로 삼은 것은 신분 질서에 의해 지탱되어 온 차등적 도덕의 폭력성을 해체시킨 것에 다름 아니다. 마찬가지로 최시형이 사물까지 공경하는 경물(敬物)을 도덕의 극치라고 한 것도(『해월신사법설』「삼경」), 기존의 인간중심적 도덕을 탈피하고자 하는 시도이다.

그래서 동학의 도덕은 기본적으로 평화지향적일 수밖에 없다. 즉 도덕에 의한 평화세계의 구축이야말로 동학을 비롯한 개벽학의 공통적인 목표였다. 이것을 최시형은 활인도덕(活人道德), 즉 '사람을 살리는 도덕'이라고 하였고,[16] 동학농민혁명에서는 제폭구민(除暴救民), 즉 "폭력을 제거하여 백성을 구제한다"는 슬로건으로 나타냈으며, 강증산은 해원상생(解冤相生), 즉 "원한을 풀어서 함께 산다"는 말로, 원불교를 창시한 소태산은 "강자와 약자의 병진(竝進)"[17]으로 각각 표현하였다.

바로 이 점이 개벽론이 혁명론과 갈라지는 대목이다. 개벽사상은 사회 변혁의 방법을 무력에 의한 국가전복이나 왕조 교체와 같은 외부적 변화가 아닌, 한 사람 한 사람의 내면적 변화, 즉 도덕에서 찾고 있다는 점에서 단순한 혁명과는 다르다. 그래서 개벽은 일종의 영성 수련에 의한 비폭력적 혁명의 추구라고 할 수 있다. 가령 천도교를 창시한 손병희는 도전(道戰) 개념을 제시하였는데(「삼전론(三戰論)」, 1903년), 여기서 '도전'이란 무력의 싸움이 아닌 '도덕의 싸움'이라는 뜻으로, 오구라 기조가 현대 한국 사회를 "도덕쟁탈"의 사회로 표현한 것과도 상통한다.[18]

> 무기보다 더 무서운 것 세 가지가 있으니 첫째 도전(道戰)이요, 둘째 재전(財戰)이요, 셋째 언전(言戰)이라. 이 세 가지를 능히 안 뒤에라야 가히 문명에 나아가 보국안민과 평천하의 계책을 가히 얻어 이루리라.[19]

> 정벌이 이르는 곳에는 아무리 억만 명의 대중이 있다고 할지라도 억만 가지 마음이 제각각이지만, 도덕이 미치는 곳에는 비록 열 가구의 충성이 있다 할지라도 마음을 함께하고 덕을 함께하니, 나라를 보호하는 계책에 무슨 어려움이 있겠는가! … 그래서 나는 반드시 말하노라, 싸워야 하는 것은 도전(道戰)이라고.[20]

손병희의 이러한 '도덕평화사상', 즉 "새로운 도덕으로 나라를 지키고 평화를 이룬다는 생각"은 이후에 3·1운동으로 이어졌는데, 이에 대해서는 1980년대에 한살림운동을 전개한 무위당 장일순이 지적한 바가 있다.

3·1만세에 민족의 자주와 거룩한 민족의 존재를 천명하는 속에서도 비협력과 비폭력이라고 하는 정신이 깃들어 있었어요. 그것이 바로 동학의 정신이에요.[21]

주지하다시피 3.1운동은 동학을 계승한 천도교가 기획하고, 기독교와 연합한 비폭력 저항운동이었다. 그런데 한국 사회에서 동학이라고 하면, 일반적으로 일제에 저항한 '동학농민전쟁'으로만 알려져 있지, 장일순처럼 그 운동의 바탕에 비폭력 정신이 깔려 있다는 사실을 아는 이는 드물다. 이것은 그동안 우리가 한국의 근대사를 저항과 투쟁 중심으로만 이해한 결과이다. 바로 이 점이 동학농민혁명과 삼일독립운동이 같은 뿌리임에도 불구하고 "동학운동=전쟁, 삼일운동=평화"라는 상반된 인식을 낳게된 주된 원인이다.

그렇다면 구체적으로 개벽학에 보이는 사상적 요소, 가령 개척정신·전환의식·도덕주의 등이 「삼일독립선언서」에는 어떻게 나타나고 있을까?

「삼일독립선언서」에 나타난 개벽사상

흔히 「삼일독립선언서」는 윌슨의 민족자결주의의 영향을 많이 받았다고 알려져 있다. 그러나 민족자결주의가 나왔다고 해서 당시에 식민지 지배를 당하고 있던 모든 나라가 삼일운동과 같은 운동을 전개한 것은 아닐 것이다. 즉 민족자결주의는 어디까지나 외적인 상황 변화에 불과하다. 그것과 짝을 이루는(=줄탁동기하는) 내적인 동력이 동반되었을 때 비로소 삼일운동이 가능했을 것이다. 그렇다면 그 내적인 요인은 무엇일까?

여러 가지를 생각할 수 있겠지만, 적어도 사상의 차원에서 보면 '개벽사상'이야말로 가장 결정적인 요인일 것이다. 왜냐하면 「삼일독립선언서」에는 자신의 미래를 외부에 의존하지 않고 자신의 힘으로 '개척한다'고 하는 자주와 자립정신이 기저에 흐르고 있는데, 이것이야말로 개벽사상의 본질이기 때문이다.

지금까지는 이 부분을 주로 '민족자결주의'의 영향으로 해석해 왔는데, 제아무리 외국에서 좋은 사상이 나왔다고 해도 그것을 추동시킬 내적인 동력이나 토양이 없으면 그 사상이 현실화될 수 없다. 뒤집어 말하면 한국에는 이미 개벽운동이라는 자생력이 형성되어 있었기 때문에 삼일운동과 같은 민중운동도 가능했던 것이다. 실제로 1894년의 동학농민혁명은 1919년의 삼일독립운동의 전사(前史)와 같은 느낌을 준다. 양자에 모두 관계되어 있는 인물이 손병희이다. 손병희는 동학농민혁명 당시 동학의 최고 지도자였던 최시형의 제자이자, 전봉준과 함께 우금티 등지에서 일본 관군과 싸웠으며, 훗날 동학을 천도교로 개칭한 천도교의 최고 지도자이기도 하다.

그렇다면 구체적으로 「삼일독립선언서」에서 개벽사상은 어떤 형태로 나타나 있을까?

① 개척정신

금일 오인의 소임은 다만 자기의 건설이 유(有)할 뿐이요, 결코 타의 파괴에 재(在)치 아니하도다. 엄숙한 양심의 명령으로써 자가(自家)의 신운명을 개척함이오, 결코 구원(舊怨)과 일시적 감정으로서 타(他)를 질축배척(嫉逐

排斥)함이 아니로다. … 진정한 이해와 동정에 기인한 우호적 신국면을 타
개함이 피차간 원화소복(遠禍召福)하는 첩경임을 명지할 것이 아닌가!

여기에서 "자기의 건설"이나 "자가의 신운명을 개척"한다는 정신이야말
로 외부의 세력에 의지하지 않고 민중들 자신의 힘으로 새로운 세상을 열
고자 했던 개벽정신에 다름 아니다. 1894년의 동학농민운동은 이러한 개
척정신의 발로였고, 원불교학자 류병덕이 간척사업으로 시작한 원불교의
개벽운동을 '개척정신'이라고 평가한 것도 이러한 이유에서이다.[22] 그런
점에서 개벽파는 전통을 고수했던 척사파나 사상을 빌려왔던 개화파와는
확연히 구분되는데, 「삼일독립선언서」의 첫머리에는 이런 개척적인 입장
이 잘 드러나 있다. 「삼일독립선언서」를 개벽파의 작품으로 보아야 하는
이유가 여기에 있다.

한편 위의 인용문에서 "양심의 명령"이나 "구원(舊怨)과 감정(의 배제)"는
신운명의 개척과 자기의 건설을 민중들 자신의 수양에 의해 도모한다는
의미를 담고 있다. 수양은 동아시아 학문의 핵심 요소이다. 수양 중심의
학문관에서는 학문의 목적이 자기의 완성에 있지 타자의 공격에 있지 않
다. 즉 심신의 훈련에 의해 훌륭한 인격자(성인)가 되기 위한 것이지, 타인
을 해치거나 정복하기 위한 것이 아니다.

개벽학 역시 동아시아 학문 전통을 계승하고 있기 때문에 새로운 운명
을 개척하고 새로운 질서를 창출하는 방법은 제국주의와 같이 정벌적이거
나 폭력적일 수 없다. 최시형의 활인도덕(活人道德), 즉 "도덕에 의한 살림"
은 이러한 입장을 잘 보여주고 있다. 이것은 강증산에 이르면 "원한을 풀
어서 서로를 살린다"고 하는 해원상생 사상으로 표현되는데, 해원상생은

「삼일독립선언서」에 나타난 "구원과 감정을 배제"한다거나 "타의 파괴에 재(在)치 아니하도다" 또는 "타를 질축배척함이 아니로다"나 "피차간 원화소복(遠禍召福)"한다는 사상과 일치하고 있다.

② 평화주의

개벽학이 개척하고자 했던 새로운 미래가 도덕에 의해 폭력과 억압이 제거된 평화로운 세계를 말한다면, 당시에 가장 걸림돌이 된 것은 신분제였을 것이다. 실제로 그들은 구질서를 신분이나 성별에 의해 서열화된 억압적인 사회로 규정하고, 이 서열화가 차별을 낳고, 차별이 평화를 가로막는다고 생각하였다. 가령 최시형은 신분 질서를 인위적 제도로 비판하고, 능력에 따라 새로운 질서를 수립할 것을 제안하였다.

> 소위 반상[班常]의 구별은 사람이 정한 바요, 도(道)의 직책은 하늘님[天主]이 시킨 바이다. … 오직 하늘만 반상의 차별이 없이 그 기운을 주고 그 복을 베푼 것이다. 우리 도는 새 운수[新運]를 맞아서 새사람[新人]으로 하여금 반상을 새롭게 다시 정하니[更定], 이제부터 우리 도(道) 안에서는 반상의 구별을 절대 두지 마라. (『해월신사법설』「포덕」)

이 설법은 최제우가 신분제를 거부하면서 노비를 해방한 사건을 최시형이 계승하면서 그것의 정당성을 사상적으로 뒷받침하고 있는 인상을 준다. 여기에서 '도' 또는 '우리 도'는 동학공동체를 말한다. 그리고 '새 운수[新運] 새사람[新人]' 또는 '다시 정함[更定]' 등은 '후천개벽'이나 '다시개벽'의 다른 표현이다. 또한 "양반과 상민[班常]을 다시 정한다"는 말은 신분이 아닌 "능력에 따라 사회적 질서를 다시 정한다"는 뜻이다. 따라서 직책을 없애고 모두가 똑같이 하겠다는 것이 아니라, 직책의 기준을 신분이나 혈연에서 능력으로 바꾸겠다는 것이다.

최시형과 비슷하게 강증산도 구질서를 '묵은 하늘'로, 새 질서를 '앞 세상'으로 표현하면서, 새로운 세상에서는 모두가 화락하고 귀천이 없는 대동(大同) 세계가 된다고 예언하였다.

> 나는 타고난 모습대로 소탈하게 살 것을 주장하나 묵은 하늘은 겉으로 꾸미기를 좋아하고, 나는 의례가 간소하기를 주장하나 묵은 하늘은 예절이 번잡하고, 나는 웃고 기쁘게 대하기를 주장하나 묵은 하늘은 위엄을 주장하였느니라. 나는 다정하기를 주장하나 묵은 하늘은 정숙하고 점잖은 것을 높이고, 나는 진실하기를 주장하나 묵은 하늘은 허장성세를 세우고, 나는 화락하기를 주장하나 묵은 하늘은 싸워 이기기를 주장하였느니라. 앞 세상에는 모든 사람이 신분과 직업과 귀천이 없어 천하는 대동세계가 되고 모든 일에 신명이 수종들어 이루어지며 따뜻한 정과 의로움이 충만하고 자비와 사랑이 넘치리라. 묵은 하늘은 이것을 일러 상놈의 세계라 하였느니라.[23]

신분과 귀천이 없는 대동세계는 최시형이 말한 "반상의 구별이 없는 세계"에 상응한다. 그런데 강증산이 보기에 구 도덕에서는 이러한 세계를 '상놈의 세계'라고 비웃는다. 하지만 새 도덕의 입장에서 보면 구 도덕이야말로 허위의 세계이자 상놈의 질서에 다름 아니다.

이처럼 개벽학에서는 새로운 도덕적 기준에 의해 평등하고 평화로운 세계를 만들자는 입장을 취하고 있는데, 이 점이 「삼일독립선언서」에 보이는 두 번째 개벽정신이다.

> 구시대의 유물인 침략주의, 강권주의의 희생을 작(作)하여 … 구사상, 구세력에 기미(羈縻)된 일본 위정가의 공명적(功名的) 희생이 된 부자연 우(又) 불합리한 착오 상태를 개선 광정(匡正)하야 자연 우(又) 합리한 정경대원(政經大原)으로 귀환케 함이로다.

여기에서 "구시대의 유물인 침략주의 강권주의"와 "구사상 구세력"은 개벽학적으로 말하면 억압과 차별을 옹호하는 선천(先天)의 옛[舊] 질서를 말한다. 당시 일본의 위정자들은 이 옛 질서에 사로잡혀 부자연스런 폭력 상황을 만들었다는 것이 이 선언문에 나타난 시대 인식이다. 이것은 조선 민중의 입장에서 보면 신분적 차별과 관료의 횡포라는 내적인 폭력 위에 식민지 지배라고 하는 외적인 폭력이 더해진 상황이다. 즉 새로운 미래의 걸림돌이 하나 더 추가된 셈이다. 그래서 '제폭구민'을 슬로건으로 내건 동학농민혁명에서 1차 혁명이 전자의 폭력을 없애고자 했다면, 2차 혁명은 후자의 폭력을 물리치기 위한 운동이었다고 할 수 있다.

이렇게 보면 외세의 폭력에 억압당하고 있는 상황을 평화적인 방법에 의해서 "개선 광정"하여, 평화로운 새[新] 질서를 만들고자 한 삼일독립운동은 개벽운동의 두 번째 전개라고 할 수 있다. 동학농민운동이 개벽운동의 첫 번째 전개였다면 삼일독립운동은 두 번째 전개에 해당하는 셈이다.

③ 전환의식

마지막으로 「삼일독립선언서」에는 '시대전환'의 역사 인식이 보이는데, 이 점은 개벽사상의 가장 큰 특징이기도 하다. 흔히 개벽은 '후천개벽'이라는 말로 알려져 있고, 후천개벽이라고 하면 종말론과 같은 신비주의적인 이미지를 떠올리기 마련인데, 사실 후천개벽 개념은 종말론보다는 (문명) '전환론'에 가깝다.

'후천개벽'이라는 말을 처음 사용하고, 개벽 개념을 세분화한 것은 최제우의 뒤를 이은 최시형이다. 최제우의 '다시개벽'이 사상의 수입에서 창작으로의 창조적 전환의 의미가 강하다면, 최시형의 후천개벽은 물질개벽에서 인심개벽으로의 도덕적 전환의 함축이 강하다. '후천개벽'의 최초의 용례를 소개하면 다음과 같다.

> 대신사 항상 말씀하시기를 "지금의 세상은 요순공맹의 덕이라도 말하기 부족하다"고 하셨으니, 지금의 시대가 후천개벽임을 말함이다. 선천은 물질개벽이요 후천은 인심개벽이니, 장차 물질발명이 극에 달하여 모든 일에 전례 없는 발달을 이룰 것이니 … 인심을 인도하는 선천 도덕이 때에 순응치 못할지라. (『해월신사법설』「기타」)

이에 의하면, 신천개벽이 물질의 발달에 의한 문명의 외형적 전환이라고 한다면(물질개벽),[24] 후천개벽은 그에 따라 요청되는 인간의 내면적 전환(인심개벽)에 해당한다. 그리고 이러한 인심개벽에 의해 운영되는 문명을 '도덕문명'이라고 하였다.[25] 이와 같이 물질개벽에 걸맞은 후천도덕이 필요하다는 것이 최시형의 후천개벽 사상이다. 후천개벽 사상은 이후에 원불교에 이르면 "물질이 개벽되니 정신을 개벽하자"는 개교표어(開敎標語)로 정식화된다.

한편 이러한 시대 전환적 역사 인식은 「삼일독립선언서」에는 다음과 같은 양상으로 드러나고 있다.

> 아아! 신천지(新天地)가 안전(眼前)에 전개되도다. 위력의 시대는 거(去)하고 도의(道義)의 시대가 래(來)하도다. 과거 전세기(全世紀)에 연마 단련된 인도적 정신이 바야흐로 신문명의 서광을 인류의 역사에 투사하기 시(始)하도다.

여기에서는 낡은 '위력의 시대'에서 새로운 '도의의 시대'로의 전환이라는 역사 인식과 함께, 그에 따른 신천지(新天地), 즉 신문명의 탄생이라는 문명 인식이 나타나고 있다. 이러한 사상은 물질 시대에서 정신 시대로의 전환, 폭력의 시대에서 평화의 시대로의 개벽을 주창하는 최시형의 후천개벽 사상이나 도덕문명 의식과 크게 다르지 않다.

특히 '도의'라는 말은 개벽학의 핵심 개념인 '도덕'과 상통하는 것으로, 새로운 시대를 '도의/도덕의 시대'로 규정하고 있다는 점에서는 「삼일독립선언서」나 개벽학이나 차이가 없다.[26] 즉 동학이나 천도교 등에 보이는 도덕평화사상이 「삼일독립선언서」에도 그대로 계승되고 있는 것이다.

결국 「삼일독립선언서」는, 마치 최제우나 최시형이 다시개벽과 후천개벽을 선언했듯이, 도의의 시대를 선언하는 문서라고 해도 과언이 아니다. 그리고 동학의 개벽이 도덕에 의한 새 시대의 개척, 즉 도덕개벽이었던 점을 감안하면, 「삼일독립선언서」에 나오는 도의의 시대의 도래는 동학의 도덕개벽과 다르지 않음을 알 수 있다.

개벽학의 도덕평화사상

「삼일독립선언서」의 마지막이 '도의'라는 한 단어로 수렴되고 있다는 사실은, 삼일운동이 비폭력 평화운동의 형태를 취했던 이유를 말해 준다. 즉 그들은 위력[폭력]의 시대가 아닌 도의[도덕]의 시대를 지향했기 때문이다. 달리 말하면 "도덕이야말로 문명이고 폭력의 사용은 야만이"라는 문명관을 가지고 있었기 때문이다. 마찬가지로 개벽학 역시 도덕에 의한 평화사회의 구축을 지향했는데, 다만 그들이 유학자들과 달랐던 점은 유학과는 다른 형태의 도덕을 제시했다는 점에 있다.

혼히 중국철학에서 노자와 장자는 '도덕' 개념을 사용하면서도 종래의 도덕을 전복시켰다고 알려져 있다. 가령 "도답지 않은 도"[不道之道]나 "감추어져 있는 덕"[玄德]과 같은 표현이 그러한데, 이것은 선진(先秦) 유학에서 말하는 명시된 도[名道]나 밝은 덕[明德]을 180도 뒤집으면서 새롭게 제시된 형이상학적인 도덕 개념이다. 브룩 지포린이 노장의 도를 '반어적 도'(ironic Dao)라고 한 것은 이러한 이유에서이다.[27]

개벽학의 도덕 역시 이와 유사한 맥락에서 이해될 수 있다. 그것은 조선 유학의 도덕 개념을 뒤집으면서 새롭게 제시된 도덕이다. 동학에서 말하는 도와 덕은, 일견 유학의 그것과 비슷해 보이지만—가령 최제우가 인의예지를 말한다거나 최시형이 부모에 대한 효를 중시하는 것과 같이—그 도덕이 하늘이라는 동(同), 즉 평등의 원리에서 시작되고 있다는 점에서, 분(分), 즉 차등의 원리를 바탕으로 하는 유학적 도덕과는 근본적으로 다

르다.[28]

즉 유학의 도덕이 사회적 구분(分)에 의한 조화[和而不同]와 평화[平天下]를 지향한다면, 동학은 그 분(分)을 없애야 비로소 유학이 지향하는 조화와 평화의 가치가 실현된다고 생각한 것이다. 최시형이 말하는 "오직 하늘만은 반상(班常)을 구별하지 않는다"는 말에는 이러한 의미가 담겨 있다.

동학이나 강중산이 보기에 신분적 구분에 의해 유지되는 평화는 어디까지나 표면적인 '사회적 평화'에 불과할 뿐, 그것이 신분에 의해 차별받는 이들의 '내면적 평화'까지는 보장해 주지 못한다. 강중산이 말하는 해원상생(解冤相生)은 이러한 내면적 원한까지 해결해야 비로소 진정한 상생과 평화의 사회가 도래될 수 있다는 메시지를 담고 있다.

또한 동학의 특징은 인물간(人物間)의 평화까지 주장했다는 데에 있는데, 여기서 '인물간'(人物間)이란 "사람과 사물 사이"를 말하고, '사물'은 동물과 식물과 무생물과 같은 인간 이외의 존재를 총칭한다. 동학의 새로운 도덕은 사람과 사람 간의 관계뿐만 아니라 사람과 사물 사이의 관계도 도덕적으로 새롭게 정립하고 있다는 점이 특징적이다. 주자학에서는 동식물은 탁한 기운으로 인해 인의예지의 도덕성이 발현되지 못하는 열등한 존재로 간주되었고, 그런 점에서 인간과 동식물은 도덕적 우열관계로 서열화 되고 있었는데 반해, 동학에서는 모든 존재가 우주적 생명력[一氣]을 모시고 있는 동등한 하늘로 간주되어, 존재론적으로 평등한 위치에 있다고 보았다.

아울러 단순히 평등관계에 머무르지 않고, 인간에게는 그것들을 하늘처럼 모시고[侍之] 길러야[養之] 하는 책임까지 부과되었다. 즉 사물을 활용하는 권리보다는 그것들을 공경하는[敬物] 의무가 강조된 것이다. 이것은 인간과 사물 간의 관계를 도덕적 평등 관계로 재정립하여, 인간의 폭력에 의한 사물의 손상을 없애기 위한 '제폭구물(除暴救物)' 사상이라고 볼 수 있다.

개벽으로 읽는 한국근대

종래에 한국근대사는 대부분 '개화'의 시각에서 서술되어 왔다. 근대의 시작을 1876년 개항으로 잡는 것도 그렇고, 개화의 전사(前史)로서의 '실학'이 부각된 것도 그러한 역사관의 일환이다. 그러나 '개벽'의 관점에서 한국의 근대를 다시 보면 종래와는 다른 설명이나 해석이 가능해진다. 「삼일독립선언서」는 물론이고, 신동엽의 「누가 하늘을 보았다 하는가」와 같은 작품 역시 동학적 하늘 관념을 바탕에 깔고 있다는 점에서 개벽파의 작품으로 분류할 수 있다. 이 흐름은 이후에 김지하의 「밥이 하늘입니다」나 박노해의 「너의 하늘을 보아」로 이어지고 있다.

또한 근대 민중문학의 선구자로 알려져 있는 포석 조명희(1894~1938)는 흔히 프롤레타리아 작가로 분류되는데, 그의 작품 전반에 생명사상과 사회변혁 사상이 깔려 있다는 점에 주목하면 개벽파 계열의 문학가로도 볼 수 있다. 한편 개벽파의 작품은 아니지만, 흔히 '모더니즘'이라는 장르로 소개되는 정지용의 시, 예컨대 그의 대표작인 「향수」에는 동아시아적인 천지인(天地人)의 세계관이 녹아 있다.[29] 따라서 단순한 모더니즘이 아닌 '한국적 또는 동아시아적 모더니즘'이라고 해야 적절할 것이다. 마치 개벽학이 추구했던 근대를 '개벽적 근대'라고 할 수 있듯이 말이다.

마지막으로 정치적 사건의 경우에도, 지난 '촛불혁명'은 생명과 평화의 정신으로 일어난 동학농민혁명이나 삼일만세운동과 같은 역사적 경험을 배제하고서는 설명하기 어려울 것이다. 그 자체가 동학농민혁명과 같은 거국적인 보국안민운동이었고, 그 방식은 삼일만세운동과 같은 평화적 외침이었으며, 그 표현은 해원상생의 축제였다. 이처럼 근대 한국의 사상이나 사건들을 개벽의 관점에서 다시 보면, 그동안 우리가 놓쳤던 부분이 새롭게 부각될 수 있다. 그런 점에서 이러한 역사 재서술·재해석 작업이야말로 잊혔던 우리의 자생적 근대에 대한 기억을 복원시키고, 그것을 통해서 단절되었던 전통과 현대를 잇는 사상적 작업에 다름 아닐 것이다.

3. 개벽으로 읽는 한국문학

근대 중국에서의 전통의 해체

『논어』에는 '접여(接輿)'라는 이름의 광인(狂人)이 등장한다(「미자」). 초나라 사람이어서 '초광접여(楚狂接輿)'라고 불린다. 광인 접여는 이상 정치를 꿈꾸는 공자를 비웃는 도가 계열의 은둔자이다. 반면에 공자는 이런 광인의 가르침을 듣기 위해 좇아가지만 결국 만나지 못한 것을 아쉬워하는 호학자(好學者)로 그려지고 있다. 『논어』의 다른 곳에서는 공자가 고대의 광인에 대해 "자유분방했다"라며 우호적인 평가를 내리기도 한다(古之狂也肆. 「양화」). 이처럼 동아시아 고전에서 '광인'이라는 말은 도덕을 넘어서 있거나 기존의 틀로부터 자유로운 제도권 밖의 이방인을 상징하는 말이었다.

근대 중국의 소설가 루쉰(魯迅, 1881~1936)은 이런 전통을 이어받아 자신의 작품 속에 광인을 재등장시켜 2천년 동안 중국 사회를 지배해 온 유교 문화를 근본에서부터 뒤흔들었다(『광인일기』, 1918). 마치 청나라의 대진(戴震, 1724~1777)이 성리학은 "리(理)를 가지고 사람을 죽인다"(以理殺人)라고 비판했듯이, 루쉰은 광인의 입을 빌려 "유교 도덕이 사람을 잡아먹는다"(道德食人)고 갈파한 것이다. 비슷한 시기에 니체가 '신의 죽음'을 선포

했다면, 루쉰은 '유교의 죽음'을 선언한 셈이다.

이처럼 니체나 루쉰이 자기 전통을 근본적으로 부정할 수 있었던 것은 무엇보다도 자기 전통에 정통해 있었기 때문이다. 즉 자기를 잘 알고 있었던 것이다. 거기에 더해서 이질적인 타자와의 만남이 있었기 때문이다. 즉 '남'까지 알고 있었던 것이다. 서양은 동양이라는 타자를, 동양은 서양이라는 타자를 만남으로써 비로소 자기 전통을 근본적으로 다시 생각해 볼 수 있는 계기가 주어진 것이다. 그리고 그러한 자각 위에서 비로소 자기를 비판적으로 바라볼 수 있는 눈이 생기게 된다.

> 모든 일이란 연구해 보아야 비로소 알 수 있는 것이다. 옛말부터 사람을 잡아먹어 왔다는 것은 나도 기억하고 있지만 그렇게 확실하지는 않다. 그래서 역사책을 펼쳐서 조사해 보았더니, 이 역사책엔 연대도 없고 각 페이지마다 비스듬하게 '인의도덕'이라는 글자가 쓰여 있었다. 나는 잠을 잘 수 없었기 때문에 오밤중까지 자세히 살펴보다가 비로소 글자와 글자 사이에서 또 다른 글자를 찾아내었다. 책 가득히 쓰여 있는 두 글자는 '식인'(食人)이라는 것이었다. (『광인일기』)

여기에서 '연구'는 칸트 식으로 말하면 '비판'(critique)과 유사하다. "유교를 비판한다"는 것은 서구주의자처럼 유교를 처음부터 부정하는 것도 아니고, 그렇다고 전통주의자와 같이 유교를 맹목적으로 긍정하는 것도 아니다. 그것은 애정과 증오, 부정과 긍정과 같은 주관적 가치판단을 배제한 채 유교를 있는 그대로 바라보고 분석하는 태도를 의미한다. 과연 유교의 본질은 무엇이었는가? 그것을 가능하게 하는 문화적 바탕은 무엇이었는가? 그것이 깔고 있는 철학적 전제는 무엇인가? 그것은 역사적으로 어떤 사회적 기제 위에서 작동되었는가? 그것들은 오늘날에도 유의미한가? 유교를 오늘날에 되살리려면 구체적으로 어떤 방법을 써야 하는가? 등등.

영혼의 탈식민지화를 추구한 조명희

중국의 중화주의가 외래 사상이나 문화를 지나치게 자기중심적으로 해석하는 것이 문제였다면, 한국은 반대로 그런 중심이나 관점이 희미한 것이 문제였다. 둘 다 루쉰이 말하는 '비판'의 시점은 약했던 것이다. 루쉰과 동시대를 살았던 조선의 시인 포석 조명희(1894~1938)의 문제의식은 여기에 있었다. 루쉰이 '전통'이라는 중심을 해체하고 새로운 전통을 모색하고자 했다면, 조명희는 '외부'라는 중심을 해체시키고 자기의 중심을 잡고자 했다.

우리에게는 철학도 종교도 예술도 아무것도 없다. … 우리에게는 남에게 빌려온 철학도 있었고 종교도 있었다 한다. 그러나 그것은 우리 영혼의 한때 기숙사는 되었더라도 우리 집은 아닐 것이다. 남의 것이라도 자기의 물건으로 만들면 자기 것이나 다름없을 것이다. 그러나 우리는 그도 또한 하지 못하였다. 헤브라이인의 사막에 세운 집과 인도인의 삼림 속에 세운 집을 우리 땅에 그대로만 옮겨 놓을 수는 없는 일이다. … 우리의 몸과 영혼에 꼭 맞는 집을 지어 갖든지 옮겨 고쳐 짓든지 하여야 할 것이다. … 남의 집을 그대로만 가지고 살지 못하게 됨은 우리 과거 생활의 실패를 보며 현재 생활을 놓고 보아도 알 것이다. 과연 우리는 우리의 살 집을 장만하지 못하였다. 그것은 우리가 집을 세울 만한 힘이 없어서 그러한지, 있고도 경우가 허락지 않아 그리하였든지 여기에는 얼른 말하기 어렵다.

(『집 없는 나그네의 무리』, 311쪽)[30]

여기에서 조명희는 한국인의 정신사를 자신의 사상적 집을 짓지 못한 채 오래도록 정신적 떠돌이 생활을 반복해 온 '영혼의 나그네'로 묘사하고 있다. 물론 이것은 지나친 자기비판일 수도 있다. 고려나 조선은 불교나 유교를 자기화(한국화)해 온 역사이기도 하기 때문이다. 그러나 그것은 공자의 용어로 말하면 作(창조)이 아닌 述(해석)에 가깝다(述而不作). 조명희는 한국 문명에서의 작(作)의 부재를 한탄하고 있는 것이다. 그리고 그 정식적 식민지 상태가 바로 정치적 식민지를 가져왔다고 진단하고 있다.

그런데 바로 이 시기에, 즉 조명희가 살았던 일제 식민지시기에, 천도교나 대종교 또는 중산교나 원불교와 같은 이른바 한국의 자생종교가 탄생했다는 것은 의미심장하다. 정치적 식민지가 극에 달했을 때 정신적 식민지에서 벗어나고자 하는 노력이 가장 치열했음을 말해주기 때문이다. 이 사상적 운동을 이들은 '개벽'이라고 불렀다. 개벽은 오랫동안의 영혼의 나그네 상태에서 벗어나서 자신만의 영혼의 집을 지어보자는 사상운동이었다. 지금 식으로 말하면 '영혼의 탈식민지화 운동'에 다름 아니다. 그런 의미에서 영혼의 탈식민지화를 지향한 조명희는 '개벽을 지향한 사상가'였다고 평가해도 좋을 것이다.

생명과 생활과 살림

조명희와 개벽을 매개하는 두 번째 키워드는 '생명'이다.

내 생명의 흐름 좁은 골짜기 거칠은 평야를 휘돌아 지나는 내 생명의 흐름…. (「내 영혼의 한쪽 기행」, 71쪽)

산 생명의 펄펄 뛰노는 생활이 몹시 그리웁다. (「무제」, 29쪽)

살림살이가 왜 이다지 괴로우냐? 네에기 감옥이 다시 부럽구나! 이 지옥살이를 하느니보다는…. (「농촌의 시」, 90쪽)

조명희의 시를 관통하는 주제는 '생명'이고, 그의 소설을 지배하는 테마는 '생활'이며, 그가 지향한 세계는 '살림'이다. 생명은 만물을 생성하는 우주의 근원적 힘이고("우주생명"), 생활은 그 힘으로 살아가는 인간의 사회적 활동이며, 살림은 생활 속에서 자기를 표현하는 인문적 행위이다. 그는 생명과 생활의 불일치 사이에서 번뇌하고, 살림 없는 생활을 보며 아파한다. "생명이 뛰노는 생활"을 그리워하고, 모두가 하늘인 세상을 동경한다. 그래서 민중들의 혁명을 꿈꾸고 우주적인 생활을 회복하고자 한다.

생명에는 진(眞)과 미(美)가 있다. 자연에 있어서 굼실대는 바다가 있음과 같이 사람에게는 또한 예술이 있다. 철학이 있다. 온갖 것이 있다. 이것은 다 생명의 표현이다. 살아있는 까닭이다. 생명이 있는 까닭이다. 예술이 생명의 표현일진대 문예가 산 사람의 부르짖음일진대 그 소리는 산 소리여야 할 것이다. 어디까지든지 산 소리여야만 할 것이다. (『생명의 고갈』, 313쪽)

여기에서 "이것은 다 생명의 표현이다"라거나 "예술이 생명의 표현"이라는 말은 최시형이 "삼라만상이 다 천도(天道)의 표현이고"(『해월신사법설』 「기타」), "사람의 모든 행위는 하늘님의 조화의 힘이다"(『해월신사법설』 「천지부모」)라고 한 말을 연상시킨다. 단지 '하늘'을 '생명'으로 표현하고 있을 뿐이다. 그래서 조명희에게 있어서는 생명이야말로 철학과 종교의 궁극적 원천이고, 인간의 예술은 살아 있는 생명력의 표현이다. 그가 단순한 모방이나 기교를 싫어하는 이유도 여기에 있다("숭상한다는 것이 조그마한 기교뿐이다."『생명의 고갈』, 316쪽). 생명이 빠진 예술은 참되지도 아름답지도 않아 보이기 때문이다. 그렇다면 그 생명은 과연 어디에서 오는 것일까?

우주생명을 노래한 조명희

우주가 새 아들 낳았다고 기별합니다 (「경이」, 28쪽)

나는 우주의 어머니로부터 나온 자식 (「분열의 고(苦)」, 73쪽)

내가 이 잔디밭 위에 뛰노닐 적에
우리 어머니가 이 모양을 보아주실 수 없을까
어린 아기가 어머니 젖가슴에 안겨 어리광함같이
내가 이 잔디밭 위에 짓둥글 적에
우리 어머니가 이 모양을 참으로 보아주실 수 없을까

마칠 듯한 마음을 견디지 못하여
"엄마! 엄마!" 소리를 내었더니

땅이 "우애!"하고 하늘이 "우애!" 하옴에

어느 것이 나의 어머니인지 알 수 없어라. (「봄 잔디밭 위에」, 31쪽)

　인간은 대자연으로부터 생명을 부여받고, 그런 의미에서 모두가 한 부모로부터 나온 한 형제에 다름 아니다. 그래서 땅과 하늘, 우주는 자신을 낳아준 어머니로 간주된다. 마치 최시형이 만물의 부모로서 '천지부모'를 말했듯이, 그리고 그것을 '하늘님'이라고 불렀듯이, 생명의 원천으로서의 대자연은 '신'으로 인격화되고, 새로 태어나는 생명체는 우주의 걸작과 신의 모델로 축복받고 신성시된다. 아이의 탄생은 우주생명의 현상이자 신성한 님과의 만남인 것이다.

어린 풀싹아! 신(神)의 자(子)야! (「어린 아기」, 57쪽)

이 신(神)의 모델이 땅 위에 나타남에

우주는 자기의 걸작품을 축하할 양으로

태양은 곳곳에 미소를 뿌리고

바람과 물결도 가사(袈裟)의 춤을 추거든 (「인간 초상찬」, 35쪽)

님이여 나며 들며 때로 대하던 이 아이의 마음에는

마음의 곳곳마다 엄숙한 미소를 그득히 감최인 눈으로

가만히 그대를 바라보며 은근히 절하고 싶었나이다.

아나 그때 나는 비로소 이 우주덩이를 보았나이다.

처음으로 님을 만났었나이다. (「감격의 회상」, 40쪽)

(아이한테) 이런 귀여운 말을 들을 때에는 곧 우주생명에 대한 신비감, 경건 감이 일어날 터인데…. (『땅 속으로』, 113쪽)

여기에서 '우주생명'은 최제우가 말하는 일기(一氣)나 지기(至氣)에 상응한다. 그리고 '님'은 그것이 인격체로 나타낸 대상을 일컫는다. 조명희는 어린 아이에게서 우주생명의 외경을 보았고, 그것을 님이라고 표현한 것이다. 이 님은 동학으로 말하면 하늘님에 해당한다. 최시형은 어린 아이도 하늘님을 모시고 있다고 하였고, 베를 짜는 아낙네가 하늘님이라고 하였다(『해월신사법설』「대인접물」). 최시형이 아낙네에게서 하늘님의 모습을 보았다면 조명희는 어린 아이에게서 하늘님의 모습을 본 것이다.

생명과 살림의 부조화

조명희에게 있어서 어린 아이는 우주생명의 표현이자 신의 현현이다. 그런데 그 아이의 활동이 능동적이고 자유로우면 '살림'이 되고, 수동적이고 위축되면 '살이'가 된다. 살림은 생명이 뛰놀고 사랑이 넘치며 자기가 살아 있는 생활이다. 예술과 철학 그리고 종교는 모두 살아 있는 자기의 표현이다.

여기에는 생활이 없다. 생활의 기초적 조건이 되는 경제가 사회적으로 또는 개인적으로 파멸이 되었다는 말이다. 따라서 다른 생활도 파멸이 되었다는 말이다. (『저기 앞』, 156쪽)

이 살림살이의 시작이 지옥의 초입이로구나. (『땅속으로』, 113쪽)

　조명희가 산 시대는 생활이 파괴되고 살림이 살이가 된 세상이다. 그래서 그의 소설은 "생활권 외로 추방된" 타자들이 살기 위해 몸부림치는 "고생살이" 이야기로 점철되어 있다. 그 역시 예외는 아니다. 그러나 그는 살이를 살지만 살림을 포기하지 못하고 있다. 그래서 계속해서 글을 쓰고 문학을 버리지 못한다. 그에게는 살이에 고갈되지 않는 세상에 대한 사랑이 아직도 남아 있기 때문이다.

사랑을 나누고 싶구나 빵을 배불리고 싶구나 (「무제」, 93쪽)

　민중들의 살이를 살림으로 되돌려서 생활을 회복하는 것은 동학적으로 말하면 '안민'에 해당한다(輔國安民). 동학농민혁명의 지도자였던 전봉준은 동학을 좋아하게 된 이유를 '보국안민'이라는 사상 때문이었다고 고백하였다.[31] 그리고 봉기하게 된 동기를 고부 군수의 학정(虐政) 때문이라고 하였다.[32] 학정(虐政)은 학민(虐民)의 다른 말이고, 학민은 안민(安民)의 반대말이다. 조명희는 비록 동학이나 천도교를 말하지는 않았지만, 그리고 사상적으로는 사회주의에 경도되어 있었지만, 그가 영혼의 탈식민지화를 강조하고, 대자연에서 외경을 발견하며, 민중의 살이를 아파한 점에 있어서는 동학사상과 크게 다르지 않다.

하늘—종교—실학—개벽—도덕—생명

하늘

—

종교

—

실학

—

개벽

—

도덕

—

생명

제5장

도덕

1894년의 동학농민군의 첫 번째 규율은 "살생하지 않는 것을 으뜸으로 삼는다"였다. 이를 두고 전봉준과 동시대의 다나카 쇼조는 '문명적'이라고 평가하였다. 여기에서 '문명적'은 동학의 개념으로 바꾸면 '도덕적'이라는 뜻이다. 그리고 이러한 경향성은 한국인의 특징을 '도덕지향성'에서 찾은 오구라 기조 교수와의 지적과도 상통한다. 그런데 오구라 교수가 말하는 도덕은 기본적으로 리기론이라는 성리학적 세계관에서 지향하는 '윤리도덕'을 가리킨다. 반면에 동학사상가 해월 최시형은 인간은 물론이고 만물까지 외경하라고 하는 포스트휴먼 윤리를 제창하였다. 이 장에서는 동학의 탄생에서 동학농민혁명을 거쳐 천도교에 이르는 도덕 지향의 전개 과정을 도덕의 전환 · 도덕의 확장 · 도덕의 실천이라는 세 가지 측면으로 나누어서 고찰한다.

1. 동학에서 도덕의 전환

한국인의 도덕지향성

최근에 세상을 떠난 이어령(1933~2022) 전 문화부장관은 『축소지향의 일본인』이라는 명저에서 일본인의 특징을 '축소지향적'이라고 하였다. 일본 사람들은 뭐든지 작게 줄이는 것을 좋아한다는 것이다. 그렇다면 한국인에게서는 어떤 지향성을 발견할 수 있을까? 교토대학의 오구라 기조 교수는 한국인의 특징을 '도덕지향적'이라고 하였다.[1] 한국인들은 모든 가치 중에서 도덕성을 가장 상위에 두는 경향이 강하다는 뜻이다. 이것은 도덕을 중시하는 한국인들에게는 어쩌면 당연한 얘기로 들릴지도 모른다. 그러나 이것을 당연하게 여기는 성향 자체가 한국인의 특징이라는 것이 오구라 교수의 견해이다. 다만 한국에서는 이런 인간관이 너무나 당연시되어 대부분의 한국인들이 자각하지 못하고 있을 뿐이다.

확실히 한국에서는 뭔가 도덕적인 흠집이 잡히면 사회생활에 커다란 타격을 입는 것이 사실이다. 그러나 오구라 설의 묘미는, 그렇다고 해서 한국인이 꼭 도덕적인 것만은 아니라고 보는 데에 있다. 겉으로는 도덕을 중시하는 것처럼 보이지만, 현실적으로 한국 사회를 움직이는 것은 도덕 이외의 요소들, 가령 부나 권력이나 명예나 지위나 스펙이나 관계(혈연·지연·학연)라는 것이다. 즉 도덕지향성과 도덕성이 불일치하는 사회인 것이다. 이러한 분석에 대해 어떤 독자들은 "소름이 돋을 정도이다"라고까지 말하고 있다.[2]

그런데 오구라 교수가 말하는 도덕은, "리(理)와 기(氣)의 사회시스템"이라는 이 책의 부제가 말해주듯이, 어디까지나 성리학적인 도덕 개념에 한정되고 있다. 즉 노자적인 도덕도 아니고 불교적인 도덕도 아니고 동학적인 도덕도 아니고 기독교적인 도덕도 아닌, 유학적인 도덕으로 한국 사회를 분석하고 있는 것이다. 오구라 교수가 성리학의 리기론적인 도덕으로 한국 사회를 해부하고 있는 이유는 조선시대가 성리학의 시대였고, 그 영향력이 현대 한국 사회에도 여전히 작용하고 있다고 생각했기 때문이다.

그렇다면 유학 이외의 도덕으로 한국사회를 분석해 보면 어떻게 될까? 가령 지난 2017년의 촛불혁명과 같은 사건을 유학 이외의 도덕으로 설명할 수는 없을까? 또는 2000년부터 한국사회에 일기 시작한 생명평화운동을 한국인의 도덕지향성의 표출로 이해할 수는 없을까? 이 장은 이러한 시각에서 근대 한국을 '도덕지향성'이라는 틀로 분석하고자 하는 시도이다. 여기에서 말하는 '근대 한국'이란 유교화된 조선과 서구화된 한국 사이에 낀 시기로, 1860년의 동학 탄생에서 1948년의 남북분단에 이르는 90여 년을 가리킨다.

이 90여 년은 사상사적으로는 '개벽의 시기'로, 개벽의 이념을 표방한 자생사상들이 각종 종교의 형태로 백가쟁명하던 한국사상사의 황금기였다. 그런데 이들 개벽파의 공통점은 하나같이 도덕을 부르짖고 있다는 점이다. 동학을 창시한 수운 최제우는 "도덕을 세우자"(道成立德)고 하였고, 그

뒤를 이은 최시형은 "마음을 개벽하여[人心開闢] 도덕문명을 만들자"고 하였다. 1905년에 동학을 천도교로 개칭한 손병희는 「삼전론(三戰論)」에서 '도전(道戰)'을 주창하였고, 1916년에 시작된 원불교는 "정신을 개벽하여 도덕문명을 건설하자"는 슬로건을 내걸었다. 서구 열강이나 이웃 일본이 과학기술에 의한 부국강병에 박차를 가하고 있었던 모습과는 사뭇 대조적이다. 그런 점에서 오구라 교수가 지적한 '도덕지향성'을 다시 한번 확인할 수 있는 대목이다.

그런데 개벽파들이 조선과는 다른 문명을 지향했다면 분명 유학과는 다른 형태의 도덕을 부르짖었을 것이다. 그렇다면 그것은 구체적으로 어떤 내용의 도덕이었을까? 이하에서는 이러한 문제의식 하에 동학에서부터 시작된 새로운 도덕 개념을 분석하고자 한다.

도덕의 탄생

'도덕'이라는 말이 동아시아 고전에서 처음부터 한 단어로 쓰였던 것은 아니다. 원래는 '도'와 '덕'이 따로 쓰이던 것이 나중에 '도덕'이라는 개념으로 굳어진 것이다. 도와 덕이 하나의 짝 개념으로, 그것도 철학적인 의미로 본격적으로 쓰이기 시작한 것은 고대 중국의 도가문헌으로 알려져 있는 『노자』에서부터이다. 이 책의 별칭이 『도덕경』이라는 점으로부터 알 수 있듯이, 『노자』는 "도덕에 관한 철학적 탐구서"라도 해도 과언이 아니다. 그러나 이 『노자』에서조차도 '도덕'이 하나의 단어로 등장하는 것은 아니다. 음과 양, 천(天)과 지(地)처럼 하나의 짝 개념으로 나오고 있을 뿐이다. 그러나 이 두 개념이 떼려야 뗄 수 없는 밀접한 관계에 있기 때문에 후대의 주석가들이 이 책을 '도덕경'이라고 명명한 것이다.

『노자』에서 도와 덕이 한 문장 안에서 쓰이면서, 동시에 독립된 개념으로 설명되고 있는 구절은 제51장에 나오는 "道生之(도생지) 德畜之(덕휵지)"이다. 직역하면 "도는 낳고 덕은 기른다"는 말이다.[3] 여기에서 도(道)는 우주가 운행하는 질서나 원리적 측면을 가리키고, 덕(德)은 그것의 작용이나 결과적 측면을 의미한다. 그래서 이 문장은 "우주의 원리에 의해 만물이 생성되고, 그것의 작용에 의해 만물이 자라난다"는 정도로 해석될 수 있다. 여기에서 도와 덕은 각각 우주의 원리와 작용을 가리키는 개념으로 사용되고 있다.

한편 3세기 위진시대에 현학자로 알려진 왕필(王弼)은 『노자주』 제38장에서 "덕은 득이다"(德者得也)는 유명한 주석을 남겼다. 직역하면 "덕이란 얻음이다"는 뜻이다. 여기에서 덕은 도의 결과적 측면을 나타내는 말로 사용되고 있다. 즉 도가 실행된 결과 얻어지는 것이 덕이다. 서양의 연구자들이 덕을 power(힘)로 영역하는 것도 이러한 맥락에서이다. 가령 내가 합기도를 3년 동안 연마하면, 내 안에 나를 호신할 수 있는 어떤 힘(power)이 쌓일 것이다. 달리 말하면 '기력'이나 '체력'이라는 덕을 얻게(得) 되는 것이다. 비슷하게 내가 서도(書道)를 오랫동안 쌓아(德) 나가면 나에게 '명필'이라는 덕이 생길 것이다. 이와 같은 것이 도와 덕의 관계이다. 어떤 길[道]을 가다 보면 내 안에 쌓이는 내공(힘)이 덕이다. 그래서 도와 덕은 일종의 원인과 결과의 관계에 해당한다.

이후에 유학에서는 이와 같은 '도-덕' 개념의 틀을 받아들여 '리-성' 개념의 틀을 만드는데, 그것이 바로 '성리학'이다. 여기에서 리(理)는 유학에서 생각하는 우주론적 원리이고, 성(性)은 그 원리가 개체 안에 들어와 있는 것을 말한다. 즉 내가 처음부터 얻은 리, 내 몸에 가지고 태어나는 리가 성(性)인 것이다. 그래서 노자 식으로 말하면, 리는 도에 해당하고, 성은 덕에 상응한다. 우리가 오늘날에도 쓰고 있는 '도리'니 '덕성'이니 하는 말들은 성리학의 이성(理性) 개념을 노자의 도덕(道德) 개념으로 설명하는 과정에서 생긴 조어임을 알 수 있다.

오늘날 도덕과 거의 동의어로 쓰이고 있는 윤리(倫理)는 직역하면 '무리의 이치'를 뜻한다. 즉 "인간이 사회생활을 하면서 지켜야 할 도리"가 윤리이다. 따라서 윤리에는 덕 개념은 들어 있지 않다. 단지 사회생활의 규범을 가리킬 뿐이다. 반면에 덕에는 수양의 개념이 들어 있다. 왜냐하면 마음이나 몸을 다스리고 훈련한 결과가 덕이기 때문이다.

도덕의 전환

이와 같은 도덕 개념, 특히 조선시대의 윤리적 도덕 개념에 커다란 변화가 생기기 시작한 것은 19세기 후반에 들어서이다. 1860년에 최제우가 창시한 동학에서는 기존의 유학적 도덕과는 '다른' 도덕을 제창하였다. 그의 대표작 『동경대전』의 첫머리는 다음과 같은 도덕 이야기로 시작되고 있다.

상고시대 이래로 봄가을이 갈아들고 사계절이 교대하는 것이 바뀌지 않으니, 이 또한 하늘님의 조화의 자취가 천하에 뚜렷한 것이다. 어리석은 사람들은 자연의 혜택을 알지 못하고, 그것이 저절로 그렇게 되는 줄 안다. 오제(五帝) 이후로 성인이 나와서 일월성신과 천지도수를 문헌으로 만들어 천도의 법칙을 정하고 일동일정 일성일패를 천명에 부쳤으니, 이것은 천명을 공경하고 천리에 따른 것이다.

그래서 사람들은 군자가 되고 학문은 도덕을 이루었다. 도는 천도이고 덕은 천덕이었다. 그 도를 밝히고 그 덕을 닦았기 때문에 군자가 되었고 지성(至聖)에 이르렀으니 어찌 경탄하지 않으리오! 그런데 근래 이래로 세상 사람들은 마음이 제각각이 되어 천리에 따르지 않고 천명을 돌보지 않으니, 마음은 항상 두렵고 어디로 가야 할지를 모른다.[4]

여기에서 최제우는 당시 한국사회의 문제점을 고대 이래로 전해 내려오던 '하늘도덕(天道)'의 상실에서 찾고 있다. 구체적으로는 사람들이 더 이상 하늘님을 공경하지 않은 채 자기중심적이 되어 갈팡질팡하는 실태를 지적하고 있다. 이로부터 우리는 최제우의 문제의식이 '상실된 도덕의 회복'에 있음을 알 수 있다. 이 점은 『용담유사』에 빈번하게 보이는 "도성입덕(道成立德)"이라는 표현으로부터도 확인할 수 있다. 가령 『용담유사』「도수사」에서는 "때로다 때로다! 그때 오면 도성입덕 아닐런가!"라며, 동학이 지향하는 이상사회가 되면 모든 이가 "도가 이루어져 덕을 확립한다"고 말하고 있다.[5]

그렇다면 그 잃어버린 도덕을 어떻게 회복할 수 있을까? 이에 대해서는 두 가지 방법을 생각할 수 있다. 하나는 종래의 도덕을 부활시키는 것이고, 다른 하나는 새로운 도덕을 고안하는 것이다. 가령 최제우(1824~1864)보다 반세기 앞선 시대를 살았던 정약용(1762~1836)은 고대 유학의 도덕을 부활시키는 방법을 택했다. 다만 조선시대에 주류를 이루었던 성리학적인 인간관 대신에, 성리학이 불교의 영향을 받기 이전의 경험적이고 실천적인 인간관으로 돌아갈 것을 주장하였다. 그러나 주자든 다산이든 인의나 오륜 중심의 인간적이고 차등적인 도덕을 주장한다는 점에서는 근본적인 차이는 없다.

이에 반해 최제우는 유학과는 다른 새로운 도덕을 제안하는 길을 택했다. 그 도덕은 표현상으로는 성인이나 군자의 도덕으로 묘사되지만, 내용적으로는 '하늘님(ᄒᆞᄂᆞᆯ님)'이라는 개념으로부터 알 수 있듯이, 당시의 유학에서는 생소한 하늘님의 도덕이다. 즉 내 안의 하늘님을 믿고 모시는 행위를 도덕적이라고 한 것이다. 예를 들면 다음과 같다.

> ① 운수야 좋거니와 닦아야 '도덕'이라. (중략)
> ② 나는 도시 믿지 말고 '하늘님'을 믿었어라.
> ③ 네 몸에 모셨으니 사근취원(捨近取遠) 하단말가. (『용담유사』「교훈가」)

먼저 ①의 "운수야 좋거니와 닦아야 도덕이다"에서 "운수가 좋다"는 말은 최제우가 보기에 당시는 우주의 운행이 대전환을 맞이하는 시기이기 때문에, 즉 최시형 식으로 말하면 선천에서 후천으로 전환되는 터닝 포인트이기 때문에, 새로운 세상을 열기에 좋은 기회라는 것이다. 이어서 "닦아야 도덕이다"는 말은 설령 이렇게 우주론적으로 대전환의 시기를 맞이했다 하더라도, 사람들이 수양을 하지 않으면 인문적인 전환은 이루어지지 않는다는 뜻이다. 다시 말하면 인간의 노력이 우주의 변화에 부응해야 실효를 거둘 수 있지, 단지 우주의 변화에만 맡겨 둔다고 해서 사회의 변화는 오지 않는다는 것이다. 여기에서 최제우가 말하는 '도덕'은, 동아시아 고전에 나오는 "도를 닦는다"(修道)거나 "덕을 쌓는다"(積德)는 말로부터 알 수 있듯이, 수양이 동반되는 전통적인 도덕 개념을 충실히 따르고 있다.

이어서 ②의 "나는 도시 믿지 말고 하늘님을 믿어라"와 ③의 "네 몸에 모셨다"라는 말은 하늘님이라는 존재가 자기 안에 있으니 그 존재를 '믿고 모셔야' 한다는 뜻이다. 여기에서는 전통적인 유학과 비교해서 두 가지 특징을 발견할 수 있다. 하나는 믿음(信)이고 다른 하나는 모심(侍)이다. 이 믿음과 모심은 전통 유학에서는 찾아보기 어려운 개념이다. 예를 들어 동학의 수양 개념 중에 성(誠)과 경(敬)이라는 덕목이 있다. 그런데 이 두 덕목은 동학 이전의 성리학에서도 중시되던 개념이다. 가령 퇴계는 양자 중에서 경(敬)을 중시한 반면에 율곡은 성(誠)을 강조했다는 식의 설명이 그러한 예이다. 그런데 동학으로 오면 여기에 '신(信)'이라는 새로운 개념이 추가된다. 성경에 신(信)이 더해져서 성경신(誠敬信)이 되는 것이다. 물론 유학에도 신(信) 개념이 없는 것은 아니다. 그러나 그것은 오륜 중의 한 덕목으로서의[朋友有信] 신뢰를 의미하는 신이지, 동학에서와 같이 신앙 차원에서의 신은 아니다.

이처럼 동학에서 '믿음'이라는 덕목이 추가되는 것은 인격성을 띤 초월적 존재를 상정하고 있기 때문이다. 그래서 동학은 유학과 비교하면 종교성이 강화된다. 이 점은 성리학의 철학 체계와 비교해 보면 쉽게 알 수 있다. 성리학은 '자연지리(自然之理)', 즉 자연의 원리에 대한 전제에서 출발하고 있다. 그런데 현대적인 감각에서 보면 이 리(理)의 존재 여부는 정당화되고 증명되어야 한다. 하지만 성리학에서는 그것을 당연지리(當然之理), 즉 당연한 이치로 돌려 버린다. 이것은 마치 20세기까지의 서양철학이 창조신(God)을 전제하고 출발한 것과 비슷하다. 이와 마찬가지로 중국의 사상문화에서는, 학파에 상관없이, 천지자연의 질서정연한 이치가 '당연히' 존재한다고 전제하고 사유를 시작한다(굳이 창조신을 전제하지 않고서도-). 다만 학파 간에 차이가 있다면 그 리(理)의 내용이 달라질 뿐이다. 따라서 논쟁이 일어난다고 해도 리의 존재성 여부보다는 리의 내용에 관한 것이 중심이 된다.

반면에 동학에서는 그 리를 주재하는 인격적 존재가 실재한다고 전제한다. 그리고 그 존재와 감응할 수 있다고 말한다. 하지만 그렇다고 해서 그 존재가 천지(天地) 밖에 있다는 식의 설명도 없다. 천지 안에서 천지를 주재하는 존재이다, 굳이 말하면 '천지에 내재하는 신'이다. 그것을 동학에서는 'ᄒᆞᄂᆞᆯ님'이라고 부른다(이후에 천도교에서는 '한울님'으로 개칭하였다).

③의 "네 몸에 모셨다"는 말은 "하늘님이 각자의 몸 안에 존재한다"는 존재론적 차원의 언설이자 동시에 "그 하늘님을 모셔야 한다"는 가치론적 차원의 명제이다. 즉 내 안에 어떤 고귀한 인격체가 들어 있고, 그 인격체를 소중하게 대해야 한다는 것이다. 이것은 단지 유학에서 말하는 "내 안의 도덕적 본성을 잘 발현하면 누구나 다 성인이 될 수 있다"는 식의 명제와는 차원이 다르다. 왜냐하면 유학에서는 내 안의 성(性)에 집중하는 반면에, 동학에서는 '나'라는 개체 전체를 대상으로 하고 있기 때문이다. 그래서 유학에서 말하는 인간 본성은 발현되어야 할 대상이기는 하지만 '모셔야' 할 대상은 아니다. 왜냐하면 그것은 인격체가 아니기 때문이다. 우리는 이성을 발휘하라고 하지 모시라고는 하지 않는다. 반면에 동학에서는 시천주, 즉 "내 안의 하늘님을 모시라"고 한다. 그런데 이 명제가 의미하는 바는 결국 "나를 모시라"는 말이 된다. 왜냐하면 나와 하늘님이 분리되지 않기 때문이다. 이처럼 동학에서는 도덕의 대상이 본성에서 하늘님으로, 그 내용도 발현에서 모심으로 전환되게 된다.

동학에서의 이와 같은 도덕의 전환은 그동안 도덕에서 소외되어 왔던 민중들에게 도덕적 주체로 거듭날 수 있는 계기를 마련해 주었다. 즉 '민중도덕'이 탄생한 것이다. 달리 말하면 '도덕의 대중화'이다. 이렇게 서민들도 도덕의 주체가 될 수 있었던 이유는 도덕이 문자로부터 해방되었기 때문이다. 적어도 조선 성리학까지만 해도 도덕을 논하는 사람치고 유교 경전에 어두운 사람은 없었다. 반면에 동학에서는 설령 한자를 모른다 해도 내 안의 하늘님만 잘 모시면 그것으로 충분히 도덕적 인간이 될 수 있게 되었다.

도덕의 충돌

우리가 잘 아는 1894년의 동학농민혁명은 철학적으로는 두 개의 상이한 도덕들 간의 충돌이었다. 먼저 1894년 전반기에 전라북도 정읍지방에서 시작된 제1차 봉기는 유교도덕과 동학도덕 사이의 충돌이었다. 즉 단순히 탐관오리의 횡포에 저항한 일회성의 민란이 아니라, 동학의 생명사상이 바탕에 깔려 있는 조직적인 항거운동이었다. 그런 점에서 그 이전의 민란과는 차별성을 띠고 있다.

이 점은 동학농민혁명이 발발하기 1년 전인 1893년 3월 11일에 충청북도 보은지방에서 일어난 보은취회에서도 찾아볼 수 있다. 보은취회는 동학교도 수만 명이 20여 일 동안 보은 장내리에서 동학 탄압을 반대하는 교조신원(敎祖伸冤)과 척왜양창의(斥倭洋倡義: 서양과 일본을 물리치기 위해서 의거를 일으킨다)를 외친 민중운동을 말한다. 그런데 이 보은취회가 일어나게 된 직접적인 계기는 손병희나 김연국과 같은 당시 동학조직의 지도자들이 최시형을 찾아와서 다음과 같이 호소한 말 때문이었다.

관리들의 압박이 심해서 각 포의 교인들이 장차 모두 죽게 생겼으니 불쌍한 이 생명들을(哀此生命) 어떻게 유지하고 보전하겠습니까!

(『시천교종역사』)[6]

여기에서 우리는 정부군의 탄압에 의해 죽어 가는 생명을 살리고자 하는 생명사상이 보은취회를 일으키게 된 심리적인 요인이었음을 알 수 있다. 뿐만 아니라 3월 22일에는 보은군수의 해산령에도 불구하고 "지금에 이르러 생명이 도탄에 빠진 것은 방백수령의 탐학무도함과 세호가의 무단에 있으니 만약 지금 소청(疏請)하지 못하면 어느 때에 국태민안이 있겠는가!"라며 해산하지 않았다.[7] 이듬해 초에 전봉준에 의해 정읍에서 일어난 동학농민혁명은 이와 같은 보은취회의 연장선상에서 이해될 수 있다.

이처럼 1894년 전반기의 동학농민혁명이 국가 권력의 생명 억압에 반발하는 혁명이었다면, 1894년 후반기의 동학농민혁명은 외국 권력의 생명 억압에 항거하는 저항이었다. 그것은 부국강병을 앞세운 국가도덕과의 충돌이었다. 그러나 전주성까지 점령하였던 1차농민혁명 때와는 달리 2차농민혁명 때는 절대적인 무력의 열세로 무참하게 패배하게 된다. 그러나 그럼에도 불구하고 동학농민군이 끝까지 저항할 수 있었던 것은, 오구라 기조 교수의 용어를 빌리면, 그들의 도덕지향성 때문이었다. 즉 생명을 억압하는 폭력에 맞서서 생명을 지키는 도덕이야말로 정의롭다고 하는 강한 도덕의식이 그들의 두려움을 상쇄시킬 수 있었던 것이다.

이러한 성향은 20세기 전반의 독립운동 때나 20세기 후반의 민주화운동

때도 마찬가지였다. 한국의 민중들이 일제나 독재에 강하게 저항할 수 있었던 것은 생명과 평화와 자유를 지향하는 강한 도덕의식이 뒷받침되어 있었기 때문이다. 그리고 그것은 21세기에 촛불혁명으로 승화되었다. 그런 점에서 촛불혁명은 19세기 후반부터 일어난 동학혁명의 대결말이라고 할 수 있다. 아울러 동학이 폭력 혁명이 아닌 도덕개벽과 생명평화를 지향했다면, 그런 점에서 동학농민혁명이 아니라 '동학농민개벽'으로 불려야 한다면,[8] 삼일독립운동도 '삼일독립개벽'으로 명명되어야 할 것이다.

이처럼 '도덕'이라는 범주는, 특히 19세기 후반에 일어난 도덕의 전환이라는 사건은, 한국의 근현대사를 새로운 눈으로 볼 수 있는 틀을 제공한다는 점에서 결코 과소평가될 수 없다. 한국인에게 있어 도덕은, 단순히 꼰대로 치부되고 끝날 수 있는 것이 아니라, 한국 문명의 본질을 꿰뚫을 수 있는 근본 개념 중의 하나이다.

2. 동학에서 도덕의 확장

최시형의 시대인식

최제우의 뒤를 이어 35년여 동안 도피 생활을 하면서 동학을 전국 조직으로 확장시킨 이가 해월 최시형이다. 최시형은 단지 동학 세력을 전국화했을 뿐만 아니라, 조직 개편, 경전 편찬, 의례 정비 등 동학의 체제를 갖추는 데 있어서도 결정적인 역할을 하였다. 최시형이 다져 놓은 기틀은 이후에 손병희로 전해졌고, 손병희는 그것을 바탕으로 천도교 체제로의 전환을 감행하고, 한편으로는 서양문물을 수용하면서, 다른 한편으로는 3·1운동을 준비-실행하게 된다. 그런 의미에서 최시형은 동학·천도교 사상사에 있어서는 개벽의 탄생과 개화로의 전환 사이에 있으면서, 양자를 이어주는 중간 고리 역할을 한 인물로 평가할 수 있다. 그래서 최시형에게는 동학적 요소와 천도교적 요소가 걸쳐 있다고 할 수 있다. 이하에서는 이 관계를 염두에 두면서 최시형의 도덕 관념을 살펴보고자 한다.

먼저 최시형은 최제우와 마찬가지로 당시의 시대 상황을 도덕의 붕괴로 인한 혼란으로 진단하였다.

천지일월은 예나 지금이나 변함이 없으나 운수는 크게 변하였으니, 새것과 낡은 것이 같지 않다. 새것과 낡은 것이 교체되는 때에 낡은 정치는 이미 물러가고 새 정치는 아직 펼쳐지지 못하고 있다. 이치와 기운이 조화되지 못할 즈음에 천하는 혼란하도다. 이때를 당하여 윤리도덕이 자연히 무너지고, 사람은 모두 금수의 무리에 가까우니, 어찌 난리가 아니겠는가![9]

　여기에서 최시형은 두 가지 관점에서 당시의 시대 상황을 분석하고 있다. 하나는 신구의 교대이고, 다른 하나는 그로 인한 도덕의 붕괴이다.

　먼저 신구의 교대는 일종의 우주론적 차원의 전환을 의미한다. 그것을 최제우는 '다시개벽'이라고 하였다. 마치 천지가 처음 개벽되던 것처럼 문명도 제로에서 다시 시작해야 한다는 것이다. 최시형은 이러한 개벽적 역사관을 잇고 있다. 그리고 천지개벽을 '선천개벽'으로, 다시개벽을 '후천개벽'으로 새롭게 명명하였다. 이후에 등장한 증산교, 원불교는 모두 이러한 개벽적 역사관을 공유하고 있는데, 이들을 '개벽파'로 묶을 수 있는 이유가 여기에 있다. 다시개벽과 후천개벽의 역사 인식은 마치 오늘날 학자들이 지구의 역사를 '인류세' 이전과 이후로 나누거나, 인류의 역사를 '코로나 이전'(BC)과 '코로나 이후'(AC)로 나누는 것과 비슷하다.[10]

　한편 최시형은 이러한 우주론적 전환의 시대에 정치와 도덕의 전환이 필요하다고 보았다. 그리고 당시의 사회적 혼란의 원인을 인문적 전환의 부재에서 찾았다. 물론 이러한 진단은 이미 최제우에게서부터 보이고 있다. 다만 최시형의 특징은 개벽의 대상을 인간은 물론이고 만물에도 적용시키고 있다는 점이다. 즉 불안과 혼란의 영역을 인간은 물론이고 지구 전체에까지 확장시키고 있는 것이다.

이 세상의 운수는 개벽의 운수이다. 천지가 불안하고 산천초목이 불안하다. 강하의 물고기가 불안하고 들짐승과 날짐승이 모두 불안하다. 그런데 어찌 사람만이 따뜻하게 입고 배불리 먹으면서 안일하게 도를 추구하겠는가! 선천과 후천의 운이 서로 엇갈리고 이치와 기운이 서로 싸우고 있다. 만물이 모두 싸우는데 어찌 사람의 싸움이 없겠는가![11]

여기에서 최시형은 천지와 만물의 불안을 말하면서, 그로 인한 인간의 '불편함'을 고백하고 있다. 선천과 후천의 운수가 엇갈리면서 만물이 불안에 떨고 있는데, 인간만 홀로 편하게 지낼 수 없다는 것이다. 이것은 서구 근대적 세계관과는 정반대의 인물관(人物觀)이라고 할 수 있다. 인간의 편안함을 위해서 만물을 도구적으로 이용하는 것이 아니라, 만물의 불안함 때문에 인간의 편안함을 물리치고 있기 때문이다. 지금 식으로 말하면 기후위기와 환경문제로 지구와 만물이 불안에 떨고 있기 때문에 인간도 함께 불안해해야 한다는 것이다.[12]

이러한 불안관은 서양 현대철학에서 말하는 '실존적 불안'(existential anxiety)에 대해서 '생태적 불안'(ecological anxiety)이라고 할 수 있다. 독일의 사회학자 울리히 벡 식으로 말하면 '지구적 불안'(global anxiety)이라고도 할 수 있다.[13] 최시형은 이러한 지구적 불안에 대처하는 방법으로 선천시대의 도덕을 대신할 후천시대의 도덕을 제창하였다.

물질을 성찰하는 도덕

대신사(최제우) 항상 말씀하시기를 "이 세상은 요순공맹의 덕으로도 말로 설명할 수 없다"고 하셨으니, 이는 지금 시대가 후천개벽임을 말한다. 선천은 물질개벽이고 후천은 인심개벽이니, 장차 물질발명이 극에 달하여 모든 일들이 공전의 발달을 이룰지니, 이때에 도심은 더욱 미세하고 인심은 더욱 위태로우며, 인심을 인도하는 선천도덕이 때에 순응치 못할지라. 고로 하늘님의 신묘한 변화 중에 일대 개벽의 운이 회복되었나니, 우리 도의 포덕천하 광제창생은 하늘님이 명하신 바이니라.[14]

서두에 인용되고 있는 최제우의 "요순공맹의 덕으로도 말로 설명할 수 없다"는 말은 유학적 도덕이 이제 더 이상 효력을 발휘하지 못한다는 진단이다. 이에 대해 최시형이 "선천은 물질개벽이고 후천은 인심개벽이다"고 한 것은 그의 독자적인 해석과 진단이라고 볼 수 있다. 왜냐하면 최제우에게서는 이와 같이 선천과 후천, 물질과 인심으로 개벽을 구분하는 발상은 보이지 않기 때문이다.

그런 의미에서 최시형의 개벽론은 우주론적인 구분이라기보다는 문명론적인 구분에 가깝다. 즉 최제우의 다시개벽론이 우주의 질서가 근본적으로 바뀌고 있다는 우주론에서 출발하고 있다면, 최시형의 후천개벽론은 그것을 계승하면서도 문명의 질서가 어떤 식으로 전개되어 왔는지, 또는 장차 어떤 방향으로 전개되어야 하는지에 대한 나름대로의 진단에 해당한다.

그런데 최시형의 개벽론의 특징은 선천시대를 모두 물질개벽의 시대로 규정하고 있다는 점이다. 즉 산업혁명 이후의 근대사회뿐만 아니라 지난 5만 년 동안의 역사를 통틀어서 물질이 비약적으로 발전한 시대로 규정하는 것이다. 이것은 개벽에 대한 일반적인 통념을 뒤집는 대목이다. 왜냐하면 우리가 보통 '물질개벽'이라고 하면 "물질이 비약적으로 발전했다"는 의미로 이해하고 있고, 시대적으로는 산업혁명 이후의 현대사회를 떠올리기 마련이기 때문이다. 다만 최시형도 "장차 물질문명이 극에 달할 것이다"고 덧붙이고 있는 점을 참고하면, 산업문명을 염두에 두고 있는 것은 확실한 것 같다.

어쨌든 이러한 물질문명 시대에 새로운 도심(道心=도덕적 마인드)이 요청되는데, 최시형은 그것을 '인심개벽'이라고 하였다. 여기에서 '인심'과 '도심'은 성리학에서 사용된 용어로, 인심은 사적인 욕망(人欲)을 말하고, 도심은 공공적 도덕을 가리킨다. 원래는 『서경(書經)』의 "인심은 위태롭고 도심은 미세하다"(人心惟危, 道心惟微)는 말에서 유래하는데, 주자학에서는 이것을 성인의 심법(心法)으로 규정하면서 심성론의 용어로 사용하였다. 그런데 성리학의 인심도심론에서는 아직 '물질'에 대한 언급은 없다. 즉 물욕(物欲)에 관한 논의는 있어도 물질 자체에 대한 철학적 논의는 없었다. 그것은 당시만 해도 서양의 물질문명이 본격적으로 전래되기 이전이었기 때문이다.

반면에 최시형이 살았던 19세기 말은 이미 서양의 기술문명이 한반도에도 전래되기 시작한 시기이다. 그러나 그것은 조선의 민중들로서는 단지 편리함이나 안락함만을 의미하지는 않았다. 무엇보다도 서양의 최신 무기는 당시의 민중들에게는 공포의 대상 그 자체였기 때문이다. 실제로 최시형은 동학농민혁명을 한복판에서 겪은 장본인이기도 하였다. 다음과 같은 말은 아마도 이러한 상황을 염두에 둔 것이리라.

손병희가 물었다: "전란을 당하면 각국이 서로 병기를 가지고 승부를 겨룰

것인데, 이 때에 우리 도인들은 두 나라가 싸우는 사이에서 어떤 좋은 생각으로 이길 수 있습니까?"

신사(최시형)가 대답하였다: "전쟁은 단지 병기만 가지고 이기는 법은 없느니라. 병전을 능가하는 것은 책전(策戰)이니, 계책이 지극히 큰 것이다. 서양의 무기는 세상 사람이 대적할 자가 없다고 하는데, 무기는 사람을 죽이는(殺人) 기계를 말하고, 도덕은 사람 살리는(活人) 기틀을 말한다. 그대들은 이때를 당하여 수도(修道)를 지극한 정성으로 함이 옳으니라. 큰 전쟁 뒤에는 반드시 큰 평화가 있는 것이니, 전쟁이란 평화의 근본이니라.[15]

여기에서 최시형은 '사람을 죽이는 기계'와 '사람을 살리는 도덕'을 대비시키면서, 설령 전쟁이 일어난다 할지라도 동요되지 말고 수도(修道)를 게을리 하지 말 것을 당부하고 있다. 여기에서 최시형이 말하는 '도덕'이나 '수도'는 개벽학의 용어로 말하면 물질개벽과 대비되는 '인심개벽'에 해당한다. 즉 물질개벽의 위험을 인식하면서 그것을 조절하고 통제할 수 있는 방향으로 정신을 사용하는 것을 말한다.

그런 의미에서 최시형의 인심개벽은 울리히 벡의 용어로 말하면 '물질에 대한 성찰'이라고 해석할 수 있다. 울리히 벡은 근대를 두 시기로 나누었다. 하나는 산업혁명이 일어난 '제1근대' 시기이고, 다른 하나는 그것으로 인해 지구적 위험이 도래한 현대의 '제2근대' 시기이다. 제2근대는 환경파괴나 핵전쟁과 같은 지구적 위험이 도사리고 있는 위험사회이기 때문에, 제2근대는 제1근대를 성찰하는 '성찰적 근대'가 되어야 한다고 주장했다.[16] 마찬가지로 최시형도 물질개벽으로 인한 생명의 위기와 도덕의 타락을 인심개벽을 통해 성찰하고 극복해야 한다고 보고 있다.

최시형이 제시한 인심개벽은 1920년대의 천도교에 이르면 이돈화의 '정신개벽' 개념으로 이어지고, 1930년대의 원불교에서는 "물질이 개벽되니 정신을 개벽하자"는 개교표어로 계승된다. 특히 원불교의 정신개벽은 울리히 벡의 틀로 설명하면 "제1근대에서 성취된 물질개벽을 성찰하자"는 의미로 이해할 수 있다. 다만 "과학과 도학의 병행"이라는 원불교의 또 다른 슬로건으로 알 수 있듯이, 원불교에서는 물질개벽 그 자체를 부정적으로 보는 것이 아니라 그것을 활용할 것을 지향한다. 즉 물질을 선용하면 그것이 도덕이고, 물질에 이끌리거나 악용하면 그것은 부도덕한 것이라는 입장이다. 다시 말하면 물질 자체에 선악이나 도덕이 있는 것이 아니라, 그것을 활용하는 인간의 마음에 선악이나 도덕이 있다는 것이다.[17]

만물을 공경하는 도덕

앞에서 살펴보았듯이, 최시형은 당시를 물질개벽뿐만 아니라 그로 인해 천지만물이 불안에 떠는 시대로 규정하였다. 우주론적으로는 선천 5만년에서 후천 5만년으로 전환되는 과도기이고, 문명사적으로는 물질개벽에서 정신개벽으로의 이행이 요청되는 시기에, 천지만물이 불안에 떨고 있다는 것이다. 결국 인간에게는 이러한 불안을 달래줘야 하는 안물(安物)이라는 도덕적 책임이 요구되는데, 그것을 최시형은 경물(敬物) 개념으로 제시하였다.

'경물'이란 "인간 이외의 만물을 공경하라"는 의미로, 최시형은 경인(敬人)을 넘어서 경물(敬物)의 단계에 이르러야 비로소 도덕이 완성된다고 보았다.

(경천과 경인에 이어서) 셋째는 경물(敬物)이니, 사람은 사람을 공경함으로써 도덕의 극치가 되지 못하고, 나아가 사물(物)을 공경함에까지 이르러야 천지기화(天地氣化)의 덕에 합일될 수 있나니라.[18]

여기에서 설파되고 있는 경물은 도덕의 대상을 인간에서 만물로 확장시켰다는 점에서 유학이나 최제우보다 한 걸음 더 나아갔을 뿐만 아니라, 요즘과 같은 환경오염과 기후위기 시대에 요청되는 생태도덕을 말하고 있다는 점에서도 주목할 만하다. 그런 점에서 경물은 지구위기 시대에 요청되는 '지구도덕'이라고 할 만하다.[19] 이 점은 경물을 해야 "천지기화의 덕에 합일된다"는 최시형의 말로부터도 확인할 수 있다. '천지기화'는 지금 식으로 말하면 "지구의 에너지 변화"라고 풀이할 수 있는데, 이 중에서 기화는 최시형이 이 세계를 이해하는 핵심 개념 중의 하나이다.

최시형은 인간이 육식을 하는 것을 '이천식천(以天食天)', 즉 "하늘이 하늘을 먹는다"고 하였다. 인간은 다른 존재를 먹는 행위를 통해서 그 존재에 들어있는 생명에너지[氣]를 섭취하고, 그것을 자신의 생명에너지로 전화시킴으로써[化] 자신의 생존을 유지해 나가고 있다는 것이다. 달리 말하면 기화에 의해서 만물이 존재한다는 것이다. 이것이 최시형이 깨달은 존재의 원리이자 우주의 법칙이다. 만물은 서로 먹고 먹히는 이천식천의 작용을 통해 살아가고 있고, 지구는 이러한 기화의 작용으로 운행되고 있다.

경물은 이러한 천지기화의 도덕을 자각하는 데에서 나오는 윤리적 행위를 말한다. 인간이 천지기화의 법칙을 깨닫게 되면 만물은 도구적인 '사물'이 아니라 자신의 생존을 가능하게 해주는 은혜로운 '하늘'로 인식된다. 원불교 식으로 말하면 '만물의 은혜(萬物恩)'를 느끼게 된다.[20] 아마도 최시형은 이러한 인식론적 전환을 '인심개벽'이라고 본 것 같다. 즉 사람에 대해서는 물론이고 사물을 대하는 태도 자체를 근본적으로 바꾸자는 것이 인심개벽이다.

천도교의 경물사상

최시형의 경물사상은 이후에 천도교로 이어지는데, 1920년대의 천도교 이론가인 야뢰 이돈화(1884~1950)는 그의 주저 『신인철학(新人哲學)』에서 경물을 세 차원으로 나누어서 설명하였다. '자연의 혜택'과 '동물학대 폐지'와 '산천의 보호'가 그것이다. 경물사상을 구체적인 현실 문제와 연결시켜서 논하고 있음을 알 수 있다. 먼저 '자연의 혜택'에 대해서 보면 다음과 같다.

> 원래 사람의 도덕률은 경물에 이르러 극치에 달한다 할 수 있다. … 이제 경물의 요령 몇 가지를 들면, 첫째는 자연에 대한 혜택이니 … 자연을 공경하란 말은 사람성의 본원을 공경하라는 말이 된다. 옛날 어떤 고덕(高德)한 도승(道僧)이 음식을 먹을 때나 자연물을 먹을 때에 꼭 '님'이라는 존경사를 썼다 한다. 그 까닭은 사람의 육체는 자연을 떠나 養(양)할 수 없으므로, 자연은 곧 사람에게 대하여 양부모(養父母)의 지위를 가졌기 때문이라 하는 전설을 들은 일이 있거니와, 기실 자연과 사람은 일시도 떨어져 있을 수 없는 동시에 자연은 진화상 의미에서 인간을 발생한 시조이다.[21]

먼저 "사람의 도덕률은 경물에 이르러 극치에 달한다"는 이돈화의 말은 최시형의 설법을 그대로 옮겨 놓은 것이다. 다만 이돈화는 이것을 '수운주의'라고 말하고 있다. 천도교에서는 수운 최제우를 교조로 받들기 때문이다. 이어서 "자연을 공경하라는 말은 사람성의 본원을 공경하라는 말이다"는 것은 자연을 공경하는 것이 실은 자기 자신을 공경하는 것에 다름 아니라는 뜻이다.

이어서 고승의 일화에 등장하는 '님'은 동학에서 말하는 '하늘님'에 해당한다. 달리 말하면 동학의 하늘님은 한국어의 님을 종교적으로 표현한 것이다. 마찬가지로 이돈화가 소개하고 있는 고승의 일화도 최시형의 경물사상이 결코 갑작스런 것이 아님을 말해준다. 한국인들에게 있어서는, 더 나아가서는 고대인들에게 있어서는 일상생활에서 실천되고 있던 생활철학에 다름 아니었던 것이다. 그런 점에서 동학은 민중들의 일상적 삶에서 실천되고 있던 윤리를 발전시켜서 하나의 학적 형태로 체계화한 것이라고 할 수 있다.

이어서 "사람은 자연을 떠나 길러질 수 없으므로 자연은 사람에게 양부모(養父母)의 지위를 가졌다"는 고승의 말 역시 최시형의 사상과 일치하고 있다. 제1장 3절 "동학의 하늘철학"에서 소개했듯이, 최시형은 인간은 자신의 생명을 천지에 빚지고 있기 때문에 천지야말로 진짜 부모라고 하는 '천지부모설'을 주창했는데, 이것은 고승이 말하는 "자연이 양부모이다"라는 생각과 상통한다. 마지막으로 "자연과 사람은 일시도 떨어질 수 없다"는 이돈화의 해설은 "사람은 하늘을 떠나지 않고, 하늘은 사람을 떠나지 않는다"(人不離天, 天不離人)[22]는 최시형의 천인상의적(天人相依的) 천인관과 정확히 일치하고 있다.

이어서 '동물학대 폐지'에 대한 내용을 소개하면 다음과 같다.

둘째는 동물학대 폐지와 경물이니, 동물도 자연 중의 일부이다. 그러므로 우리가 그를 이용하면 또는 식료(食料)로 삼는다. 이것은 이천식천의 원리에 어쩔 수 없는 일이다. 일부의 진리이다. 그러나 우리가 동물을 잡아먹는다 하여 동물을 사용할 때 학대하며 동물을 참살하는 것과 같은 것은 도저히 용서할 수 없는 도덕률이다. 동물학대 폐지는 다만 동물의 원리에만 적당한 것이 아니요 인간성의 향상과 순화로 보아도 지극히 당연한 일이니, 사람은 동물을 경애함으로써 인간성의 미덕을 조성시킬 수 있고, 사회의 인도와 풍교(風敎)가 향상할 수 있다.

여기에서 이돈화는 경물사상에 입각하여 동물학대 폐지를 말하고 있다. 이 책이 처음 나온 것이 1931년인 점을 생각하면 이미 90여 년 전에 동물학대 반대를 주창하고 있었던 것이다. 이돈화는 최시형의 이천식천을 언급하면서, 육식은 자연의 원리이지만 학대는 인간의 태도의 문제라고 말하고 있다. 즉 육식은 '기화(氣化)'라는 지구도덕의 차원이지만, 그렇다고 해서 동물을 학대하는 것은 인간도덕에 어긋나는 문제라는 것이다. 아울러 동물을 대하는 태도는 단지 동물만의 문제가 아니라 인간 자신의 본성을 기르는 문제와 직결된다고 말하고 있다. 이 점은 첫 번째에서 언급한 자연을 공경하는 것은 인간 본성을 기르는 것에 다름 아니라는 말과 상통한다.
마지막으로 '산천의 보호'에 대해서 살펴보자.

셋째는 경제사상과 경물이니, 우리는 일없이 일초일목(一草一木)을 상(傷)치 말 뿐 아니라, 나아가 그를 잘 이용하고 이용하기 위하여 양성하여야 한다. 우리나라가 경제상으로 쇠퇴한 원인으로 말하면 불경물(不敬物)의 원인이 그 주요한 점이다. 그 증거로는 산악이 동탁(童濯)한(=벌거벗은) 것으로 이를 알 수 있다. 마치 만인(蠻人=야만인)이 자기네의 양식이 되는 과실나무를 작벌(斫伐)하여 놓고 과실을 따서 먹는다는 말과 같이, 우리나라는 산국(山國)이라 경제적 또는 문화적 경향이 대부분 산에 있음에도 불구하고 산성(山性)을 동탁케 한 것은 자연에 대한 일대불경(一大不敬)이니만큼 그 만큼 죄가 크다 볼 수 있다. 여하튼지 경물을 단지 경제상으로 볼지라도 불경물의 폐해는 실로 망국인(亡國人)의 근본이라 아니 할 수 없다.

여기에서는 사물을 공경하지 않는 것이 실용적 관점에서도 이롭지 않다고 말하고 있다. 최시형의 용어로 말하면, 물질개벽의 차원에서도 경물이 필요하다는 것이다. 그 이유는 산천을 공경하지 않고 함부로 남벌하면 나라의 경제가 쇠퇴하기 때문이다. 뿐만 아니라 산을 해치는 것은 자연에 대한 불경을 범하는 것이라고 보았다. 그런 점에서 일종의 '생태적 죄'(ecological sin)를 말하고 있다고 할 수 있다.

이것을 개념화하면 '경산(敬山)' 사상이라고 할 수 있는데, 이돈화의 경산(敬山) 사상은 전봉준과 동시대의 일본의 환경운동가 다나카 쇼조(田中正造, 1841~1913)를 연상시킨다. 다나카 쇼조는 "참된 문명은 산을 황폐화하지 않는다"고 하면서 당시 일본이 지향하는 산업문명을 정면으로 비판하였다.[23] 그런 점에서 그 또한 경물사상을 실천하였다고 할 수 있다. 최시형과 이돈화와 다나카 쇼조는 모두 자연에 대한 불경을 반(反)문명적이라고 보았다는 점에서 공통적이고, 그런 의미에서 19세기 말~20세기 초에 동아시아에서 생태도덕을 주창한 생태주의자들로 분류될 수 있다.

지금까지 살펴본 바와 같이 이돈화는 최시형의 경물사상을, 크게는 자연 전체, 작게는 동식물의 차원으로 나누어서 설명하고 있다. 생태적 차원에서 자연은 은혜로운 존재라고 말하고 있고, 생명적 관점에서 동물학대를 반대하고 있으며, 실용적 입장에서 산천을 해치지 말 것을 권하고 있다. 특히 동물학대와 산림보호는 동물의 권리 및 나라의 경제와 직결되는 문제로 현대에도 중요하게 대두되는 이슈이다. 그런 점에서 경물사상을 현대적으로 적용 내지는 해석하고 있다고 할 수 있다.

3. 동학에서 도덕의 실천

혁명에서 개벽으로

1894년에 고부(전북 정읍시)와 고창을 중심으로 일어난 동학농민혁명은 '정치적 도덕'을 바로잡기 위한 민중운동이었다. 제1차 혁명은 국내 정치의 부도덕이, 제2차 혁명은 외국 세력의 부도덕이 봉기의 도화선이 되었다. 부도덕의 내용은 '폭력'이었다. 당시 동학군의 슬로건이 "폭력을 제거하여 백성을 구제하자"는 '제폭구민(除暴救民)'이었다는 사실이 이 점을 말해준다. 부패한 관료의 폭정이 백성을 괴롭히고, 외국 군대의 폭력이 나라를 위태롭게 하는 위기 상황에서 나라와 백성을 구제하자고 일어난 것이 동학농민혁명이었다.

그렇다고 해서 이들이 폭력을 남발한 것은 아니었다. 왜냐하면 자신들이 폭력의 희생자였기 때문이다. 그래서 폭력의 사용은 폭력의 원인을 제거하는 범위 내로 한정시켰다. 즉 탐관오리들을 처벌하는 경우 이외에는 가급적 살생을 자제하였고, 민간인에 대한 피해는 최대한 삼가고자 하였다. 당시의 유학자 매천 황현이 쓴 『오하기문』에서는 이 점을 상세하게 증언하고 있다.(후술)

뿐만 아니라 정권의 전복을 시도한 것도 아니었다. 이 점은 동학군의 또 다른 슬로건이 '보국안민(輔國安民)'이라는 사실로부터 추측할 수 있다. '보국안민'은 동학을 창시한 최제우의 『동경대전』에 연원하는 사상으로, "나라를 도와서 백성을 편안하게 하자"는 뜻이다. 나라를 본래의 모습으로 되돌려서 평안을 되찾자는 것이다.

이렇게 보면 동학농민혁명은 우리에게 익숙한 정치적 혁명과는 다소 거리가 있다. 대개 '혁명'이라고 하면 종래의 권력을 전복시키고 새로운 체제를 수립하는 것을 말하는데, 동학농민혁명군의 메시지에서는 그런 요소가 보이지 않기 때문이다. 오히려 "잘못된 것을 바로 잡는다"는 도덕적 지향이 더 강하다. 이런 점을 들어 동학농민혁명을 보수적이라고 보는 시각도 존재한다.

그러나 이러한 평가는 지나치게 정치적인 감이 있다. 그것도 서구 근대의 혁명사를 기준으로 한 평가이다. 왜냐하면 적어도 동학농민군을 이끌었던 지도자들은, 비록 왕조 체제의 전복을 꿈꾸지는 않았지만, 유교 도덕을 넘어서는 새로운 도덕을 지향하는 동학의 접주들이었기 때문이다. 가령 동학농민혁명 당시 동학의 최고 지도자였던 해월 최시형은 천민 출신인 남계천을 '편의장'이라는 높은 직책에 임명하였다. 그러자 주위에서 반대하는 의견이 나왔다. 신분이 낮다는 이유에서다. 평등을 주창하는 동학 조직에서조차도 아직 신분 의식이 남아 있었던 것이다. 이에 대해 해월은 다음과 같이 꾸짖었다: "하늘에는 반상의 차별이 없다."[24] 바로 이러한 점이 동학이 지향한 새로운 도덕이었다.

주지하다시피 조선왕조를 지탱해 온 것은 신분제도이다. 따라서 신분 질서가 무너지면 조선왕조는 저절로 무너질 수밖에 없다. 바로 이 점이 동학 조직, 운동의 혁명성이다. 이들에게는 신분제도 역시 평화를 깨트리는 제도적 폭력에 다름 아니었다. 그리고 그 폭력을 위정자나 지식인의 도움을 빌리지 않고 자신들의 힘으로 제거하고자 했다는 점에서 종래의 교화나 계몽 중심의 유교적 도덕과는 차원을 달리하고 있었다. 적어도 동학 접주들 사이에서는 지배계층이 아닌 평민들도 정치적 주체라는 자각이 싹트고 있었다. 지금으로 말하면 '시민의식'이 싹트고 있었던 셈이다. 그것이 동학농민혁명을 1년여 동안이나 지속적이고 끈질기게 끌고 갈 수 있었던 근본적인 원인이었다.

이 절에서는 이러한 문제의식 하에 동학농민군의 활동을 '도덕의 실천'이라는 각도에서 재조명하고자 한다. 그들이 과연 어느 정도 도덕지향적이었는지를 외부인의 서술과 내부인의 언설을 통해서 확인해 보기로 한다.

유학자가 본 동학농민군

동학농민혁명의 한복판을 살았던 유학자 매천 황현(1855~1910)은 당시의 조선 사회를 다음과 같이 진단하였다.

(1888년) 폭정의 압박을 견디지 못한 백성이 곳곳에서 들고 일어났는데 이것이 바로 민란이다. 대체로 폐단이 큰 정치는 모두 지난 10년 사이에 발생했지만, 민영휘가 국정을 주도하면서 더욱 심해졌다. 민란 또한 이전에 없지는 않았지만 이때처럼 심한 적이 없었다.

우리나라는 어질고 도타운 덕으로 나라를 세웠고, 임금들은 은택을 베풀

었다. 백성은 모두 덕(德)을 사모하고 의(義)를 경외했으므로 반드시 막다
른 곳에 몰려 어찌할 수 없을 때에 이르러서야 마지못해 난을 일으켰다.
그래서 난을 일으켰다 하더라도 함부로 관리를 죽이거나 성지(城池)를 약
탈하지 않았고, 장대를 치켜들고 억울함을 호소하더라도 임금이 타이르면
이내 진정했다. 그랬기 때문에 조정과 민간에서는 모두 민란을 예사로운
일로 여겼다. … 아아! 유림이 쇠퇴하자 천주교와 동학 같은 사학(邪學)이
발흥하게 되었고, 척신(戚臣)이 대를 이어 권력을 독점하자 난민들이 들고
일어났다. 그 근원을 따져보면 모두 당파의 폐해에서 비롯되었다고 나는
감히 말한다.[25]

여기에서 황현은 1888년의 상황을 두 가지로 요약하고 있다. 하나는 폭
정으로 인한 전례 없는 민란의 발생이고, 다른 하나는 서학이나 동학과 같
은 사학(邪學)의 발흥이다. 동시에 민란의 역사적인 원인과 성격도 부연하
고 있다. 민란은 막다른 골목에 내몰린 백성들의 억울함에서 비롯되었고,
결코 폭력적이지 않았으며, 오히려 덕의를 숭상하는 '도덕적'인 측면이 강
했다는 것이다.

이러한 서술은 동학농민군의 성격을 이해하는 데에도 중요한 단서를 제
공한다. 동학농민혁명이 일어나기 1년 전인 1893년에 충북 보은에 수만
명의 동학도인이 집결하였다. 이른바 '보은취회'이다. 황현의 기록에 의
하면, 조정에서는 어윤중과 홍계훈을 특사로 파견하면서 "그들을 위로하
고 어루만져 달랠지언정 죽이지는 말라"고 당부하였고, 보은에 도착한 어
윤중이 조정의 위엄과 덕망으로 타이르자 동학도들은 해산하였다고 한다
(『오하기문』, 112-113쪽). 이러한 사례는 보은취회 이듬해에 조병갑의 폭정

에 못 이겨 고부에서 봉기한 동학농민군에서도 반복된다. 그들은 조병갑이 해임되고 신임군수 박원명이 부임하여 농민군을 회유하자 자진 해산하였다.

이와 같은 결말은 황현이 앞서 서술한 동학 이전의 민란의 양상을 전형적으로 보여주고 있다. 백성의 억울함을 풀어주겠다는 정부의 약속을 받으면 폭력을 쓰지 않고 자진 해산하는 것이다. 또한 조정에서도 "동학도들을 죽이지 말라"(보은취회)고 당부한 것은 그들을 도덕으로 교화하라는 유교적인 지침에 다름 아니다. 이로부터 우리는 가급적 폭력이 아닌 도덕(교화)으로 민란을 해결하고, 또 이에 응하고자 했던 당시 조선인들의 윤리의식을 엿볼 수 있다.

그럼에도 불구하고 황현이 보기에 동학은 서학과 마찬가지로 사학(邪學)에 불과하였다. 이것은 기본적으로 동학과 서학이 유학과는 다른 도덕을 표방하고 있기 때문이었다. 하지만 그런 매천의 눈에도 동학도들은 나름대로 도덕성을 지키고 있었다. 그것은 다음과 같은 서술을 통해서 알 수 있다.

[1894년 3월 3일] (도적들은) 수령을 사로잡더라도 바로 죽이지 않고 항쇄족쇄를 씌운 다음 심한 치욕을 안겼다. 또한 아전의 경우에도 죽이지는 않되 곤장을 때리고, 주리를 틀고, 발에 차꼬를 채우는 형벌로 고통을 주었다. 일반 백성에게는 먹을 것이나 짚신 같은 것을 달라고 했을 뿐 부녀자를 겁탈하거나 재물을 약탈하는 짓은 하지 않았다. 그래서 이들을 추종하는 자들이 날로 늘어났고, 도적의 기세는 갈수록 거세졌다. (『오하기문』, 129쪽)

여기에서 '도적'은 동학농민군을 말한다. 유학자인 황현의 눈에는 동학
군이란 사회질서를 어지럽히는 도적에 지나지 않는다. 하지만 그럼에도
불구하고 그들은 인민의 생명을 존중하고 폭력과 약탈은 삼가는 도덕성을
지니고 있었다. 그리고 바로 이 점이 동학농민군의 세력이 날로 커진 이유
였다고 황현은 증언하고 있다. 백성들이 동학농민군의 도덕에 공감하고
호응한 것이다. 동학농민군의 이런 행동은 그들을 쫓는 관군과 좋은 대비
가 되고 있었다.

유학자가 본 정부군

[1894년 4월 6일] 관군은 도적을 추격하다가 고부 황토산에서 대패했다. 관
군은 황토산 서쪽을 향해 향병(鄕兵)과 영병(營兵)이 한데 뒤섞여 전진했
다. 영병은 이른바 훈련을 받은 정식 군대이나 실제로는 전투 경험이 없어
향병이나 다를 바 없었다. 교만하고 거칠기 짝이 없어 부리는 데 애를 먹
은 것이 하루 이틀이 아니었다. 행군을 할 때는 연도에서 노략질을 하는가
하면 점포를 부수고 상인들을 약탈했다. 또 떼를 지어 마을로 몰려가 닭이
나 개조차 남겨 놓지 않았다. 장교라는 사람도 기율이 없기는 마찬가지였
다. 단지 칼을 뽑아 들고 전진하라고 몰아칠 뿐 사정 따위는 조금도 돌보
지 않았기 때문에 병사들은 모두 허기와 갈증에 시달렸다.
반면, 도적은 감영과 고을의 관청에 이미 쌓이고 쌓인 원한이 있는 데다,
또 관군의 횡포에 대한 증오까지 겹쳐 관군이 하는 짓과는 반대로 하는 데
주력했다. 주변의 주민에게 폐를 끼치는 행위를 금지하는 명령을 내려 조
금도 피해를 입히지 않았다. 심지어 행군하다가 주변에 스러진 보리를 일

으켜 세워 놓고 갔다. 이때 관군과 도적 양쪽은 모두 양식을 가지고 다니지 않았다. 오로지 민간에서 먹을 것을 구했는데, 강제로 할당한 뒤 갖다 바치게 하였다. 도적의 진영에는 음식 광주리가 끊이지 않았지만 관군은 굶주린 기색이 뚜렷했다. (『오하기문』, 139쪽)

여기에서 황현은 관군의 폭력성과 약탈성을 고발하고 있다. 황현의 증언에 의하면 당시의 백성들은 탐관오리와 관군에 의해 '이중의 고통'을 겪고 있었음을 알 수 있다. 반면에 동학군은 이러한 피해를 몸소 겪은 당사자였기 때문에 백성들에게 최대한 피해를 주지 않으려고 하였다. 바로 이점이 동학군이 민간의 인심을 얻을 수 있었던 요인이고, 그래서 그들에게는 먹을 것이 끊이지 않았다. 백성들이 거부감없이 제공했기 때문일 것이다.

이와 같이 황현은 한편으로는 동학군의 도덕성을 평가하면서 다른 한편으로는 정부쪽의 대응에 아쉬움을 표하고 있다.

[1894년 4월 23일] 애당초 동학과 난민이 어우러진 것은 죽지 못해 살아가는 고달픈 처지를 벗어나고 싶다는 생각에서 비롯되었다. 비록 무리를 이루어 모였다고는 하나 자위책에 지나지 않을 뿐, 감히 드러내 놓고 저항한 것은 아니었다. 만일 이때 위엄과 명망을 겸비하고 아울러 청렴하고 공정한 인물을 도적의 진영에 단신으로 들여보내서, 저 선명한 단청처럼 확실한 믿음으로 모두의 죄를 사면한다는 은택을 반포하고 탐관오리를 처단하여 백성의 원망을 깨끗이 씻어주었더라면 거의 무마되어 안정을 회복할 수 있었을 것이다. … 그런데 (고부에 특사로 온) 이용태가 갑자기 상황을 악화

시켜 민심이 이반되고, (새로 부임한 고부군수) 김문현이 도적들을 다그치는 바람에 전투가 일어났다. (『오하기문』, 159쪽)

여기서 '난민'은 '원한에 찬 농민'을 말한다. 황현은 동학농민혁명을 동학도와 농민들이 연합하여 일으킨 것으로 보고 있다. 그래서 "애당초 동학과 난민이 어우러진 것"이라고 말하고 있다. 그런데 황현은 이들의 봉기를 자위책에 지나지 않았다고 평가하고 있다. 그리고 "드러내 놓고 저항한 것은 아니었다"는 말로부터 처음부터 폭력을 사용할 의도가 없었음을 시사하고 있다. 오히려 사태를 해결하러 간 정부 관료의 부도덕성과 판단 착오가 더 큰 화를 불러일으켰다는 것이다.

지금까지 살펴본 황현의 기록에 의하면, 동학농민군은 가급적 살생을 피하고자 했고 백성들에게 피해를 주지 않으려 하였다. 그리고 이러한 도덕성으로 백성들의 지지와 호응을 얻을 수 있었다. 반면에 동학농민군에 대응했던 관료나 관군은 이와는 대조적인 모습을 보였다. 그들은 동학군보다도 도덕적이지 못하였고 백성들의 실정을 헤아리지 못하였다. 그래서 황현은 동학농민혁명이 일어난 원인을 농민이 아닌 관료 탓으로 돌리고 있다.

흥미롭게도 이러한 평가를 하는 이웃나라 일본인도 있었다. 그 주인공은 황현과 동시대의 인물로, 일본 최초의 환경운동가로 알려진 다나카 쇼조(田中正造, 1841~1913)이다.

일본인이 본 동학농민군[26]

당시 일본에는 동학농민혁명에 관한 뉴스가 속속들이 보도되고 있었다. 따라서 설령 한반도에 거주하지 않은 일본인이라 해도 동학농민혁명에 관한 소식은 쉽게 접할 수 있었다. 다나카 쇼조는 1896년에 쓴 「조선잡기(朝鮮雜記)」라는 글에서 전봉준과 동학농민군에 대해서 다음과 같이 서술하고 있다.

> 동학당은 문명적이다. 12개조의 군율은 덕의(德義)를 지키는 것이 엄격하다. 인민의 재물을 빼앗지 않고, 부녀자를 욕보이지 않으며, 병참부대의 물자는 군수나 관아에 의지하고, 병력으로 권력을 빼앗아 재물을 취하되 그 땅을 다스리는 것이 공평하다. 만약에 군율을 어기는 자가 있으면 곧바로 총살한다. … 전봉준의 자는 녹두이고 부하는 3천명이 있었다. 동학당 중에 간혹 잔혹하고 포악한 자가 있었지만 모두 녹두를 두려워하여 '전대인(全大人)'이라고 부르니, 숨은 동학당의 태두이다(당원은 대략 10만 명). 녹두는 품행이 단정하고 부하들도 술과 담배를 하지 않았다.[27]

이 기록 역시 『오하기문』과 마찬가지로 동학 외부인의 서술이다. 그런 점에서는 한계가 있을 수 있다. 하지만 『오하기문』의 서술과 대체로 일치하고 있다는 점은 주목할 만하다.

먼저 맨 처음의 '문명적이다'라는 표현은 '도덕적이다'나 '평화적이다'라는 말과 바꿔 쓸 수 있다. 바로 이어지는 서술에서 "(동학농민군은) 도덕을 지키고 인민을 약탈하지 않으며 부녀자를 괴롭히지 않았다"고 설명하고 있기 때문이다. 따라서 다나카 쇼조는 평화적이고 도덕적인 것이 바로 문명적이라고 인식했음을 알 수 있다. 즉 물질적으로 풍요롭고 과학적으로 발달한 것이 문명적이 아니라, 도덕을 실천하고 평화를 유지하는 것이 문명적이라는 것이다. 그런 점에서 다나카 쇼조는, 동학적으로 말하면, '개화적 문명'이 아닌 '개벽적 문명'을 지향했다고 할 수 있다. 그가 동학에 공감한 이유도 여기에 있다. 반대로 이러한 평가에는 개화를 지향하고 폭력을 사용하는 당시의 일본은 문명적이지 않다는 암시가 깔려 있다.

이어서 다나카 쇼조는 전봉준과 부하들이 "품행이 단정하고 술 담배를 하지 않았다"고 말하고 있는데, 이로부터 동학 지도층이 일종의 수양을 하는 무리임을 추측할 수 있다. 또한 다나카 쇼조는, 유학자인 황현과는 달리, 동학을 개혁집단이라고 높게 평가한다.

녹두의 뜻은 종교로 근본적인 개혁을 꾀하고자 하였다. 다만 조선의 국교는 유교로, 인심(人心)을 억압하고 있었기 때문에 녹두가 쇄신한 종교를 꺼려서, 반역할 마음이 있다고 뒤집어 씌워 그를 체포하고자 하였다. 부하들은 이에 분노하여 마침내 병사를 일으키지 않을 수 없었다. 녹두 한 사람이 병사를 일으키게 되면, 이 한 사람은 당 전체와 관련되기 때문에 동학당 전체의 병사를 일으키기에 이른다. 그렇기에 그 우두머리들은 모두 죽음을 함께 하고 일본 병사에게 죽임을 당했다. 조선 백년의 내계는 정신부터 개혁하지 않으면 안 된다. 군대는 그것을 모르고 새싹을 짓밟았다. 애석하다! …
다케다 한시 등은 전봉준으로 하여금 이씨 조선 500년의 뒤를 이어서 대혁명을 단행하게 하려고 하였다. 이 대목에서 녹두는 주저하였다. "신하된

자로서 차마 입에 담을 수 없는 일이다." 하지만 부하들은 대황락(大荒落), 즉 탕무방벌(湯武放伐)의 뜻을 이야기하였다.

여기에서 다나카 쇼조는 전봉준을 "동학이라는 종교로 조선을 개혁하고자 한 인물"로 평가하고 있다. 반면에 그런 개혁의 시도가 일본군에 의해 짓밟힌 것을 "애석하다"고 한탄한다. 여기에서 '개혁'이라는 평가는 황현이 동학농민군을 '도적'이라고 비난했던 것과는 매우 대조적이다. 다나카 쇼조가 동학을 이렇게 평가한 이유는 그 역시 동학과 같은 개혁 정신을 공유하고 있었기 때문이리라. 실제로 다나카 쇼조는 당시에 공해 때문에 죽어 가는 농민들을 위해 일본 정부와 싸우고 있었는데, 이러한 모습은 관료의 횡포로 고통 받는 농민들을 위해 봉기한 전봉준과 겹치고 있다.

한편 마지막 부분의 서술을 보면 전봉준에게는 '역성혁명'을 할 뜻이 없었음을 알 수 있다. 여기에 나오는 다케다 한시는, 다나카 쇼조의 서술에 의하면, 체포된 전봉준을 구해 주려 한 일본인이다. 그러나 다케다 한시의 제안을 전봉준이 거절한 것을 보면, 적어도 그에게는 왕조 전복의 뜻이 없었음을 알 수 있다. 그런 점에서 전봉준에게는, 앞에서 살펴본 바와 같이, 정치적 혁명의 의도는 없었다고 볼 수 있다.

그렇다면 정작 전봉준 자신의 생각은 어떠했을까? 이하에서는 전봉준이 체포당한 뒤에 심문한 내용을 기록한 『전봉준공초』를 통해서 전봉준의 입장을 살펴보기로 하자.[28]

전봉준이 말하는 동학농민군

전봉준은 일본군과 정부군에 체포된 뒤에 총 5차례에 걸친 심문을 받는다. 그 내용이 『전봉준공초』에 기록되어 있는데, 여기에는 전봉준의 유학자로서의 아이덴티티와 동학에 대한 공감, 그리고 그의 도덕지향성이 생생하게 서술되어 있다.[29]

문: 직업은 무엇인가?
답: 선비(士)로 업을 삼고 있습니다.

여기에서 전봉준은 자신을 '선비'로 인식하고 있다. 실제로 그는 동학농민혁명 직전까지 서당 훈장을 하고 있었다. 따라서 그의 아이덴티티는 어디까지나 '유학자'로 출발한 셈이다. 그러다가 동학을 만나서 동학의 지도자가 되었다. 그래서 그에게는 두 개의 사상적 정체성이 있는 셈이다. 하나는 유학자(儒學者)이고 다른 하나는 동학도(東學徒)이다. 『해월신사법설』이나 『해월문집』과 같은 동학 문헌에 종종 나오는 '도유(道儒)'라는 용어는 전봉준과 같은 두 개의 아이덴티티를 지닌 인물을 지칭하기 위한 개념일 것이다. 역사적으로 선비들은 나라가 위태로우면 의병을 조직하여 나라를 위해 싸우곤 했다. 그래서인지 전봉준도 자신이 이끌었던 동학농민혁명을 일종의 '의병'이라고 밝히고 있다.

문: 네가 전라도 동학 괴수라 하는데 과연 그런가?
답: 애당초 창의(倡義)로 기포(起包)했기에 동학 괴수라 할 것은 없습니다.

'창의'란 "의병을 일으켰다"는 뜻이다. 달리 말하면 '도덕적 봉기'였다는 의미이다. 그런 점에서 '창의'는 다나카 쇼조가 평가한 '개혁'에 가까운 표현이다. 하지만 개혁보다는 온건하게 들린다. 반면에 '괴수'라는 표현은 황현의 '도적'과 상통하고 있다. 이로부터 동학농민군을 바라보는 관점이 조선의 유학자와 관료, 그리고 일본정부가 동일함을 알 수 있다. 이어서 심문자는 창의의 이유에 대해서 묻고 있다.

문: 작년 3월 사이에 고부 등지에서 민중을 모았다고 하는데, 무슨 연유로 그리 하였느냐?
답: 그때 고부 군수가 정해진 액수 이외에 가혹하게 걷은 것이 수만 냥이어서 민심이 원한을 품어서 이 거사가 이었습니다.

여기에서 전봉준은, 황현이 『오하기문』에서 기록하고 있듯이, 농민의 원한이 창의의 직접적인 계기였다고 진술하고 있다. 그런 점에서 동학농민군의 목표인 제폭구민과 상통하는 서술이다. 관료의 폭력으로 원한이 생겼기 때문에 "폭력을 제거하여 원한을 풀자"는 것이 제폭구민이기 때문이다.

문: 너는 피해받은 일이 없는데 기포(起包)는 왜 하였느냐?
답: 일신(一身)의 해를 위해 기포하는 것이 어찌 남자의 일이 되리요? 중민이 원망하였기 때문에 민을 위해(爲民) 해를 제거하고자 하였다.

이 진술로부터도 고부봉기가 도덕적인 동기에서 비롯되었음을 알 수 있다. 즉 "백성을 위해 해(害)를 제거하자"는 것이 전봉준이 봉기하게 된 원인이었다. 그런 점에서 제폭구민이라는 목표와 상통한다. 어쩌면 '제폭구민'이라는 목표 설정 자체가 전봉준의 작품이었을지도 모른다. 이 진술은 그런 가능성을 시사하고 있다.

한편 동학군이 아닌 '동학' 자체에 대해 묻는 질문에 대해 전봉준은 다음과 같이 대답하였다.

> 문: 동학이란 무슨 주의이고 무슨 도학인가?
> 답: 수심(守心)하여 충효로 근본을 삼아 보국안민하자는 것입니다.
> 문: 그대 역시 동학을 매우 좋아하는가?
> 답: 동학은 수심경천(守心敬天)하는 도이기 때문에 매우 좋아합니다.

여기에서 전봉준이 동학을 설명하고 있는 개념들, 가령 충효나 경천은 모두 유학에서도 추구하는 도덕이자 가치들이다. 이로부터 우리는 전봉준과 같은 선비가 왜 동학에 끌리게 되었는지를 추측할 수 있다. 그것은 유학이 제 기능을 하지 못하고 형해화된 상황에서 동학이 그것을 대신하는 대안으로 다가왔기 때문이다. 그것을 말해주는 동학적 개념이 '보국안민(輔國安民)'이다.[30]

뿐만 아니라 동학은 유학에서 한 걸음 더 나아가서, 유학보다 더 '깊은(deep)' 도덕까지 제시하고 있었다. 그것은 차별 없는 하늘을 공경하고, 그 하늘을 내 안에서 발견하여(侍天主) 마음속으로 모시는(守心) 새로운 '하늘 도덕'이다.

"내 안에 하늘이 있다," 더 나아가서는 "모두가 하늘이다"라는 동학의 새로운 도덕은 민중들로 하여금 세상의 주인이라는 자각을 갖게 하였고, '개벽'은 그러한 민중들의 자각을 지칭하는 말이다. 개벽된 동학군 지도자들은 생명 존엄과 상호존중의 윤리를 동학군의 도덕으로 정하였는데, "칼에 피를 묻히지 않고 이기는 것을 으뜸으로 한다"는 동학군의 첫 번째 규율이 그것이었다.

하늘

—

종교

—

실학

—

개벽

—

도덕

—

생명

제6장

생명

21세기가 시작되던 2000년, 한국에서는 '생명평화'라고 하는 신조어가 탄생하였다. 생명과 평화를 포함하는 새로운 가치를 담은 개념이 창안된 것이다. 그런데 역사적으로 보면 "모든 생명들의 평화"를 의미하는 생명평화의 가치는 19세기 말의 동학에서부터 이미 시작되고 있었다. 그리고 그것은 20세기에 원주 지역에서 전개된 〈윤노빈-김지하-장일순〉의 생명 진영으로 이어졌고, 1980년대의 한살림운동으로 실천되었다. 이 장에서는 이 세 명의 사상가를 '원주의 생명학파'로 묶고, 각각 윤노빈의 생존철학, 김지하의 생명철학, 장일순의 살림철학으로 특징지워서, 20세기 후반에 전개된 동학을 중심으로 한 생명철학의 흐름을 소개한다.

1. 윤노빈의 생존철학

원주의 생명학파

동학의 생명사상은 해방 이후가 되면 천도교라는 범위를 넘어서 한국 철학이나 사회운동의 차원으로 계승되는데, 그 대표적인 인물이 윤노빈 (1941~)과 김지하(1941~2022), 그리고 장일순(1928~1994)이다. 이 세 사람은 모두 원주에서 자랐고 같은 학교를 다녔으며,[1] 동학을 생명철학의 관점에 서 재해석하여 자신들의 사상의 원천으로 삼았다는 점에서 공통적이다. 이들의 사상적 교류에 대해서 최자웅은 다음과 같이 말한다.

> 김지하는 그의 『남녘땅 뱃노래』 등에서 그의 벗이자 스승인 윤노빈의 동 학 화두를 깊게 천착하여 왔다. 그것은 동시대의 벗 윤노빈과 더불어 그의 온전한 스승인 청강 장일순의 동학에의 경도와도 깊은 정신적 인연과 뿌 리를 지니고 있음은 불문가지이다. 그것은 원주라는 지역에서 맺어진 세 명의 인연의 결과이기도 했지만, 그보다도 훨씬 전에 동학을 창시한 최제 우와 그것을 계승한 최시형의 족적이 그들의 원주에 크게 남아 있는 … 등 과도 무관하지 않을 것이다.[2]

이에 의하면 김지하와 윤노빈은 친구 사이이자 (동학에 관해서는) 사제 관계이기도 하다. 또한 김지하에게는 장일순이라는 또 한 사람의 스승이 있었는데, 이 세 명은 모두 원주라는 지역에서 인연을 맺고 있다. 원주는 해월 최시형이 관군에게 붙잡힌 곳이다.

이 사람들에게는 원주와 동학이라는 공통점이 있지만, 다른 한편으로는 서로 다른 학문 배경을 바탕으로 하고, 서로 다른 영역에서 사회활동을 하였다는 점도 눈에 띈다. 윤노빈은 철학을 전공하였고, 부산대 철학과 교수로 활동하다가 1982년에 가족을 데리고 월북하였다. 김지하는 대학 시절에 윤노빈과 함께 헤겔이나 동학과 같은 동서철학을 공부하였고, 이후에는 문학작품을 통해서 민주화운동을 한 사회운동가로 활동하였다. 장일순은 교육운동, 민주화운동을 하다가 천주교의 지학순 주교 등과 함께 재해복구운동, 협동조합운동을 하였고, 마지막에는 동학사상과 협동조합을 접목시킨 한살림운동을 전개하였다.

또한 학문적으로 보면 윤노빈은 그의 나이 33세 때 『신생철학』(1974)이라는 독자적인 철학서를 간행하였다. 여기에서 그는 동학사상을 '살아계심'의 '생존철학'으로 해석하면서, 그것을 통해서 서양철학을 상대화하였다. 김지하는 한편으로는 윤노빈의 영향을 받으면서 동학의 생명철학을 전개하고, 다른 한편으로는 동학뿐만 아니라 증산교, 원불교까지 포함하는 '개벽사상'에 천착하였다. 장일순은 김지하, 최혜성, 박재일 등과 함께 원주지역을 중심으로 '생명운동'을 전개하는데, 그 운동의 사상적 토대 또한 동학의 생명철학이었다.

이상의 공통점에 주목하면 윤노빈 · 김지하 · 장일순을 〈원주의 생명학파〉로 규정할 수 있을 것이다. 아울러 이들 세 명의 특징을, 일제강점기의 이돈화까지 포함시켜서 표로 정리하면 다음과 같다.

이름	이돈화	윤노빈	김지하	장일순
생몰	1884~1950	1941~	1941~2022	1928~1994
저서	『신인철학』 (1931)	『신생철학』 (1974)	『남조선 뱃노래』 (1985)	『나락 한 알 속의 우주』 (1997)
정체성	천도교 이론가	비교철학자	개벽사상가	생명운동가
특징	서양철학 수용	서양철학 비판	개벽종교 해석	산업문명 극복
공통점	동학의 생명사상			

서양철학의 상대화

그럼 먼저 윤노빈의 철학을 살펴보기로 하자. 윤노빈의 문제의식은 한국철학자답게 한국철학의 현실에 대한 물음에서 출발하고 있다.

그러나 그보다 앞서야 할 것은 한국철학이 처해 있는 한국적 상황에 어떻게 철학이 대답하여야 하는 문제다. ··· 한국의 철학 교사들은 다른 나라 철학자들이 출제한 문제를 스스로 해결하려고 하였다기보다도 답안 자체마저 외국으로부터 원조 받거나 밀수입하려고 하였다. 남이 제출한 문제를 남의 입장에서 푸는 사람은 '노예'다. ··· 노예는 하루종일 '자기의 문제'보다는 '남의 문제'를 푸는데 골몰하도록 억압된 생활을 강요당한다. ··· 한국의 철학 교사들이 외국 철학의 문제를 정성 드려 풀어본다는 것이 무의미한 일만은 아니다. 그러나 한국 사람은 외국 철학자들이 겪는 '고민'과는 다른 '고통'에 직면해 있다.[3]

여기에서 윤노빈은 한국에서 철학하는 이들을 정신적 의존상태에 있는 '노예'로 규정한다. 그 이유는 자기 스스로 질문과 해답을 만들지 못하고, 남이 낸 문제와 해답을 무비판적으로 수입해서 사용하고 있기 때문이라는 것이다. 이것은 다른 말로 하면 철학을 연구나 탐구가 아닌 학습이나 공부처럼 하고 있다는 비판이리라.

그런데 이런 지적은 윤노빈에게서 처음 시작된 것은 아니다. 조선의 멸망과 함께 심심치 않게 제기되었던 문제였다. 제4장 3절에서 살펴본 포석 조명희는 1924년에 "우리는 우리여야 할 것이다. 우리는 남의 것만 쓸데없이 흉내 내지 말 것이다."라고 하였다.[4] 여기에서 "남의 것을 흉내 내는 행위"는 윤노빈이 지적한, 남의 문제를 풀거나 남의 답을 빌려오는 것과 다르지 않다.

비슷한 시기에 단채 신채호도 "(우리나라는) 무슨 주의가 들어와도 조선의 주의가 되지 않고 주의의 조선이 된다"고 설파하였다.[5] 이 역시 사상의 노예 상태라는 윤노빈의 비판과 맥을 같이 한다. 또한 윤노빈과 동시대의 철학자 김형효(1940~2018)는 당시 한국철학계의 현실을 "동양철학 연구자는 주석 다는 일에, 서양철학 연구자는 해설하는 일에 몰두하고 있다"고 진단하면서, "철학하는 이에게 자기의 사상적, 이론적 신원을 찾고 확보하려는 노동보다 더 긴급한 과제는 없다"고 제언하였다.[6]

이와 같은 한국철학의 현실에 대한 비판적 태도는 윤노빈의 『신생철학』에 일관되게 흐르고 있다. 이에 대한 해결책으로 윤노빈이 주목하는 것은 '철학의 지역성'이다. 즉 철학이라는 것도 지역성을 띠고 있어서 그 지역에서 가장 고민하는 문제를 다루어야 한다는 것이다.

이러한 문제의식은 윤노빈보다 100여 년 전에 최제우가 이미 제기한 것이다. 앞에서 살펴본 대로(제1장 제3절), 최제우는 동학과 서학의 동이(同異)를 말하면서 "나는 〈동〉에서 태어나서 〈동〉에서 (도를) 받았다. (동학과 서학은) 비록 같은 천도(天道)이지만 (나의) 학은 동학이다. 지역이 동서로 나뉘어 있는데 서를 어찌 동이라 하고, 동을 어찌 서라 하겠는가! 공자는 노나라에서 태어나서 추나라에서 교화를 하여, 추로의 교화가 지금 세상에도 전해지고 있다. 나의 도는 〈여기〉에서 받아서 〈여기〉에서 전파한다. 그러니 어찌 '서'라고 이름할 수 있겠는가!"라고 하였다.[7]

여기에서 최제우는 서학이 아닌 동학을 하는 이유를 〈서〉와는 다른 〈동〉이라는 지역성에서 찾고 있다. 이것을 다른 곳에서는 "동학과 서학은 〈도〉는 같지만 〈리〉는 다르다"고 하였다.[8] 하늘을 섬기는 신념 체계라는 점에서는 같은 천도[道]이지만, 지역적 차이로 인해 교리 체계[理]가 달라진다는 것이다. 윤노빈의 문제의식도 이와 유사하다. 그래서 『신생철학』은 서양철학의 범주에 맞춰 한국철학을 해설하는 게 아니라, 그것을 상대화하면서 독자적인 개념들을 설정하고 있다. 그 대표적인 예가 '생존'이다.

존재에서 생존으로

흔히 서양철학은 '존재'(being)의 철학으로 알려져 있고, 중국철학은 '생성'(becoming)의 철학으로 특징지어진다. 이에 대해 윤노빈은 '생존'의 철학을 제시한다. 이 경우에 생존은 survival이 아니라 '살아 계신다'는 뜻이다. 모든 존재는 단순히 있는 것이 아니라 살아 있고, 따라서 계시는 존재로 존중받아야 한다는 것이다. 이러한 '살아 계심'을 한자어로 생존(生存)이라는 말로 표현한 것이다.

이러한 존재론, 아니 생존론의 바탕에는 동학의 생명사상이 깔려 있다. 동학에서는 모든 존재가 "하늘님을 모시고 있다"고 보기 때문에, 모든 존재는 단순히 있는 것이 아니라, 하늘님처럼 살아 계신다고 보아야 한다는 것이다. 실제로 윤노빈은 생존을 말하면서 최시형의 다음과 같은 일화를 소개하고 있다.

> 내가 청주를 지나다가 서택순의 집에서 그 며느리가 베 짜는 소리를 듣고 서군에게 물어보았다: "저것은 누가 베 짜는 소리인가?"
>
> 서군이 대답했다: "제 며느리가 베를 짜고 있습니다."
>
> 나는 다시 물어보았다: "그대의 며느리가 베 짜는 것이 정말로 그대의 며느리가 베 짜는 것인가?"
>
> 서군은 나의 말뜻을 못 알아들었다. 어찌 서군뿐이겠는가!
>
> (『해월신사법설』「대인접물」)

> 어린 아이를 때리는 하늘님을 때리는 것에 다름 아니다. 아이를 경솔하게 때려서는 안 된다. (『해월신사법설』「사인여천」)[9]

윤노빈이 '있음의 존재'와 대비되는 '계심의 생존'을 말하면서 최시형을 인용하고 있는 것은 그의 계심의 철학, 생존의 철학의 바탕에 최시형의 '하늘적 인간관'이 깔려 있음을 암시한다.[10] 최시형은 최제우의 시천주적 인간관을 '천인(天人)'으로 개념화하였다.[11] 며느리건 어린아이건 할 것 없이 모든 이가 하늘이라는 것이다. 이러한 인간관을 받아들이는 윤노빈의 생존철학에서는 인간다운 대접을 받지 못하는 노예는 생존하고 있는 것이 아니다. 그냥 존재하고 있을 뿐이지, 하늘님처럼 '계시는' 것이 아니기 때문이다.

그렇다면 문제는 "어떻게 하면 현실 세계에서 있음을 계심으로 바꿀 수 있을까?" 하는 실천적인 문제일 것이다. 이것이 윤노빈의 실천철학의 핵심 주제이다.

생존의 전일성

윤노빈에 의하면 생존은 단독으로 존재하는 것이 아니라 '사회적'으로 존재한다. 즉 혼자 계시는 것이 아니라 '함께 계시는' 존재 방식을 취하고 있다.[12] 이러한 인간관에 의하면, 전통 시대의 두레나 계와 같은 풍습도 생존 원리에 입각한 자연스런 생활방식이었다고 볼 수 있다. 그런데 현대사회에 이르러 '함께 계심'이 '혼자 있음'으로 전락하고 말았다. '계심'이 '있음'으로 천대받았던 것이 전통적인 신분제 사회였다면, 서구 근대문명은 '함께'를 '따로'로 분리시킨 것이다. 본래 협동과 연결의 원리로 통일적으로 존재해야 할 생명이 어떤 인위적인 이유로 분열·분할·분단되고 말았다. 대표적인 예가 제국주의에 의한 민족분단이다. 원래는 하나로 생존해 있던 민족이 외적인 강제력에 의해 따로 있는 존재가 되고 만 것이다.

윤노빈은 이러한 문제의식에 입각해서 최제우의 移(옮김) 개념을 독특하게 해석한다. 최제우는 동학의 핵심 주문인 시천주(侍天主)의 시(侍)의 의미를 설명하면서 '各知不移'(각각 옮기지 않는다)라고 하였는데, 여기에서의 이(移)가 바로 생명의 분리 상태를 말한다는 것이다. 그래서 '모신다'는 것은 생명이 본래 분리되어 있지 않은 전일한 상태로 존재한다는 사실을 자각하고, 그것을 유지하려는 태도를 말한다. 이것은 최제우의 이(移) 개념에 대한 생명철학적 해석으로, 윤노빈의 독창성이 돋보이는 대목이다.

윤노빈의 가치론과 신론, 그리고 실천철학은 모두 이 생존의 전일성[不移]에 뿌리를 두고 있다. 생명에 대한 억압과 분리, 즉 이(移)야말로 최대의 악(惡)이고, 그 억압적인 악에서 인간을 해방시켜 본래의 불이(不移)의 상태로 되돌리는 행위가 가장 선한 행위라고 본다. 동시에 그것은 가장 신적인 행위이기도 하다. 윤노빈에 의하면, '하느님'은 '하는 님', 즉 '해방하는 님'의 다른 말이기 때문이다. 그래서 인간을 생명에 대한 억압에서 해방시켜 주는 사람이라면 그가 바로 하느님에 다름 아니다.

이렇게 보면 윤노빈의 생존철학은 기본적으로 '해방철학'을 지향함을 알 수 있다. 해방철학의 관점에서 선을 규정하고 신을 해석하고 실천을 평가한다. 윤노빈의 철학은 당시의 민중해방과 민족해방이라는 시대적 과제를 해결하고자 제시된 철학적 처방이었다. 마치 100여 년 전의 동학이 민중의 고통과 민족의 위기에 대한 보국안민(輔國安民)의 처방이었던 것처럼 말이다.

윤노빈 이후

윤노빈은 전통 사회와 서구 근대가 안고 있는 문제의 근원이 '생명의 분리'에 있다고 보고, 이에 대한 해결책을 유학과 서학 사이에서 독자적인 세계관을 모색한 동학의 생명사상에서 찾고 있다. 윤노빈의 생존철학, 해방철학은 이후에 김지하에게로 이어지는데, 1985년에 나온 김지하의 「인간의 사회적 성화」가 대표적인 예이다(『남조선 뱃노래』에 수록). '인간의 사회적 성화'라는 표현 자체가 이미 『신생철학』에서 제시되었고(363쪽), 거기에서 전개되고 있는 동학 주문에 대한 생명철학적 해석도 『신생철학』에서 이미 시도된 방법론이기 때문이다.

한편 김지하는 윤노빈이 월북한 이후에는 장일순과 함께 '한살림운동'에 동참하고 「한살림선언문」(1989)도 공동으로 작성하는데, 그런 점에서 윤노빈과 장일순 모두의 영향을 받았다고 할 수 있다. 다만 윤노빈과 김지하가 최제우의 '주문'의 철학적 의미에 주목했다면, 장일순은 주로 최시형의 '법설'의 철학을 실천하였다. 아울러 윤노빈과 김지하가 인내천사상에 입각한 인간해방을 강조하였다고 한다면, 장일순은 최시형의 경물사상에 입각한 만물존중으로까지 나아갔다. 즉 모심(侍)과 살림(活)의 대상을 사람에서 사물로 확장시킨 것이다. 뿐만 아니라 살림의 원리는 투쟁이 아니라 포용이라는 신념에서, '싸우는 혁명'이 아닌 '보듬는 혁명'을 제안하였다.

아마도 이런 점들이야말로 장일순을 윤노빈이나 김지하와 구분 짓게 하는 결정적인 요소일 것이다. 장일순은 인간에서 사물로, 혁명에서 개벽으로 한 차원 더 진입하고 있는 것이다.

2. 김지하의 생명철학

개벽론과 생명론

아마도 한국사상가 중에서 김지하만큼 '개벽'이라는 말을 입에 달고 산 사상가도 없을 것이다. 그가 동학을 배웠다고 하는 윤노빈도 그만큼 개벽이라는 말을 쓰지는 않았다. 그가 스승으로 모셨다고 하는 장일순은 개벽이라는 말을 거의 사용하지 않았다.[13] 그러나 김지하는 모든 담론이 개벽으로 귀결되고 있다고 해도 지나치지 않다. 심지어는 윤노빈이나 장일순은 언급하지 않았던 강증산이나 원불교의 개벽론까지 말하고 있다.

이 점을 잘 보여주는 예가 『남조선 뱃노래』이다. 70~80년대의 글들을 모은 이 책은 원래 1985년에 『남녘땅 뱃노래』라는 제목으로 나왔는데, 2012년에 『남조선 뱃노래』라는 제목으로 다시 출간되었다.[14] 여기에는 「인간의 사회적 성화」(1984), 「은적암 기행」(1984), 「구릿골에서-강증산 사상의 창조적 재해석」(1984), 「생명사상의 전개」(1985) 등의 글이 실려 있는데, 이 글들의 공통점은 하나같이 최제우(동학)와 강증산의 개벽사상에 주목하고, 그것을 생명사상으로 해석하고 있다는 점이다. 그런 점에서 김지하의 개벽론의 특징은 '생명개벽'이라는 말로 요약될 수 있다.

이 점에 착안하여 이 절에서는 개벽론과 생명론으로 각각 나누어서 김지하의 생명개벽사상을 고찰하고자 한다. 먼저 개벽론 부분에서는 「구릿골에서」를 중심으로 최제우와 강증산의 개벽에 대한 김지하의 해석을 고찰하고, 이어서 생명론 부분에서는 「인간의 사회적 성화」에서 시도되고 있는 동학 주문에 대한 생명철학적 해석을 살펴본다.

지구적 생명회복운동

윤노빈의 『신생철학』이 동학의 생명사상의 관점에서 서양의 존재론과 대비되는 생존론을 정립하고자 했다면, 김지하의 『남조선 뱃노래』는 생명 그 자체에 대한 논의에 좀 더 집중하고 있다. 대표적으로 「인간의 사회적 성화」의 첫머리를 장식하고 있는 "생명은 자연적 죽음에 맞서 있지 않습니다."는 말이 그것이다. 태어나서 죽는 것은 자연적 현상이기 때문에 생명과 반대되는 것이 아니라는 말이다. 그렇다면 무엇이 생명과 맞서 있다는 것인가?

김지하는 그것을 '죽임'이라고 한다. 즉 자연적 죽음은 생명현상의 한 과정이지만 '인위적 죽임'은 생명파괴에 다름 아니다. 그래서 이 생명파괴에 맞서서 생명을 회복하고 생명의 본성으로 돌아가려는 자아복귀나 자기회복의 노력이 필요한데, 그것을 김지하는 '생명운동'이라고 한다. 그리고 그런 점에서 생명운동은 "인위적이고 자각적이며 조직적"이라고 본다. 이 생명운동이야말로 김지하가 억압으로부터의 해방을 갈망하는 전 세계 민중운동을 설명하는 키워드이다. 예를 들면 다음과 같다.

('생명의 세계관'에 기초한 협동적 생존의 확장 운동이) 전 세계적 차원에서 비교적 자각된 형태의 민중운동으로 나타나게 된 것은 서양 제국주의에 의한 전 지구적, 전 중생적인 보편적인 죽임, 즉 죽임의 보편화에 저항해서 아시아, 아프리카, 라틴아메리카의 민중, 제3세계의 민중이 벌인 여러 가지 해방운동에서였습니다. 그리고 그 같은 운동은 오늘, 보편적 죽임, 죽임의 보편화가 절정에, 최악의 상태에 도달한 오늘 제3세계 민중운동을 통해서 분명히 나타나고 있습니다. 그러나 이 경우에 있어서도 뛰어난 차원에서의 자각적인 전 민중운동으로, 전 민중적인 생명운동으로는 되지 못하고 있으며, 더욱이 <u>전 우주생명적인 생명회복, 근원적 생명으로의 복귀운동</u>으로서는 아직 이르지 못한 것이 사실입니다. (…) 우리는 우리 민족 역사 안에서 전 민중 생명의 회복 운동, 즉 <u>활인(活人) 운동</u>을 통한 우주 중생의 자기 복귀, 주체 회복의 시작을 동학 운동에서 찾을 수 있습니다.[15]

여기에서 김지하는 아시아, 아프리카, 라틴아메리카와 같은 이른바 제3세계에서 일어난 민중운동을 민중들의 자각적인 '생명회복운동' 또는 '활인운동'이라고 평가하고 있다. 활인운동의 '활인(活人)'은 "사람을 살린다"는 뜻으로 해월 최시형의 법설에 나오는 말이다.[16] 그래서 활인운동은 지금 식으로 말하면 살림운동이라고 할 수 있다. 한편 '생명회복운동'은 윤노빈의 말로 하면 '생존확장운동'이라고도 할 수 있는데, 이 지역들에서 이와 같은 생명살림운동이 일어나게 된 이유는 하나같이 서양 제국주의에 의한 죽임의 보편화 현상이 절정에 달하였기 때문이라고 김지하는 분석한다. 그래서 그에 대한 대응으로 "전 우주생명적인 생명회복", "근원적 생명으로의 복귀운동"이 전 지구적 차원에서 전개된 것이 제3세계의 해방운동이라는 것이다.

동학의 생명회복운동

김지하는 이러한 전 지구적 민중운동이 한국에서 전개된 선구적 사례로 19세기의 동학을 든다. 이러한 인식은 이미 위의 '우주생명'이나 '근원적 생명'이라는 개념에서 엿보이고 있다. 왜냐하면 '우주생명'은 동학을 이은 천도교에서 사용한 개념이고, '근원적 생명'도 동학에서 말하는 일기(一氣)나 원기(元氣) 또는 그것의 인격적 표현인 하늘님을 설명하는 말로 자주 사용되는 개념이기 때문이다.

> 우리 민족의 경우 그것은 … 서양 및 일본 제국주의의 침략이라는 복합적이고 보편적인 죽임에 저항하여 … 민중생명을 회복하고자 하는 동학운동, 인내천혁명, 즉 인간의 사회적 성화의 집단적 실천으로 나타났습니다.[17]

여기에서 김지하가 동학의 의의를 설명하면서 사용하는 용어, 가령 '생명회복', '인내천혁명', '인간의 사회적 성화' 등은 이미 윤노빈이 사용했던 표현이다. 다만, 윤노빈이 주로 동학의 인내천(人乃賤)에서 인내천(人乃天)으로의 철학적 혁명성에 주목하였다면, 김지하는 민중운동으로서의 동학을 강조하고 있다. 즉 동학농민운동을 동아시아를 넘어서 제3세계에서 동시다발적으로 전개된 민중들의 해방운동의 하나로 자리매김하고 있는 것이다.

이상에 의하면, 김지하는 한편으로는 동학운동을 제3세계의 해방운동으로 위치 지우면서, 다른 한편으로는 제3세계의 민중운동을 동학운동의 사례로 파악하고 있고, 이들 운동의 공통점을 생명회복운동으로 보았다고 정리할 수 있다.

생명주체의 개벽운동

김지하의 동학 이해에서 주목할 만한 점은 동학운동을 정치적인 저항운동이나 계급투쟁보다는 '생명운동'과 '주체운동'으로 이해하고 있다는 점이다.

> 민중 주체의 생명운동은 민중 자신이 민중 자신을 스스로 인식하고 민중 자신이 민중 자신을 스스로 해방하는 민중 생명의 진정한 자기 회복, 창조적인 주체 회복 운동입니다. … (죽임이 지배하는 역사) 밑에서도 민중이 근원적인 자기의 생명 주체에로 역동적, 창조적으로 돌아가려는 잠재적인 후천개벽의 운동의 물줄기가 … 일체 역사적 격동의 실질적인 배력(背力)으로 작용하면서도 완전히 드러나지 않고 잠복해 왔었습니다. 오늘 우리 민중은 수천 년에 걸쳐 동이란 집단적 생명 주체가 꿈꾸어 온 바로 이 운동의 확장적인 실천…을 제3세계 민중과의 공고한 연대 속에서 성취해야 할 시점에 와 있습니다.[18]

여기에서 김지하는 해방운동에 참여한 민중들을 '저항주체'가 아닌 '생명주체'로 설정하고 있다. 그 이유는 억압하는 대상에 대해 저항하고 투쟁

하지 않는 것은 아니지만, 그 저항과 투쟁의 궁극적인 목적이 상대를 타도하고 없애는 것이 아니라 자신의 생명을 회복하는 것이기 때문이다. 그리고 역사의 바탕에는 이 생명주체들이 자신의 본래 모습으로 돌아가려는 운동이 면면히 이어져 오고 있었는데, 그것이 바로 후천개벽운동이라는 것이다.

김지하가 윤노빈이나 장일순과 달리 개벽에 주목하는 이유는 여기에 있다. 윤노빈이나 장일순이 동학에 초점을 두면서 생명운동을 말했다면, 김지하는 동학을 비롯한 전 세계의 민중운동을 개벽운동으로 해석하였고, 그것의 특징을 생명운동으로 보고 있다. 그런 점에서 김지하에게 개벽은 일종의 '생명개벽'을 의미한다.

동학의 동세개벽

김지하는 최제우와 강증산의 개벽을 각각 동세개벽(動世開闢)과 정세개벽(靖世開闢)이라고 하면서, 개벽사상의 연속적 전개로 보고 있다. 이러한 인식은 그의 「구릿골에서」에 잘 나타나 있는데, 먼저 동학의 동세개벽에 대해 살펴보면 다음과 같다.

> 수운 최제우 신생에 있어서는 제한된 차원에서나만 동세개벽의 싹과 지향이 있었습니다. … (수운 최제우는) 후천개벽을 강력히 주장한 사람이지만 선천적인 방편에 의한 후천개벽의 조기 달성, 시대 경륜으로 좁혀진 동학사상에 의한, 그리고 무장투쟁에 의한 순수히 자력적인 혁명 성취에 대해서는 비판적 태도를 취했습니다.[19]

이에 의하면 '동세개벽(動世開闢)'이란 '세상을 움직이는 개벽'이라는 뜻으로, '무장투쟁에 의한 혁명'을 의미한다. 최제우는 이러한 표현을 쓴 적이 없지만, 그리고 이런 행동을 취한 적도 없지만, 김지하가 보기에는 최제우에게는 이와 같은 동세개벽적 성격이 있었다. 그런 의미에서 최제우의 동학은 여전히 선천적인 요소가 남아 있는 미완의 후천개벽이라는 것이다. 또한 다른 곳에서는 "남접 중심의 손화중, 김개남, 전봉준 등이 추구한 동세개벽, 즉 무장 혁명에 의한 구조 개편이나 구조 혁파"[20]라고 하는 점을 보면, 더 직접적으로는 동학농민혁명을 '동세개벽'이라고 보고 있다.

확실히 동학농민혁명에는 정치적 변혁을 지향하는 측면이 없었다고 할 수는 없다. 그러나 최제우에게서도 그와 같은 지향이 있었는지는 좀 더 신중히 생각해 보아야 할 것이다. 왜냐하면 최제우의 혁명은 어디까지나 '시천주 혁명', 즉 자기 안의 하늘님을 모시고 타인을 하늘님으로 섬기는 '인간관계의 혁명'[21]이기 때문이다. 이 관계의 혁명에 의해 새로운 세계가 열리는 것을 개벽이라고 한 것이지, 처음부터 무장투쟁이나 무장혁명과 같은 폭력적 방법을 말한 것은 아니었다.

증산의 정세개벽

한편 김지하에 의하면 최제우에 이어 등장한 증산 강일순(1871~1909)은 최제우와는 다른 방법의 개벽을 택했다. 그 이유는 동학농민혁명이 민중의 살림이 아닌 민중의 죽임이라는 결과를 초래했다고 보았기 때문이다.

강증산은 한 번도 선천적인 동세개벽에서와 같은 왕조 변혁에 의한 중생

해방이나 민중 구원을 주장한 적은 없습니다. 바로 이 점에서 강증산 사상은 … 금산사의 우주적, 전 생명사적, 전 인류사적인 후천개벽의 큰 테두리와 일치하되 백제 복국 운동이나 왕조 변혁, 사회역사적인 구조 혁파를 위한 직접적인 무장 투쟁 등과는 그 방법적인 차이를 확실히 보여 줍니다.[22]

이에 의하면 강증산의 개벽은 무장 투쟁과는 분명한 차이를 두는 일종의 '비폭력 개벽'이었다. 확실히 이 점은 수긍할 만하다. 무엇보다도 강증산은 스스로 교단을 만들거나 제자를 기른 적도 없을 정도로 자신의 사상을 사회적으로 세력화하는 데에는 관심이 없었기 때문이다. 그가 한 것이라고는 신들의 세계와 인간의 세계의 해원상생(解冤相生)을 목적으로 하는 일종의 신명굿과 같은 것이다. 이것을 최제우의 동세개벽에 대해서 '정세개벽(靖世開闢)'이라고 한다. '정세개벽'이란 "세상을 안정시키는 개벽"이라는 뜻이다.

강증산 선생은 자신의 목표를, 동학의 동세개벽 이후의 민생의 재건과 그들의 활인(活人), 즉 죽임에서 민중생명의 살림에 두게 된 것입니다. 곧 남접 중심의 손화중, 김개남, 전봉준 등이 추구한 동세개벽, 즉 무장 혁명에 의한 구조 개편이나 구조 혁파를 목표로 하는 것이 아니라 정세개벽, 즉 민중의 마음과 사회생활을 안돈시키고 모든 사람을 아우리지게 하며, 서로가 협동하는 민생, 민중의 일상적인 생존의 확보와 회복을 중심으로 근원적인 후천개벽을 이룩하려는 정세개벽의 길을 걷게 됩니다.[23]

즉 강증산은 전쟁에서 패한 이후에 일종의 민생 재건과 같은 일을 한 셈이다. 그러나 이때의 민생이란 구체적인 생활이나 생명이라기보다는 정신적인 삶, 신명의 세계를 말한다. 그리고 그 방법도 흔히 동아시아 학문 전통에서 말하는 수양에 의한 것이라기보다는 자신의 초월적 능력에 의한 것이었다. 바로 이 점이 같은 개벽종교라고 해도 학(學)의 형태를 띠고 있는 동학이나 원불교와는 다른 점이다.

이상으로 김지하의 개벽론을 개략적으로 살펴보았다. 이에 의하면 김지하는 동학을 비롯한 제3세계의 민중운동을 생명회복을 지향한 일종의 생명개벽운동으로 해석하고, 그중에서도 특히 최제우와 강증산의 개벽운동을 각각 정치변혁과 민생재건을 도모한 동세개벽과 정세개벽으로 분석하고 있다. 이 외에도 김지하는 최제우의 생명개벽사상의 정수를 동학의 주문에서 찾고 있는데, 이것은 아마도 월북한 철학자 윤노빈의 영향인 것으로 보인다. 이하에서는 이 점에 대해서 살펴보고자 한다.

동학 주문의 철학적 해석

「인간의 사회적 성화」는 소재나 내용 면에서 윤노빈의 『신생철학』과 많은 유사점을 보인다는 점에서 주목할 만하다. 먼저 '인간의 사회적 성화'라는 표현 자체가 이미 『신생철학』 초판본(1974)에 보이고 있다. 뿐만 아니라 동학의 주문을 철학적으로 분석하는 형식도 유사하다. 윤노빈의 『신생철학』은 철학서임에도 불구하고 주문 이야기로 시작되고 있다. 동학의 주문과 그리스도교의 주기도문이야말로 동서철학의 정수를 담고 있다고 보았기 때문이다.

마찬가지로 김지하의 「인간의 사회적 성화」 역시 동학 주문을 생명철학적 관점에서 해석하고 있다. 총 52쪽에 달하는 분량 중에서, 서론 4쪽은 생명 이야기이고, 나머지 본론 48쪽은 주문 이야기이다. 이 점은 김지하가 동학 주문을 해석하는 키워드가 '생명'이라는 점과, 그 기본 틀을 윤노빈에게서 빌려왔음을 시사한다. 그런 점에서 「인간의 사회적 성화」는 윤노빈이 월북한 후 3년 후에 윤노빈에게서 얻은 통찰을 김지하의 관점에서 발전시킨 것이라고 볼 수 있다.

그래서 이 절에서는 먼저 『신생철학』 서문에 나타난 동학 주문에 대한 윤노빈의 입장을 살펴보는 것으로 논의를 시작한다.

윤노빈의 주문 철학

김지하의 「인간의 사회적 성화」의 모태라고 할 수 있는 윤노빈의 『신생철학』의 서문은 뜻밖에도 다음과 같은 이야기로 시작된다.

> 민족의 생명을 구원해 달라는 부르짖음은 오래 전부터 민족의 심장들에서 솟아 나오는 기도와 축문 속에 연연히 결정(結晶)되어 있다. 기도는 온갖 거창한 선언들과 헌장들보다도 성스러운 인류 언어의 정화다. 주문은 온갖 가식적 칙어(勅語)와 어록보다도 건전한 민족적 기도의 정수다. 우상 앞에서의 아첨이 기도는 아니다. 허수아비 앞에서의 애걸이 주문은 아니다. 기도와 주문은 부활과 신생에의 대 함성이며 해방과 탈출에의 대 기원이다.[24]

여기에서 윤노빈은 일반적인 철학자들과는 달리 기도와 주문에 대한 각별한 관심으로부터 자신의 철학 이야기를 시작하고 있다. 기도와 주문은 생명을 구원해 달라는 민중의 부르짖음이자 해방과 탈출을 향한 민중의 염원이라는 것이다. 이로부터 우리는 그의 철학이 기본적으로 생명철학이자 해방철학을 지향하고 있음을 추측할 수 있다. 즉 윤노빈 철학의 궁극적 관심은 인간을 억압으로부터 해방시키는 것에 있는데, 민중들의 해방의 염원이 기도와 주문에 응축되어 있기 때문에 기도와 주문에서 인류 구원의 메시지를 발견하고자 한 것이다. 이러한 접근 방법은 일반적인 철학계에서는 대단히 특이한 것으로, 바로 이 점이야말로 윤노빈 철학의 가장 독특한 부분이라고 할 수 있다.

위의 말에 이어서 윤노빈은 실제로 「마태복음」에 나오는 주기도문을 인용하고 있다.

> 한울에 계신 우리의 아버지, 당신의 이름이 거룩히 여김을 받으시오며, 당신의 나라가 임하옵시며, 당신의 뜻이 하늘에서 이룬 것같이 땅에서도 이루어지이다. 오늘날 우리에게 일용할 양식을 주옵시고, 우리가 우리에게 빚진 자를 탕감하여 준 것 같이 우리의 빚을 탕감하여 주옵시고, 우리를 유혹에 빠지게 하지 마옵시고, 다만 악한 자에게서 우리를 구원하옵소서.
>
> (「마태복음」 6:9~13)

여기에서 주목할 만한 점은 윤노빈이 주기도문 첫 구절의 '하늘'을 '한울'로 고쳐 썼다는 점이다. '한울'은 동학에서 말하는 'ᄒᆞ늘님'의 천도교식 표현이다. 따라서 경건한 그리스도교 신자의 입장에서 보면 이러한 표기는 대단히 불경스러운 일로 보일 것이다. 그러나 바로 이 점이야말로 윤노빈

철학의 묘미로, 동과 서가 상호침투하고 철학과 종교가 하나로 어우러지는 새로운 학문의 경지가 시도되고 있다.

윤노빈은 이어서 최제우가 하늘님으로부터 받았다고 하는 21자 주문 "지기금지(至氣今至) 원위대강(願爲大降) 시천주(侍天主) 조화정(造化定) 영세불망(永世不忘) 만사지(萬事知)"를 "민족적 구명의 주문"이라고 소개한다. 즉 주기도문이 유대 민족을 구원하는 기도문이라고 한다면, 동학 주문은 한민족을 구원하는 기도문이라는 것이다. 윤노빈은 이어서 두 기도문에 나타난 구원 개념들을 열거하고 대비시킴으로써 서문을 마치고 있다.

> 기도에 면역된 인류의 굳은 혀를 생동케 하며, 주문에 중독된 민족의 창백한 입술에 생기를 넣어 주려면, 오랜 동안 기도와 주문 속에 감추어져 있었던 한울님(天主), 이름(언어), 거룩(聖), 한울나라, 땅, 빛(고통), 유혹, 악(마), 구원, 세계, 틈(間), 시(侍: 모심, 계심), 조화(人爲性), 영세(平生), 부망(생각), 만사(존재), 지(인식) 같은 개념들이 뜨겁고 찬란한 불빛을 밝혀내야 할 것이다. 이 불빛을 해명하는 것이 '밝은 학문'(哲學)의 과제다. 민족들이 걷는 '새로운 삶'(新生)의 길은 이 불빛에 의하여서만 따뜻하고 밝게 비춰질 것이다.[25]

여기에서 윤노빈은 주기도문과 동학주문에 담겨 있는 개념들 속에 인류구원의 철학이 감추어져 있음을 지적하면서, 여기에 철학적 불빛을 쪼여서 의미를 되살려야 한다고 제안하고 있다. 이와 관련해서 흥미로운 점은 동학 주문에 나오는 개념들을 서양철학적 개념으로 재해석하고 있는 부분이다. 부망(不忘)을 '생각'으로, 만사(萬事)를 '존재'로, 지(知)를 '인식'으로 설명하고 있는 것이 그것이다. 이로부터 우리는 화석화된 종교를 철학에 의해 되살리고, 차가워진 철학을 종교에 의해 따뜻하게 하려는 윤노빈의 학문적 입장을 엿볼 수 있다. 이러한 방법론은 김지하에게서도 발견할 수 있다.

동학 주문 해석

김지하의 동학 해석은 주문의 핵심인 시천주(侍天主)의 시(侍), 즉 '모심'이라는 한 글자에 대한 해석에서 출발한다. 그런데 시천주 주문은 본래 최제우가 하늘님으로부터 받은 계시이다. 그런 점에서는 인간의 말이 아닌 신의 말씀이라고 할 수 있는데, 그렇기 때문에 인간이 이해할 수 있도록 풀어주는 작업이 수반되어야 한다.

최제우는 이러한 작업의 일환으로 '시'를 "내유신령(內有神靈), 외유기화(外有氣化), 각지불이(各知不移)"라고 풀이하였다. 의미는 "시(侍)라는 글자의 의미는 '안으로 신령이 있고 밖으로 기화가 있음을 각자가 깨달아서 옮기지 않는다'는 뜻이다." 여기서 '각지불이(各知不移)'는 "각자가 깨달아서 옮기지 않는다"는 뜻이다. 또는 김지하와 같이 "각자 옮기지 않음을 안다"(140쪽)라고도 번역할 수 있다.

최제우의 풀이에 의하면, 시천주에서 천주(天主)라는 하늘님의 의미는 내적인 신령과 외적인 기화의 두 측면으로 이해할 수 있고, 모신다[侍]의 의미는 '각지불이'라는 행위[知나 不移], 나아가서는 신령과 기화를 가지고[有] 있는 상태까지도 가리킨다고 볼 수 있다.

이에 대해 김지하는 생명철학의 관점에서 새로운 해석을 가하고 있다.

시(侍)에 대한 최제우의 해석을 다시 재해석을 하고 있는 것이다. 그것은 '내유신령'의 영(靈)을 "생동하는 근원적인 생명"²⁶으로 풀이하는 것으로 출발한다. 영(靈)은 흔히 우리가 생각하는 신비한 어떤 것을 말하는 것이 아니라, 구체적으로 우리 안에서 일어나는 '생명의 활동'을 가리킨다는 것이다. 그래서 시천주의 의미는 기본적으로 모든 생명체가 자기 안에 "끊임없이 활동하는 생명의 활동을 모시고 있다"²⁷는 뜻이 된다. 이것은 시천주에 대한 생명철학적 해석이라고 할 수 있다.

그런데 김지하는 여기에서 한 걸음 더 나아가서 시(侍) 자에 '인위성'의 의미도 부여한다. 즉 모시고 있는 상태가 자연성이라고 한다면, 그것이 그렇게 되도록 하는 인간의 인위적 활동이 필요하다는 것이다. 그 이유는 생명의 활동이 사회적 조건에 의해 손상되고 있기 때문이다. 그래서 손상된 생명을 회복시키고 죽어 가는 생명을 되살리는 인위적 활동이 요청되는데, 그것이 바로 시(侍)에 담긴 의미라는 것이다. 여기에서 우리는 앞에서 김지하가 동학을 비롯한 제3세계의 민중운동이 결국은 생명회복운동이었다고 한 말을 떠올리게 된다. 그것은 동학 주문의 용어로 표현하면, 모심[侍]의 운동에 다름 아니고, 김지하 식으로 말하면 살림의 운동이다. 이와 같이 김지하는 시천주 주문을 생명철학과 살림철학의 관점에서 재해석하고 있다.

김지하가 시천주의 주(主)를 독특하게 해석하는 것도 이러한 관점에서이다. 주(主)는 보통 '님'이라고 해석되는데, 김지하는 생명을 회복하고자 하는 생명주체 또는 살림주체로서의 '주체'라는 의미로 풀이한다. 나아가서 불이(不移)의 이(移)에 대해서도 생명의 '단절'로 해석한다. 그것은 민중으로부터 생명 의욕을 앗아가는 약탈과 착취의 행위를 말한다는 것이다.²⁸ 반대로 '불이'는 그것에 대한 저항과 해방의 운동을 가리킨다. 이러한 해석은 윤노빈이 기도와 주문에는 민족해방의 염원이 담겨 있다고 한 말을 연상시킨다. 즉 윤노빈이 해방철학이라는 관점에서 기도와 주문을 해석하였듯이, 김지하 역시 동학 주문을 그와 같은 관점에서 해석하고 있는 것이다.

마지막으로 김지하에 의하면, 시(侍)에는 인간과 우주의 자연적 통일, 인간과 인간의 사회적 통일, 인간과 사회의 혁명적 통일이 모두 통일되어 있다.[29] 마치 유학에서, 그중에서도 특히 성리학에서, 인간과 사회와 우주를 통합하는 개념이 인(仁)이듯이, 동학에서는 시(侍)가 그런 역할을 한다고 보고 있다. 그래서 이 세계는, 김지하 식으로 해석하면, 모심이라는 하나의 원리에 의해서 운행되는 일종의 '모심공동체'에 다름 아니다. 모심[侍]은 생명의 통일성이 유지되고 있는 자연적 상태, 또는 유지하고자 하는 인위적 활동이고, 옮김[移]은 그것을 해치는 인위적 억압을 말하며, 불이(不移)는 그러한 인위적 억압으로부터 해방되고자 하는 인위적 행위를 가리킨다.

자기개벽에서 사회개벽으로

이상으로 간략하게 김지하의 개벽론과 생명론을 최제우와 강증산, 그리고 동학의 시천주 주문을 중심으로 살펴보았다. 개인적으로는 김지하가 동학의 개벽론을 혁명론에 가깝게 해석하고 있다는 느낌을 받았다. 즉 무력 혁명에 의한 민중해방을 동학의 동세개벽이라고 하고, 시천주 주문에서 그러한 투쟁의 정당성을 찾고 있는 것이다. 이러한 해석은 억압의 상대가 외부에 분명하게 있을 때에는 상당한 힘을 발휘할 것이다.

하지만 그러한 상대가 사라진 상태에서는 자기로부터의 혁명, 즉 자기개벽이 요구되기 마련이다. 사실 최제우나 최시형의 개벽론도 기본적으로는 자기개벽에 뿌리를 두고 있다. 뿐만 아니라 김지하와 함께 「한살림 선언문」을 기초한 무위당 장일순의 살림철학도 자기로부터의 혁명을 강조하고 있다. 그런 점에서 장일순의 철학은 혁명론이라기보다는 수양론이라고 하는 편이 옳을지도 모른다. 그가 말하는 "보듬는 혁명론"도 기본적으로는 마음수양에 의한 혁명론으로 볼 수 있기 때문이다.

또한 장일순은 인간의 영역을 넘어서 만물의 차원으로까지 개벽의 대상을 확장시키고 있다. 그가 경물(敬物)을 설파한 해월 최시형에 가장 끌렸던 이유도 여기에 있다. 나아가서 그를 윤노빈이나 김지하와 구분 짓게 하는 결정적인 요소도 여기에 있다.

3. 장일순의 살림철학

장일순과 한살림

장일순(1928-1994)은 '무위당(無爲堂)'이라는 호로 더 유명한데, 최근에서야 한국인들 사이에서 이름이 알려지고 있는 신예 사상가이다. 그 이유 중의 하나는 2000년대에 들어서 한국사회에서 '생명평화'라는 말이 거의 일상어가 되다시피 한 때문일 것이다. 장일순이야말로 현대 한국사회에서 생명평화운동의 원조라고 할 수 있다.

그는 1970년대에는 평생의 도반 지학순(1921~1993) 주교와 함께 원주에서 민주화운동을 전개하였고, 1980년대에는 김지하, 박재일, 최혜성, 이경국 등과 함께 한살림 협동조합운동을 시작하였다. 종교적으로는 가톨릭 신자였지만, 사상적으로는 해월 최시형을 스승으로 모셨고, 삶속에서는 노자 철학을 실천하였다. 동학의 생명사상을 현대에 부활시켜 산업문명에서 생태문명으로의 전환을 도모한 시민운동가이다. 시인 김지하, 소설가 김성동, 가수 김민기, 『녹색평론』의 김종철 대표, 이현주 목사, 원광대학교 박맹수 총장 등이 그를 정신적 스승으로 모시고 아버지처럼 따랐다고 한다. 아마도 20세기 후반의 한국사상가 한 명을 꼽으라면 '장일순'을 들 수 있을 것이다.

장일순은 평생 책을 쓰지 않았지만 살아생전에 그가 남긴 말들이 후학들에 의해 『나는 미처 몰랐네 그대가 나였다는 것을』과 『나락 한 알 속의 우주』에 담겨 있다. 제목 자체가 그의 사상을 압축적으로 표현하고 있다. 이하에서는 이 두 권에 수록된 글들을 바탕으로, 장일순이 최시형의 사상을 어떻게 계승 발전시켰는지에 초점을 맞춰서 그의 사상을 소개하고자 한다.

최시형의 천지부모사상

1990년 4월 12일, 강원도 원주시 호저면 고산리에서는 작은 제막식 행사가 열렸다. 장일순이 치악산 고미술동우회원과 함께 세운 해월 최시형(1827~1898)의 추모비 건립 행사였다. 이곳은 동학을 전국조직으로 확대한 최시형이 35년간의 도피생활 끝에 관군에게 체포된 곳이다. 그가 체포된 고산리 송골 마을 앞을 지나는 도로변에 90여 년 만에 추모비가 세워진 것이다. 장일순이 세운 추모비에는 해월의 다음과 같은 글귀가 쓰여 있었다.

> 天地卽父母, 父母卽天地. 天地父母一體也.
> (천지가 부모이고 부모가 천지이다. 천지와 부모는 한 몸이다.)

이 말은 해월 최시형의 사상을 모아놓은 『해월신사법설』의 「천지부모」편에 나오는 구절이다. 『해월신사법설』에는 적지 않은 해월의 말들이 실려 있다. 그 많은 말들 중에서 왜 하필 이 구절을 택했을까? 아마도 이 말

속에 장일순이 지향하는 사상이 농축되어 있기 때문일 것이다.

사실 "천지가 부모다"는 표현 자체는 동아시아철학에서 그리 낯선 것은 아니다. 가령 『주역』의 「설괘전(說卦傳)」에는 "건(乾)은 하늘이다. 그래서 아버지라 칭한다. 곤(坤)은 땅이다. 그래서 어머니라 칭한다."(乾, 天也. 故稱乎父; 坤, 母也. 故稱乎母)라고, 하늘과 땅을 아버지와 어머니로 칭하고 있다. 그러나 『주역』에서는, 황종원이 지적하고 있듯이, "천지에 대한 경외를 인간이 갖추어야 할 가장 우선적이고 핵심적인 윤리적 덕목으로 삼지는 않았다."[30] 실제로 유학에서는 자기를 낳아준 인간부모에 대한 효(孝)가 가장 핵심적인 윤리적 덕목으로 상정되고 있다. 반면에 최시형에서는 그 대상이 천지로 바뀌고 있다. 이에 따라 인간이 갖추어야 할 가장 우선적인 덕목도 인간부모에 대한 효가 아닌 천지부모에 대한 효로 바뀌게 된다. 이 것을 표현한 말이 "천지가 부모다"이다. 이제 부모의 은혜보다 천지의 은혜를 더 큰 은혜로 여기게 된 것이다. 이것이 유학에서 동학으로의 가장 큰 사상적 전환 중의 하나이다.

최시형이 인간이 아닌 천지야말로 진짜 부모라고 한 것은 인간 존재를 생태적 관점에서 보고 있기 때문이다. 그리고 그것을 가치의 최우선 순위로 삼고 있기 때문이다. 주지하다시피 유교에서 부모에 대한 효를 강조하는 것은 자기를 낳아주고 길러준 은혜에 대한 보답의 차원에서이다. 그러나 해월은 나를 낳아주고 길러준 존재들을 좀 더 근원적인 차원으로 확장시킨다. 즉 우리를 둘러싼 하늘과 땅이라는 환경(생태)이야말로 우리의 생존을 가능하게 하는 근원적인 '조건'이라는 것이다. 부모의 돌봄은 이런 존재론적 조건이 있어야 비로소 가능하다. 아니 부모라는 존재조차도 이런 자연환경의 혜택 위에서 자신의 생명을 유지하고 있다. 따라서 이런 자연

조건들이야말로 진짜 부모에 다름 아니다.

최시형의 천지부모설은 유교 사회에서는 충격적인 발언이었음에 틀림없다. 왜냐하면 유교란 혈연과 신분에 따른 차등적 질서에 의해 유지되는 사회를 지향하기 때문이다. 명(名)은 그 질서를 개념화한 것이고(군주, 신하, 아버지, 장남, 선배 등등), 예(禮)는 그 질서를 관습화한 것이다(관혼상제). 그런데 진짜 부모가 천지(天地)로 재설정되면 이러한 차등은 부차적이 된다. 모든 인간이 혈연이나 신분에 상관없이 천지라는 동일한 부모의 형제로 인식되기 때문이다. 그래서 진정한 의미에서 사해동포주의가 실현되는 것이다. 당시의 유학자들이 동학을 받아들일 수 없었던 근본적인 이유는 여기에 있다. 유학이 말하는 만물일체나 휴머니즘의 한계를 뛰어넘는 사상들을 과감하게 제시하고 있기 때문이다.

시천주(侍天主)에서 사천지(事天地)로

해월의 천지부모설은 그의 스승인 수운 최제우와도 다른 해월만의 독특한 사상의 표현이다. 최제우의 시천주(侍天主) 사상이 내 안에 우주적 생명력[天主]을 모시고(侍) 있다는 말이고, 그런 의미에서 자기 안에 궁극적 존재가 깃들어 있다는 표현이라면, 최시형은 그것을 바깥으로 확장해서 천지에서까지 찾고 있기 때문이다. 이 점은 시천주의 주(主)에 대한 최제우와 최시형의 해석에서도 확인할 수 있다('주'는 '하늘님'의 '님'을 의미하는 한자어이다).

(최제우) '주(主)'라는 말은 그 존귀함을 일컫은 것으로 부모와 함께 섬기라

는 것이다.(稱其尊而與父母同事者也)[31]

(최시형) 천지가 만물의 부모이다. 그래서 (최제우가) 경전(『동경대전』)에서 말하기를 "주(主)라는 말은 그 존귀함을 일컬은 것으로 부모와 함께 섬기라는 것이다"라고 한 것이다. … 이 말은 앞선 성인들이 아직 드러내지 못한 것으로, 수운 대선생님이 처음 창시한 대도이다. 지극한 덕이 아니라면 누가 능히 이것을 알겠는가! 천지가 부모라는 이치를 알지 못한 것이 오만 년이나 되었다. 천지가 부모라는 것을 알지 못하면 억조창생 중에 그 누가 부모를 효양하는 도로써 천지를 공경하고 봉양할 수 있겠는가![32]

여기에서 최제우는 '시천주'의 '주'를 "마치 부모처럼 천주를 섬기라"는 의미로 해석하였다. 반면에 최시형은 최제우의 해석을 인용하면서 "천지를 부모처럼 섬기라"는 의미로 받아들이고 있다. 천주(天主)가 천지(天地)로 바뀌는 것이다. 달리 말하면 최제우에게서는 천주가 일기(一氣)라는 우주적 생명력이었는데, 최시형으로 오면 천지라는 구체적인 환경으로 바뀌게 된다. 이것은 최시형이 자신의 천지부모사상을 바탕으로 최제우의 말을 이해하고 있기 때문이다.

나아가서 최시형의 해석에 의하면, 최제우가 5만 년 만에 다시개벽을 주창한 사상적 핵심은 '천지부모'에 다름 아니다. 그야말로 선천 5만 년 만의 대 발견인 것이다. 따라서 최시형이 생각하기에 천지부모 사상은 최제우 이전에는 없었다. 최제우의 발견에 대해 최시형은 다음과 같이 말하고 있다.

천・지・부・모는 글자는 비록 각각 다르지만, 실은 모두 '하늘 천(天)' 한 글자이다. 그렇다면 천지가 부모요 부모가 천지이다. 천지와 부모는 처음부터 사이가 없다. "목숨이 하늘에 있고 하늘이 만민을 낳았다"는 것은 앞선 성인이 말한 바이다. "건은 아버지를 일컫고 곤은 어머니를 일컫는다"고 한 것은 앞선 현인이 논한 바이다. "천지를 섬기기를 부모처럼 섬겨서, 집을 출입할 때에 반드시 알리기를 (부모의 잠자리를 봐드리고 문안을 드리는) 정성(定省)의 예처럼 하라"는 것은 개벽 5만년 이후에 선생이 처음으로 창시한 것이다.[33]

여기에서 최시형은 『주역』「설괘전」의 "건칭부(乾稱父) 곤칭모(坤稱母)"를 인용하면서 최제우의 천지부모론과의 차이를 지적하고 있다. 즉 『주역』에서는 아직 천지를 부모처럼 섬기는 차원으로까지는 나아가지 않았다는 것이다.[34] 이것은 비록 천지라는 우주론을 말하고는 있지만, 유교가 여전히 인간중심주의에서 벗어나지 못하고 있다는 지적에 다름 아니다. 동시에 천지부모론이 윤리적 차원으로까지 발전하지 못한 유교사상의 불철저성을 지적하고 있다.

그러나 최시형의 해석에서 더 중요한 것은 사실 최제우에서는 아직 천지부모론이 뚜렷하지 않다는 점이다. 최제우는 시천주(하늘님을 모시고 있다)의 주(主)의 의미를 설명하면서 "하늘님을 부모와 마찬가지로 섬기라는 의미에서 '주(=님)'라고 한 것이다"라고 해석하였다. 그래서 여기에서의 섬김의 대상은 천주(天主)이지 천지(天地)가 아니다. 즉 사천주(事天主)이지 사천지(事天地)가 아니다.

최제우에게 있어 천주는 일기(一氣)나 지기(至氣)라고 하는 우주적 생명력을 인격화한 표현이다. 최제우에게서 모심과 섬김의 대상은 이와 같은 일기나 지기로서의 천주이다. 반면에 최시형은 우리를 둘러싸고 있는 환경 전체를 부모처럼 섬기라고 하는 '사천지(事天地)'를 설파하고 있다. 이것은 최제우에게 있어서는 기운(천주)의 단계에 머물러 있던 섬김의 대상이, 최시형으로 가면 천지라고 하는 우주 전체로 확장되고 구체화되고 있음을 의미한다. 아마도 이러한 구체화와 우주화가 있었기에 동학사상이 전국적으로 퍼질 수 있었을 것이다. 왜냐하면 농민들에게는 '지극한 기운(至氣)'이라는 종교적이고 추상적인 하늘님보다는, 천지라고 하는 구체적이고 경험적인 하늘님이 좀 더 쉽게 다가왔을 것이기 때문이다. 100여 년 뒤에 장일순이 최시형의 동학사상을 한살림운동의 사상적 바탕으로 삼을 수 있었던 것도 이와 비슷한 이유에서였을 것이다.

만물은 하나이다

최시형이 "하늘님을 모시라"라고 하는 최제우의 시천주 사상을 "천지를 섬거라"라고 하는 사천지 사상으로 계승 발전시켰듯이, 장일순 역시 최시형의 천지부모사상을 만물일체사상으로 재해석하였다.

> 해월 선생께서 "천지가 부모요 부모가 천지니, 천지와 부모는 일체이다"고 하셨는데, 지구와 하나 되는 것, 우주와 하나 되는 것, 천지만물과 하나 되는 것이 바로 그것이지요.[35]

여기에서 장일순은 해월의 천지부모사상을 인용하면서 천지만물과의 일체성을 말하고 있다. 최시형이 천지에 대한 섬김을 강조했다면 장일순은 거기에 더해서 천지와의 일체성을 강조하고 있는 것이다. 그뿐만 아니라 천지에 '만물'이 추가되고 있는 점도 주목할 만하다. 만물에 대한 관심은 이미 최시형에서도 경물(敬物) 사상으로 나타나고 있다. 인간은 물론이고 동식물, 심지어는 땅과 같은 사물까지도 하늘님을 모시고 있는 존재로서 공경해야 한다는 것이다. 그러나 이것 역시 공경이라는 대인접물(待人接物)의 태도에 대한 강조이다.

반면에 장일순은 해월의 경물사상에 공감하면서도 한 걸음 더 나아가서 만물의 존재론적 연기성(緣起性)에 주목하고 있다. 우리가 일상에서 접하는 햇빛, 바람, 물, 공기, 흙, 나무 등이야말로 우리 존재를 떠받치는 기본 조건들이라는 것이다.

사실 자연의 모든 존재가 인간이 살 수 있도록 뒷바라지 해주고 있어요. 그 뒷바라지가 없으면 사람은 살 수도 없어요.[36]

'나'라고 하는 하나의 존재를 지탱하기 위해 만물이 동참하고 있다는 것이다. 이것을 불교적으로 표현하면 '생명연기설'이라고 할 수 있다. 하나의 생명을 유지하기 위해서 모든 것이 연결되어 있다는 의미이다. 사실 자연뿐만 아니라 인간도 나라는 존재를 가능하게 해주는 존재이다. 우리에게 먹거리를 제공하는 농부들, 상인들, 장인들이 없으면 나의 생명을 유지하기 어렵기 때문이다. 이것을 아프리카의 '우분투'(ubuntu) 사상을 빌려서 표현하면, "사람은 다른 사람을 통해서 비로소 사람이 된다"(A person is a person through other persons.)[37]고 할 수 있다. 다만 장일순은 여기에서 사람을 만물로까지 확장시키고 있다는 점에서 차이가 있다. 그래서 우분투 식으로 말하면, 장일순은 "사람은 만물을 통해서 비로소 사람이 된다"(a person is a person through other things)는 입장이다.

　이러한 세계관에서는 딱히 나라고 고집할 만한 게 없다. 내가 타자에 의해 지탱되고 있기 때문이다. 달리 말하면 나의 존재 근거가 다른 존재들에 있기 때문이다. 이러한 나의 존재 방식을 장일순은 '무아(無我)'라는 말로 표현한다. 그리고 그 무아를 삶 속에서 실천하는 것을 노자(老子)의 말을 빌려서 '무위(無爲)'라고 한다.

　　자연과 인간, 또 인간과 인간 일체가 하나 되는 속에서 나라고 하는 존재는 고정적으로 있는 것이 아니에요. 일체의 조건이 나를 있게끔 해준 것이지. 내가 내 힘으로 한 게 아니다 이 말이에요. 따지고 보면 내가 내가 아닌 거지. 그것을 알았을 적에 생명의 전체적인 함께 하심이 어디에 있는 줄 알 것이에요.[38]

　　우리가 모두 소비자인데 농사짓는 사람이 없으면 우리가 먹고 살 수 있어요? 또 소비자가 없으면 농사꾼이 생산할 수 있어요? 바로 그런 관계다 이 말이에요. 이게 없으면 저게 없고 이게 있으면 저게 있고. 우주의 모든 질서는, 사회적인 조건은 그렇게 돼 있다 이 말이죠.[39]

　　사랑의 관계에 있어서는 너와 나라는 관계가 아니라 '하나'라고 하는 관계, 무아(無我)의 관계이지요. 무위(無爲)라는 것은 그런 속에 있어서 하나의 행위 양식이라고 할 수 있어요.[40]

모든 존재는 다른 존재들에 의해 지탱되고 있지 나 혼자 힘으로 존재하는 것이 아니다. 이러한 상호의존적 관계를 장일순은 '무아'라고 말하고 있다. 장일순은 이러한 관계가 지구(天地)라는 하나의 생명체 안에서 일어나고 있다고 본다. 즉 나는 지구라는 하나의 생명체의 일부인 것이다. 이 '하나'를 아는 것이 장일순이 말하는 만물일체의 경지이다. 장일순의 만물일체는 만물이 하나의 생명체 안에서 유기적으로 연결되어 있다는 존재론적 통찰에서 비롯되고 있다. 이 통찰을 표현한 말이 '한살림'이다. '한살림'은 말 그대로 "하나의 생명을 살린다"는 뜻이다. 즉 '한살림'에는 "지구라는 생명체가 하나이다"는 뜻과 함께, 그 "하나인 지구를 살린다"는 뜻이 아울러 담겨 있다.

나락 한 알 속의 우주

장일순의 만물일체사상이 그의 한살림철학의 한 축이라면, 다른 한 축은 만물우주사상이다. 여기에서 '만물우주사상'이란 "낱알 하나에 우주가 다 있다"[41]는 장일순의 우주론을 줄여서 편의상 표현한 말이다. 만물일체사상이 나와 남을 이분법적으로 나누는 것을 거부한다면, 그래서 설령 나와 적대적인 사람일지라도 보듬고자 하는 비폭력적인 태도를 함축한다면("보듬는 혁명론"),[42] 만물우주사상은 각각의 존재 하나 하나가 우주를 담고 있다는 개체의 존엄성과 전일성을 나타낸다.

그런 의미에서 만물우주사상은 최제우의 시천주 사상의 장일순적 표현이라고 할 수 있다. 다만 장일순에게서는 천주(天主)가 우주나 천지로 바뀌고 있다는 차이가 있다. 말하자면 천주라는 생명의 기운이 천지라는 지구환경 전체로 바뀐 것이다. 이 점에 있어서는 최시형과도 상통한다. 그래서 각각의 사물 안에 우주가 들어 있다는 장일순의 만물우주사상은, 최제우나 최시형 식으로 표현하면, '시천지(侍天地)'나 '시우주(侍宇宙)'라고 할수 있다. 최시형의 천지부모사상에서 천지가 각각의 개체 안으로 들어와서 모셔져(侍) 있는 형태이기 때문이다. 그런 점에서는 장일순의 만물우주사상은 최제우의 시천주(侍天主)와 최시형의 천지부모(天地父母)의 결합형이라고도 할 수 있다.

> 도라는 게 어디 따로 있는 게 아니에요.
> "일미진중(一微塵中)에 함시방(含十方)이라."
> 티끌 하나에 시방세계가 다 들어 있다는 말을 불가에서 하는데,
> 우리가 세속이라고 말하는 바로 거기에 도가 들어 있단 말이에요. (중략)
> 해월 선생께서 "천지가 부모요 부모가 천지니, 천지와 부모는 일체이다"고 하셨는데
> 지구와 하나 되는 것, 우주와 하나 되는 것, 천지만물과 하나 되는 것이 바로 그것이지요.[43]

여기에서 장일순은 화엄불교의 "티끌 하나에 우주가 들어 있다"(『화엄일승법계도』)는 말을 인용한 뒤에 해월의 천지부모론을 인용하고 있다. 여기에는 몇 가지 사상이 혼재되어 있다. 하나는 만물 안에 우주가 들어 있다는 '만물우주사상'이고, 다른 하나는 천지가 나의 부모라고 하는 해월의 '천지부모사상'이고, 마지막은 그것을 장일순 나름대로 해석한 '만물일체사상'이다. 만물우주사상은 개체 안에 우주가 들어 있다는 것이고, 만물일

체사상은 개체는 다른 개체에 의존해 있기 때문에 만물과 나는 한 몸이라는 것이다.

장일순의 만물일체사상은 인간과 자연이 분리되고, 도시와 농촌이 분리되고, 생산자와 소비자가 분리되는 산업사회에서 분리를 '연결'로 전환시키고자 하는 철학적 처방이었다. 달리 말하면 서구 근대의 이분법적 세계관을 전일적 세계관으로 되돌리고자 하는 노력에 다름 아니다. 그리고 그의 한살림 협동조합은 그러한 세계관을 시민사회에서 구체적으로 실천하고자 하는 운동이었다.

반면에 그의 만물우주사상은 물질적으로 풍요로워지는 현대사회에서 인간이 다른 사물을 어떻게 대해야 하는지를 시사하고 있다. 만물이 하나의 우주를 품고 있다는 말에는 티끌 하나도 존엄한 존재로 대해야 한다는 함축이 담겨 있기 때문이다. 동학적으로 말하면 사물들도 인간과 마찬가지로 하늘처럼 대해야 한다는 것이다(事物如天). 이것은 최시형이 말하는 경물(敬物) 사상에 다름 아니고, 최시형의 "하늘이 하늘을 먹는다"(以天食天)는 말을 원용하면, "하늘이 하늘을 대한다"(以天待天)에 다름 아니다.

최시형은 인간이 동물을 잡아먹는 것은 "하늘이 하늘을 먹는" 기화(氣化)의 자연스런 법칙이라고 하였다. 이 말에는 모든 존재를 하늘처럼 대하라는 동학적 삶의 태도가 함축되어 있다. 즉 "하늘이 하늘을 먹는다"는 이천식천(以天食天)의 관계를 인간사회에 적용하면, 남의 말을 듣는 것은 하늘이 하늘을 듣는 이천청천(以天聽天)이고, 남의 글을 읽는 것은 하늘이 하늘을 읽는 이천독천(以天讀天)이고, 가축을 기르는 것은 하늘이 하늘을 기르는 이천양천(以天養天)이며, 이 모든 행위는 하늘이 하늘을 대하는 이천대천(以天待天)이라고 할 수 있다. 문제는 아직 자기 자신이 하늘이 되지 못했기 때문에 다른 존재를 하늘처럼 대하지 못하고 있을 뿐이다. 최제우 식으로 말하면 자기 안에 하늘님을 모시고 있다는 것을 자각하지 못해서 이고, 장일순 식으로 말하면 자기 안에 우주가 있다는 것을 깨닫지 못해서 이다.

사실 동학이나 장일순이 말하는 시천주나 시우주 사상은 조금만 주의를 기울이면 우리의 일상생활 안에서 쉽게 알아차릴 수 있다. 지난 2019년 8월 2일, 청주의 한 야산에서 10일 동안 실종되었던 조은누리양이 극적으로 구조되었다는 속보가 들려왔다. 군견 '달관'이 먼저 발견하고 동행한 박상진 원사와 김재현 일병이 700미터를 업고 내려왔다고 한다. 이 한 생명을 구출하기 위해 11일 동안 동원된 인력은 무려 5,800명, 여기에 수색견 22마리가 합세했다. 그뿐만이 아니었다. 하늘도 구출작업에 참여했다. 때마침 내린 장맛비는 조양에게 식수를 제공했고, 비바람에 떨어진 나뭇잎은 저체온증을 막아주었다. 조양의 생환은 가히 하늘과 땅과 동물과 사람이 협력한 결과라고 하지 않을 수 없다. 천·지·인·물(天地人物)이 합작해서 한 생명을 살린 것이다. 이 감동적인 사건은 하나의 생명이 있기 위해서는 온 우주가 참여한다는 장일순의 만물우주사상을 상징적으로 보여주고 있다.

21세기의 생명평화운동

21세기가 시작될 무렵에 한국 사회에 새로운 신조어가 탄생하였다. 그것은 생명과 평화가 결합된 '생명평화'라는 말이다. 소설가 최성각이 처음 제안하였고 실상사의 도법 스님을 중심으로 하는 지리산살리기운동을 통해서 본격적으로 알려지기 시작하였다. 좌우이념 대립으로 지리산에서 희생된 영혼들을 살리고, 댐 건설로 인해 위협받는 지리산을 살리자는 취지에서 시작된 운동이었다. 19세기의 동학, 20세기의 한살림을 잇는 21세기의 생명운동이라고 평가할 수 있다.

그러고 나서 20여 년 뒤, 지금은 '생명평화'라는 말이 거의 일상어가 되다시피 하였다. 지난 촛불혁명이 평화적인 혁명으로 끝날 수 있었던 것도 이러한 생명운동의 흐름과 무관하지 않을 것이다. 1980년대에 대학가의 민주화투쟁과 장일순의 생명운동이 동시에 시작되었다는 사실이 이 점을 시사하고 있다. 이 두 가지 역사적 경험의 축적이 촛불혁명으로 귀결된 것이리라.

구한말의 동학, 일제강점기의 천도교, 해방 이후의 윤노빈의 생존철학, 김지하의 생명개벽, 장일순의 살림철학, 21세기의 생명평화운동은 한국 근현대사를 특징짓는 거대한 사상적 물줄기다. 생명이 억압되던 시대이자 공간이었기 때문에 상대적으로 생명사상이 분출되었을 것이다. 한반도에서 분출한 생명사상과 생명운동은 오늘날 전 지구적으로 생명이 위협받고 있는 위기 상황에서 더욱 그 가치를 발하고 있다. 서구 근대를 넘어설 수 있는 사상적 대안을 동학에서 찾고 있는 것도 이러한 이유에서이다. 그러한 노력의 효시가 한살림이었고 그것을 잇고 있는 것이 생명평화운동이다. 이제 우리에게 주어진 과제는 지난 150여 년간의 생명사상과 생명운동을 사상사적으로 정리하고 체계화해서, 인류세 시대의 새로운 한국사상과 문명운동으로 발전시키는 작업이다.

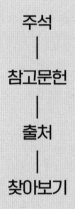

주석

|

참고문헌

|

출처

|

찾아보기

주석

제1장 하늘

1) 강신표, 「인학(人學) : 대대(待對)문화문법과 토착이론화」, 원광대학교 원불교사상연구원 주관 〈한국의 '근대'를 다시 묻는다〉 학술대회 자료집, 『근대 한국종교의 토착적 근대화 운동』, 2018년 8월 15-16일, 59쪽.

2) 김경탁, 「하느님 관념 발달사」, 고대민족문화연구소 편, 『한국문화사대계(VI): 종교 · 철학사』(上), 고대민족문화연구소출판부, 1970에 수록.

3) 짱롱시 저, 백승도 역, 『도와 로고스』, 강, 1997(원저는 Longxi Zhang, *The Tao and the Logos : Literary Hermeneutics, East and West,* Duke University Press, 1992.); 백종현, 「유가의 '도(道)'와 스토아학파의 '로고스(λόγος)'」, 『철학사상』 50, 2013.

4) 앤거스 그레이엄 저, 나성 역, 『도의 논쟁자들 : 중국 고대 철학논쟁』, 새물결, 2015.

5) Chad Hansen, *A Daoist Theory of Chinese Thought: A Philosophical Interpretation*, Oxford University Press, 2000, p.13, p.20.

6) 조성환, 『한국 근대의 탄생』, 모시는사람들, 2018, 제1장 「동학의 하늘사상」, 제1절 "중국의 도학(道學)", 34-35쪽 참조.

7) 조성환, 「중국적 사상형태로서의 敎교」, 『철학사상』 11 · 12집, 2007.

8) 쓰치다 겐지로 지음, 성현창 옮김, 『북송도학사』, 예문서원, 2006, 「서장」 참조.

9) "안으로 정신문명을 촉진하여 도학을 발전시키고, 밖으로 물질문명을 촉진하여 과학을 발전시켜야 영육이 쌍전하고 내외가 겸전하여 결함없는 세상이 되리라."(『대종경』 「교의품」 31). 원불교100년기념성업회, 『주석 원불교 대종경』, 원불교출판사, 2018, 57쪽.

10) 以殷正月祭天, 國中大會, 連日飮食歌舞, 名日迎鼓.

11) 以十月祭天, 國中大會, 名曰東盟. 其公會, 衣服皆錦繡金銀以自飾.

12) 常用十月節祭天, 晝夜飮酒歌舞, 名之爲舞天.

13) 박미라, 「삼국 · 고려시대의 제천의례와 문제」, 『선도문화』 8집, 2010, 10쪽. 이하, "박미라, 「삼국 · 고려시대의 제천의례와 문제」"로 약칭.

14) '민회' 개념은 김석근의 연구에서 빌려왔다. 김석근, 「고대 국가의 제천의식과 민회-한국정치사상사의 '고층(古層)'과 '집요저음'을 찾아서」, 『한국정치연구』 14-1, 2005.

15) 조준하, 「우리나라의 제천의례에 관한 연구」, 『동대논총(同大論叢)』 24-1, 1994, 518~521쪽; 박미라, 「삼국 · 고려시대의 제천의례와 문제」, 19-22쪽.

16) 吾東方有祭天之理, 而不可廢. 臣請得而條其說, 願殿下淸鑑焉. 吾東方, 檀君始祖也. 蓋自天而降焉, 非天子分封之也. 檀君之降, 在唐堯之戊辰歲, 迄今三千餘禩矣. 祀天之

禮, 不知始於何代, 然亦千有餘年, 未之或改也. 惟我太祖康獻大王亦因之而益致謹焉. 臣以爲, 祀天之禮, 不可廢也. 이 책에서 인용하는 조선왕조실록의 원문과 번역은《조선왕조실록》홈페이지를 참고하였다(https://sillok.history.go.kr/main/main.do).

17) 최종성,「숨은 천제(天祭) - 조선후기 산간제천 자료를 중심으로」,『종교연구』 53. 2008.

18) 夫敬者, 一心之主宰, 萬事之根柢, 故大而事天饗帝, 微而起居食息, 不可得而離也. 欽崇天道, 夙夜祗懼, 湯, 武之所以興也; 滅德作威, 謂敬不足行, 桀, 紂之所以亡也. 考之歷代, 治亂興亡, 皆由此出. 是則敬之一字, 固人君出治之原也. 況今殿下, 卽祚之初, 創業垂統, 貽厥孫謀, 正在今日, 而天之命吉凶, 命歷年, 亦在今日.

19) 정대환,「권근 성리학의 구조와 특성」,『중국철학』 3권, 1992, 271쪽.

20) 願殿下, 存心以居, 對越上帝, 雖當無事之時, 常若有臨, 及其應事之際, 尤謹其念慮之萌, 則此心之敬, 足以感天心而興至治矣.

21) 其六日, 誠修省, 以承天愛. 臣聞, 董仲舒告武帝之言曰: 國家將有失道之敗, 天乃先出災害, 以譴告之. (…) 以此見天心之仁愛人君, 而欲止其亂也. 旨哉言乎! 이 책에서 인용하는 퇴계의「무진육조소」의 원문과 번역은《한국고전종합DB》의 '한국문집총간'에 실려 있는『퇴계집』의『퇴계선생문집(권6)』에 들어 있는「소(疏)」에 의한 것이다.

22) 雖然, 人主於此, 又當知天心之所以仁愛我者. 何故而然. 又當知我所以奉承天心者, 何道而可. 無不深思熟講而實體行之, 然後庶可以享天心而盡君道矣.

23) 天有是心, 而不能以自施, 必就夫最靈之中, 而尤眷其聖哲元良德協于神人者, 爲之君, 付之司牧, 以行其仁愛之政. (…) 旣以仁愛之責, 委重於此, 自當有仁愛之報惓惓於此也.

24) 誠使爲人君者, 知天之所以仁愛我者如此, 其不徒然也, 則其必能知爲君之難矣. 其必能知天命之不易矣. 其必能知高高在上, 而日監于玆, 不容有毫髮之可欺矣. 能如此則其在平日, 必有以秉心飭躬, 克敬克誠, 以昭受上帝者, 無不盡其道矣. 其遇災譴, 必有以省愆修政, 克愼克實, 以感格天意者, 益能盡其心矣.

25) 問: 人在屋漏, 如何對蒼蒼之天? 이황 지음, 이익·안정복 엮음, 이광호 옮김,『이자수어(二子粹語)』 제3편「궁격(窮格)」, 예문서원, 2010. 이 책에서 인용하는『이자수어』의 원문과 번역은 이 책에 의한다.

26) 曰: 地上皆天. '及爾遊衍,' 安往而非天乎? 蓋天卽理也. 苟知理之無物不有, 無時不然, 則之上帝之不可須臾離也.

27) 柳生真,「大山李象靖の活物としての理 - その起源と展開を中心に」,『世界와 상통하는 경북 정체성 국제포럼(1)』 자료집, 2011년 6월 3일, 154쪽.

28) 조성환,「정제두의 심학적 응물론」,『유교문화연구』 19집, 2011, 127쪽, 132쪽.

29) 前此滉所以堅執誤說者, 只知守朱子理無情意, 無計度, 無造作之說, 以爲我可以窮到物理之極處, 理豈能自至於極處. 故硬把物格之格, 無不到之到, 皆作己格己到看.『退溪先生文集』 卷18,『書』「答奇明彦·別紙」. 원문과 번역은《한국고전종합DB》의 '한국

문집총간'에 실려있는 『퇴계집』 참조.

30) 是知無情意造作者, 此理本然之體也. 其隨寓發見而無不到者, 此理至神之用也. 向也但有見於本體之無爲, 而不知妙用之能顯行, 殆若認理爲死物.

31) 김형효, 『원효에서 다산까지』, 청계, 2000, 268쪽.

32) 轉至辛酉, 四方賢士, 進我而問曰: "今天靈降臨先生, 何爲其然也?" 曰: "受其無往不復之理." 曰: "然則何道以名之?" 曰: "天道也." 曰: "與洋道無異者乎?" 曰: "洋學如斯而有異, 如呪而無實. 然而運則一也, 道則同也, 理則非也." 『동경대전』 「논학문(論學文)」. 『동경대전』의 원문과 번역은, 최제우 지음, 박맹수 옮김, 『동경대전』, 지식을만드는지식, 2012, 또는 김용휘, 『최제우의 철학』, 이화여자대학교출판문화원, 2012를 참고하였다.

33) 萬物莫非侍天主, 能知此理卽殺生不禁而自禁矣. 『해월신사법설』 「대인접물(待人接物)」. 최시형의 설법의 원문과 번역은 이규성, 『최시형의 철학』, 이화여자대학교출판부, 2011 또는 최시형 지음, 라명재 옮김, 『해월신사법설』, 모시는사람들, 2021을 참고하였다.

34) 吾人之化生, 侍天靈氣而化生. 吾人之生活, 亦侍天靈氣而生活. 何必斯人也獨謂侍天主! 天地萬物莫非侍天主也. 彼鳥聲亦是侍天主之聲也. 『해월신사법설』 「영부주문(靈符呪文)」.

35) 蓋此身髮, 盡是天地父母之所有也, 非我之私物也. 『해월신사법설』 「도결(道訣)」.

36) 天·地·父·母四字, 字雖各異, 其實都是一天字也. 然則天地卽父母, 父母卽天地. 天地父母初無間焉. 『해월신사법설』 「천지부모(天地父母)」.

37) 身體髮膚, 受之父母, 不敢毁傷, 孝之始也. 『효경(孝經)』.

38) "사람이 천지가 준 록(祿)을 알면 반드시 식고(食告)의 이치를 알게 된다. 어미의 우유가 자기를 길러준 것을 알면 반드시 효양(孝養)하는 마음이 생기는 것과 같다. 식고는 효양의 이치이자 보은의 도이다. 음식을 대할 때 반드시 천지에게 알리는 것은 그 은혜를 잊지 않는 것을 근본으로 삼기 때문이다."(人知天地之祿則必知食告之理也. 知母之乳而長之則必生孝養之心也. 食告, 反哺之理也, 報恩之道也. 對食必告于天地, 不忘其恩爲本也. 『해월신사법설』 「천지부모」) 여기에서 '식고'는 음식을 먹기 전에 마음속으로 천지에게 고마움을 표하는 것을 말한다.

39) 天地卽父母, 父母卽天地. 天地父母一體也. 父母之胞胎卽天地之胞胎. 今人但知父母胞胎之理, 不知天地之胞胎之理氣也. 『해월신사법설』 「천지부모」.

40) 人是天, 天是人. 人外無天, 天外無人. 『해월신사법설』 「천지인·귀신·음양」.

41) 동학을 하는 아낙네들은 함부로 아이를 때리지 마라. 아이를 때리는 것은 하늘을 때리는 것이다. 하늘은 기운이 상하는 것을 싫어한다. 동학을 하는 아낙네들이 하늘이 기운이 상하는 것을 싫어하는 것을 두려워하지 않고 함부로 어린 아이를 때리면 그 아이는 반드시 죽게 되니 절대로 아이를 때리지 마라.(道家婦人輕勿打兒. 打兒卽打

天矣. 天厭氣傷. 道家婦人不畏天厭氣傷, 而輕打幼兒, 則其兒必死矣. 切勿打兒.『해월신사법설』「대인접물(待人接物)」)

42) 人依食而資其生成, 天依人而現其造化. 人之呼吸·動靜·屈伸·衣食, 皆天主造化之力. 天人相與之機, 須臾不可離也.『해월신사법설』「천지부모」.

43) 人不離天, 天不離人. 故人之一呼吸·一動靜·一衣食, 是相與之機也.『해월신사법설』「천지부모」.

44) 天依人, 人依食. 萬事知, 食一碗.『해월신사법설』「천지부모」.

45) 天은 萬物을 造하시고 萬物의 內에 居하시나니, 故로 萬物의 精은 天이니라. 萬物中 最靈한 者 人이니, 故로 人은 萬物의 主니라. 人은 生함으로만 人이 되지 못하고 五穀百果의 滋養을 受하여 活하는 것이라. 五穀은 天地의 腴니 人이 此天地의 腴를 食하고 靈力을 發揮케 하는 것이라. 故로 天은 人에 依하고 人은 食에 依하니, 此 以天食天의 下에 立한 吾人은 心告로써 天地萬物의 融和相通을 得함이 어찌 可치 아니하랴.『해월신사법설』「기타」.

46) 시노하라 마사타케 지음, 조성환 외 옮김,『인류세의 철학-사변적 실재론 이후의 '인간의 조건'』, 모시는사람들, 2022 참조.

제2장 종교

1) 임계유 저, 안유경 외 역,『유교는 종교인가(전2권)』, 지식과 교양, 2011.

2) 이소마에 준이치 저, 제점숙 역,『근대 일본의 종교 담론과 계보』, 논형, 2016.

3)『맹자』에는 훗날 '유교'를 가리키는 '덕교(德教)' 개념이 나오고 있다(『맹자』「이루(상)」).

4) '선왕의 도'는『맹자』「등문공(하)」에, '천도'는『노자』제79장에 각각 나온다.

5)『순자』에서의 '교'의 용례에 대해서는 栗田直躬,「'學'と'教'の觀念—上代シナの轉籍に於いて」,『中国上代思想の研究』, 東京：岩波書店, 1949 참조.

6) 정교(政教)는『순자』「왕제(王制)」에, 법교(法教)는『순자』「유효(儒效)」에, 교화(教化)는『순자』「의병(議兵)」에, 유교(儒教)는『순자』「유효(儒效)」에 각각 나온다.

7) 郗超,「奉法要」, T52-88a. "T52-88a"는 "『대정신수대장경』제52권 88쪽 상단"을 말한다. 이하도 마찬가지.

8) '도불(道佛) 논쟁'은 "도교와 불교 사이에서 서로의 우위를 주장하며 전개된 논쟁"을 말한다.

9) 儒生九之, 更爲議曰: "尋佛教東夏, 未六百年. 晋宋已來, 其風始盛." 法琳,『辯正論』권5, 제3「佛道先後篇」, T52-520c.

10) 明僧紹(南齊),「正二教論」,『弘明集』권6, T52-37b~38c; 道安(北周),「二教論」,『廣弘明集』권8, T52-136b~143c.

11) 육수정과 천사도의 관계에 대해서는 小林正美,『中國の道教』, 東京: 創文社, 1998 참조.

12) (太始三年) (陸)先生, 大敵法門, 深弘典奧, 朝野主意, 道俗歸心. 道教之興, 於斯爲盛也. 陳國符,『道藏源流考』부록7, 468쪽.

13) 최진석,『노자의 목소리로 듣는 도덕경』, 소나무, 2001, 43쪽.

14) 非本無以垂跡, 非跡無以顯本. 本跡雖殊, 而不思議一也. 僧肇,『注維摩詰經』권1, T38-327a~b; 今謂非染法身爲本, 應物爲跡. 但肇公意不然. 正以理本爲本, 事跡爲跡. … 故理智皆是其本, 則以教爲跡. 吉藏,『淨名玄論』권3, T38-872b.

15) 得其環中, 以應無窮.『장자』「제물론」.

16) '불언지교(不言之敎)'는『노자』제2장에, '不敎(불교)'는『장자』「덕충부」에 각각 나온다.

17) '일교주의'라는 표현은 김일권,「근대 다종교 경험과 종교 갈등의 회통 문제」, 강돈구 외,『근대 한국 종교문화의 재구성』, 한국학중앙연구원출판부, 2006에서 빌려왔다.

18) 채드 한센(Chad Hansen)은『장자』에 나오는 도(道)는, 그중에서도 특히 「제물론」에 나오는 '도'는 단수가 아닌 복수로 읽어야 한다고 하였다.

19)『사사종교(社寺宗敎)』는 2018년에 한국어로 번역되었다. 박광수 엮음, 이부용 · 장혜진 · 최세경 · 편용우 옮김,『조선총독부 공문서: 사사종교 1911』, 집문당, 2018. 일어 원문은 국가기록원 홈페이지에서도 열람할 수 있다.
http://theme.archives.go.kr/next/government/viewGovernmentArchives.do?layerFlag=2&page=2&id=0001565439&pageFlag=#view01

20) 이소마에 준이치,「일본 근대 종교개념의 형성」, 나리타 류이치 외,『근대 지(知)의 성립』, 〈연구공간 수유+너머〉의 '일본 근대와 젠더 세미나팀' 외 옮김, 소명출판, 2011. 187쪽.

21) '보국안민(輔國安民)'은 동학을 창시한 최제우가 사용한 개념으로, 이후에 동학농민혁명의 슬로건이 되었다.

22) Jason Ānanda Josephson, The Invention of Religion in Japan, Chicago: The University of Chicago Press, 2012, pp.3-4.

23) 이시이 쓰요시(石井剛),「메이지 체제 하의 공공성, 상상에 있어서 유교의 질곡: 우치무라 간조에 대한 비판을 중심으로」, 박광수 외,『근대 한국과 일본의 공공성 구상 2』, 한국학중앙연구원출판부, 2015, 210쪽.

24) 메이지 3년(1870년)에 반포한「宣布大敎의 詔」참조.

25) 西山茂,「近代仏教研究の宗教社会学的諸課題」, 日本近代仏教史研究会 編,『近代仏教』제5호, 1998, 5쪽. 삿사 미츠아키(佐々充昭),「한국 근대에 있어서의 신종교와 국가신도의 상극: 식민지기의 공공권(公共圈)을 중심으로」, 박광수 외,『근대 한국과 일본의 공공성 구상 1』, 한국학중앙연구원출판부, 2015, 161쪽에서 재인용.

26) 기타지마 기신(北島義信), 「일본근대 신종교의 사조와 공공성」, 박광수 외, 『근대 한국과 일본의 공공성 구상 1』, 한국학중앙연구원출판부, 2015, 206쪽.

27) 『伊藤博文公修正憲法稿本』(1937년 간행). 이 사료에 대해서는 村上重良, 『天皇制国家と宗教』, 東京: 日本評論社, 1986, 127-128쪽 참조.

28) 최병헌, 「일본의 한국 강점과 불교」, 『불교평론』 17호, 2003년 12월 참조.
http://www.budreview.com/news/articleView.html?idxno=512

29) 朝鮮總督府編, 『朝鮮總督府施政年報』, 京城: 朝鮮總督府, 1911, 77쪽; 성주현, 『식민지 시기 종교와 민족운동』, 선인, 2013, 18-22쪽.

30) 朝鮮總督府編, 『朝鮮總督府施政年報』, 京城: 朝鮮總督府, 1911, 213쪽; 박승길, 「일제 무단통치 시대의 종교정책과 그 영향」, 『사회와 역사』 35집, 1992, 25쪽, 각주 21)에서 재인용.

31) "本令に於て宗教と稱するは神道, 仏教及基督教を謂う." 平山洋, 「朝鮮総督府の宗教政策」, 源了圓 · 玉懸博之 編, 『国家と宗教』, 京都: 思文閣出版, 1992, 494쪽 참조.

32) 青野正明, 「植民地朝鮮における'類似宗教'概念」, 『国際文化論集』 43, 2010.

33) 朝鮮總督府 編, 『朝鮮の類似宗教』, 京城: 大海堂, 1935. 이하, "『조선의 유사종교』"로 약칭.

34) '신흥종교'나 '신종교' 이외에도 '신흥유사종교'(2쪽, 3쪽, 17쪽)라고도 표현하고 있다.

35) 이 자료는 한국어로도 번역되어 있다. 박광수 엮음, 조성환 · 민애선 · 송영은 옮김, 『『사상휘보』 민족종교 관련 기사: 조선총독부 고등법원(1934~1943)』, 집문당, 2016.

36) 「思想犯罪から観た最近の朝鮮在来類似宗教」, 『思想彙報』 22, 1940, 17-18쪽; 성주현, 『식민지시기 종교와 민족운동』, 선인, 2013, 44쪽, 각주 101) 참조.

37) 돈 베이커 지음, 박소정 옮김, 『한국인의 영성』, 모시는사람들, 2012, 첫머리.

38) 葛小辉, 〈"创教热情"登国际热搜, 韩国变成"宗教百货店"〉, 《环球时报》, 2016년 11월 22일자.

39) 國有玄妙之道曰風流. 說教之源, 備詳仙史, 實乃包含三教, 接化群生. 且如入則孝於家, 出則忠於國, 魯司寇之旨也. 處無爲之事, 行不言之教, 周柱史之宗也. 諸惡莫作, 諸善奉行, 竺乾太子之化也.

40) 최영성, 「최치원 사상에서의 보편성과 특수성의 문제」, 『동양문화연구』 4집, 2009, 97-98쪽, 각주 11) 참조.

41) 이정배, 「'함'과 '접'으로써의 수용, 한국적 기독교의 정서」, 생명평화마당 신학위원회 4차 심포지엄 발표. 2013년 5월 31일. 이에 대해서는 고수봉, 〈교리를 넘어 한국적 기독교의 한류를 기대하며〉, 《에큐메니안》, 2013년 6월 5일자 참조.

42) 花郎者, 新羅貴遊之名也. 『雅言覺非』 第三卷.

43) 유동식, 「한국인의 영성 풍류도」, 『풍류도와 한국의 종교사상』, 연세대학교출판부, 1997.

44) Kevin N. Cawley, "Traces of the Same within the Other: Uncovering Tasan's Christo-Confucianology", 『다산학』 24권, 2014, 92쪽.

45) 김일권, 「근대 다종교 경험과 종교 갈등의 회통 문제」, 강돈구 외, 『근대 한국 종교문화의 재구성』, 한국학중앙연구원출판부, 2006, 91쪽에서 재인용. 번역은 약간의 윤문을 가했다.

46) 조남욱에 의하면, 이능화는 김교헌의 『신단실기(神壇實記)』(1914)의 영향으로 '단군신교'를 한국종교의 원류로 보았다. 조남욱, 「한국종교에 대한 이능화의 이해: '종교'에서 '한국종교'로, 그리고 '무속'으로」, 『종교학연구』 24, 2005, 126-7쪽 참고.

47) 박용덕, 「경산연대기 『조옥정백년사』고」, 『정신개벽』 6권, 1988.

48) 위와 같음.

제3장 실학

1) 이 글에서 주로 참조한 '실학'에 대한 선행연구의 소개 및 정리는 다음과 같다. ① 도날드 베이커, 「'실학' 개념의 사용과 오용」, 도널드 베이커 지음, 김세윤 옮김, 『조선후기 유교와 천주교의 대립』, 일조각, 1997, 214~288쪽. ② 조성을, 「'조선후기실학' 연구의 현황과 과제」, 한국사회사상사, 『한국사상사입문』, 서문문화사, 2006, 305~333쪽. ③ 한영우, 「'실학' 연구의 어제와 오늘」, 한영우 외, 『다시, 실학이란 무엇인가』, 푸른역사, 2007, 25~62쪽. ④ 김태영, 「실학연구의 어제와 오늘」, 한국사시민강좌편집위원회, 『한국사 시민강좌』 제48집, 2011, 1~19쪽. ⑤ 조성산, 「실학개념 논쟁과 그 귀결」, 『한국사 시민강좌』 제48집, 2011, 20~36쪽.

2) 지두환은 홍대용을 필두로 하여 박지원, 박제가, 정약용, 김정희, 최한기로 이어지는 북학사상가만이 근대사상을 가진 실학자로 규정해야 한다고 보고 있다. 지두환, 〈실학이란 … 아직도 명확한 개념이 없다 - 역사비평 기획시리즈(5) 실학 개념에 대한 논쟁〉, 《교수신문》 2007년 4월 7일자.

3) 오가와 하루히사(小川晴久) 지음, 하우봉 옮김, 『한국 실학과 일본』, 한울아카데미, 1995, 110~111쪽 및 오가와 하루히사, 「실심실학 개념의 역사적 사명」, 경기문화재단 실학박물관, 『동아시아 실학, 그 의미와 발전 I』, 경인문화사, 2012, 117~132쪽 참조.

4) 위의 논문, 122쪽.

5) 위의 논문, 119쪽.

6) 정인재, 「실심실학연구서설 I」, 『신학과 철학』 제14집, 2009, 165~188쪽.

7) 위의 논문, 182쪽.

8) 위의 논문, 181쪽.

9) 오가와 하루히사, 「실심실학 개념의 역사적 사명」, 123쪽.

10) 한예원, 「조선후기 실심실학에 관하여」, 『한자한문교육』 제21집, 2008, 523~553쪽.

11) 예를 들면 "이 실심실학은 양명학적 절대 순수의 마음을 자각하고 그것을 중시하는 관점이 기초를 이룬다"(524쪽)거나 "(실심은) 절대 순수의 본연의 마음"(538쪽)이라고 하고 있다.

12) 유봉학, 「실학의 계보와 학풍」, 『한국사 시민강좌』 제48집, 2011, 54쪽.

13) 기존의 중국사상 연구에서 보이는 '도교' 개념의 애매모호함에 대해서는 Nathan Sivin, "On the Word 'Taoist' as a Source of Perplexity, With Special Reference to the Relations of Science and Religion in Traditional China" in *Medicine, philosophy and religion in ancient China: researches and reflections*, Aldershot, Hampshire, GreatBritain: Variorum, 1995를 참고하기 바란다.

14) 막스 베버 저, 이상률 역, 『유교와 도교』, 문예출판사, 2003, 「제7장 정통과 이단(도교)」, 251~232쪽.

15) 이러한 방법론에 가장 근접한 연구로는 小林正美의 『中國の道敎』(東京: 創文社, 1998)를 들 수 있다.

16) 김길환, 「율곡성리학에 있어서 실학 개념과 체계: 성리(性理) 구현을 위한 실학으로 서」, 『아세아연구』 46집, 1972, 98쪽.

17) 맹현주, 「율곡의 무실사상에 관한 연구」, 『동서철학연구』 40호, 2006, 143~167쪽.

18) 『만언봉사』의 한글 번역으로는 강세구, 『만언봉사, 목숨을 건 직설의 미학』, 꿈이 있는 세상, 2007과 김영두, 『퇴계 VS 율곡, 누가 진정한 정치가인가』, 역사의 아침, 2011을 참고했다.

19) 여기서 '效'는 '實效'라고도 한다.

20) 夫所謂時宜者, 隨時變通, 設法救民之謂也.(「무실론」)

21) 所謂實功者, 作事有誠, 不務空言之謂也.(「무실론」)

22) (殿下)惟是作聖之志不立, 求治之誠不篤, 以先王爲不可企及.(「수기론」)

23) 殿下何憚而志不立乎! 古語曰: 有志者事竟成.(「수기론」)

24) 大志雖立, 必以學問實之, 然後言行一致.(「수기론」)

25) 若其修己有實功, 安民有實心, 則可以求賢而共治, 可以革弊而救時.(「수기론」)

26) 맹현주, 「율곡의 무실사상에 관한 연구」, 『동서철학연구』 40호, 2006, 148~149쪽.

27) 誠者, 天之實理, 心之本體.(『율곡전서』 권21 『성학집요』 3. 「제2 修己」, "제5 誠實")
『율곡전서』의 원문은 한국고전종합DB 홈페이지에 실린 것을 사용하였다.
http://db.itkc.or.kr/itkcdb/mainIndexIframe.jsp

28) 天有實理, 故氣化流行而不息; 人有實心, 故工夫緝熙而無間. 人無實心, 則悖乎天理矣. 有親者, 莫不知富孝而孝者鮮.(『성학집요』 3. 「제2 修己」, "제5 誠實")

29) 誠者, 天之道也; 思誠者, 人之道也.(『맹자』 「이루(상)」), 誠者, 天之道也; 誠之者, 人之道也.(『중용』 제20장).

30) 이 점에 대해서는 이우진, 「지행합일, 자연성과 도덕성의 융합」, 『유학연구』 27집, 2012를 참고하기 바란다.

31) 한예원, 「조선후기의 실심실학에 관하여」, 『한자한문교육』 제21집, 2008.

32) "誠, 實理也"와 "誠者, 實有之理."는 『朱子語類(一)』 제6권 「性理三·仁義禮智等名義」에 나온다. 이에 대해서는 맹현주, 「율곡의 무실사상에 관한 연구」, 148쪽의 주21)을 참고하였다.

33) 蓋性中所有道理, 只是仁義禮智, 便是實理. 吾儒以性爲實, 釋氏以性爲空. 『주자어류(一)』 제4권, 「性理一·人物之性氣質之性」 64.

34) 窮理旣明, 可以躬行, 而必有實心, 然後乃下實功. 故誠實爲躬行之本. 『율곡전서』 제21권 『성학집요』 3, 「제2 수기(修己)」.

35) 주자는 『대학』 1장의 '성의정심(誠意正心)'에 대한 주에서 다음과 같이 말하고 있다: "誠은 實[참됨]이다. 意는 마음이 발하는 바이다. [誠意란] 마음이 발하는 바를 참되게 하여 한결같이 선(善)으로 나아가고 자신을 속이는 일이 없도록 하는 것이다."(誠, 實也. 意者, 心之所發也. 實其心之所發, 欲其一於善而無自欺也.)

36) "그 실심을 가득 채워서 실리의 상태로 되돌아간다.(充其實心而反乎實理)" 『율곡전서 습유』 제6권, 잡저(3).

37) 전문은 다음과 같다: "하나의 마음이 '실'하지 않으면 모든 일이 거짓이 되니 어디 간들 실천할 수 있겠습니까! 하나의 마음이 진실로 '실'하면 모든 일이 다 참되게 되니 무슨 일이든 이루지 못하겠습니까! 그래서 주돈이가 "誠이 성인의 근본이다"라고 한 것입니다."(一心不實, 萬事皆假, 何往而可行! 一心苟實, 萬事皆眞, 何爲而不成! 故周子曰: 誠者, 聖人之本.) 『율곡전서』 제21권. 『성학집요 3』, 「제2 修己」, "제5 誠實".

38) 以三代爲期, 而必務實學, 躬行心得, 以一身爲一世標準可也. 『율곡전서』 제30권, 「경연일기」 3. 이 용례에 대해서는 김길환, 「율곡성리학에 있어서 실학 개념과 체계」, 100쪽을 참고하였다.

39) 報本追遠, 必盡誠敬.

40) 祀神, 誠敬爲主.

41) 奉事太上, 誠敬備至, 可謂孝矣. 『태종실록』 1년(1401) 1월 14일에 권근이 올린 '치도'(治道)에 관한 상소문.

42) 竊惟主上殿下, 臨御以來, 動法皇王, 畏天恤民, 誠敬寬仁, 格于上下… 『세종실록』 9년(1327) 6월 14일 4번째 기사.

43) 권오영, 『조선후기 유림의 사상과 활동』, 돌베개, 2003, 247쪽; 김용옥, 『도올심득 동경대전(1)』, 통나무, 2004, 182쪽 참조.

44) 不知時宜, 不務實功, 則危懼雖切, 治效終邈, 民生豈可保! 天怒豈可弭乎!(「시의론」)

45) "경건과 정성을 다하여 상제를 밝게 섬기십시오.…반드시 잘못을 살펴서 정치를 할 수 있도록 하시옵소서. 신중함과 성실함을 다하십시오.…엎드려 바라옵건대 전하께

서는 어버이를 섬기는 마음을 미루어서 하늘을 섬기는 도를 다하십시오, 매사에 반성하고 언제나 두려워하도록 하시옵소서."(克敬克誠, 以昭受上帝. … 必有以省愆修政, 克愼克實. … 伏願殿下推事親之心, 以盡事天之道. 無事而不修省, 無時而不恐懼. 퇴계, 「무진육조소」제6조)

46) "폐단을 고쳐서 정치를 일으키십시오."(革弊以興政治)『만언봉사』「무실론」"제5 遇災異無應天之實」(천재지변을 만나도 하늘을 대하는 실천이 없음).

47) 『중용강의보』「鬼神之爲德」.

48) 三曰, 敬天之實. … [天之]譴告如此, 則可不思所以盡其實乎! 伏願殿下, 體天之行而毋敢或怠, 畏天之威而毋敢不敬.

49) 실제로 이 글의 후반부에는 "上帝鑑觀, 一念纔不是, 便是上帝震怒"라고 하고 있다.

50) 三曰敬天之實. 天之與人, 一理無間. 理之所在, 天之所在也. 六經中言天者, 大抵以理而言. 性曰天性, 命曰天命, 位曰天位, 爵曰天爵, 民曰天民, 工曰天工. … 事事物物, 無一不係於天. 故古之帝王, 法天而行道, 奉天而行事, 嚴恭寅畏, 懋敬不怠. 一言一動, 悉循乎天理, 則天必降監而百祥來集.

51) 古者無學問之名. 日用彝倫之道, 皆人所當爲, 別無標的之名目. 君子只行其所當爲者而耳. 後世道學不明, 彝倫隨晦. 於是以行其所當爲者名之以學問.『율곡전서』제26권『성학집요』. 이 용례에 대해서는 김길환,「율곡성리학에 있어서 실학 개념과 체계」의 98쪽을 참조하였다.

52) 所謂學問者, 亦非異常別件物事也. 只是爲父當慈, 爲子當孝, 爲臣當忠, 爲夫婦當別, 爲兄弟當友, 爲少者當敬長, 爲朋友當有信. 皆於日用動靜之間, 隨事各得其當而已.『율곡전서』제27권『격몽요결』.

53) 子夏曰: 賢賢易色. 事父母能竭其力. 事君能致其身. 與朋友交. 言而有信. 雖曰未學. 吾必謂之學矣.『논어』「학이」.

54) 가령 이우성은 유형원에 대해서 "실학의 비조로 통칭되는 반계 유형원의 경우…"라고 위치 지우고 있다. 이우성,「초기 실학과 성리학과의 관계 - 반계 유형원의 경우」,『동방학지』58권, 1988, 16쪽.

55) 이른바 '근대적' 틀에 입각한 실학 연구가 아닌 조선후기사상사에 즉한 실학 연구의 몇 안 되는 사례 중의 하나는 김태영의 유형원 연구이다. 예를 들면,「율곡과 반계의 왕정론」(『실학의 국가개혁론』, 1998)이나「반계 유형원의 변법론적 실학풍」(『동아시아 실학, 그 의미와 발전 I』, 2012) 등이 그것이다. 비록 유형원과 율곡을 비교한 김태영의 연구에서는, 유형원의 활심과 실리 개념에 대해서만 다루고 있고 율곡의 실심과 실리 개념에 대한 언급은 없지만, 유형원의 실리 개념에 대한 분석은 역으로 율곡의 실리 개념을 이해하는데 귀중한 통찰을 제공한다고 생각한다. 즉 유형원의 실리론이 그의 변법론의 철학적 기초로 작용한다고 한다면, 마찬가지로 율곡의 실리론 또한 그의 개혁론의 철학적 근거로 작용한다고 할 수 있다.

56) 讀書者, 求辨是非, 施之行事也. 若不省事, 兀然讀書, 則爲無用之學.『율곡전서』제14 권.『雜著(1)』「自警文」.

57) 伏望殿下勿視以厭聞之陳言, 深思熟玩, 必施之行事, 不歸之文具, 則災沴可變爲休徵, 衰亂可變爲至治. 宗社幸甚, 生民幸甚.『율곡전서』제3권『疏箚(1)』「玉堂陳時弊疏」.

58) 仁義禮智者, 施諸行事而後方有是名.『詩文集』21권,『書』「示兩兒」.

59) 行事而後德之名立焉.『대학공의(大學公議)』.

60) 仁義禮智, 本以行事得名.『맹자요의』「진심」. 이상의 용례들은 정소이, 「정약용 심성 론의 변천과 전개」, 서울대학교 철학과 박사학위논문. 2010, 118쪽을 참고하였다.

61) 김용옥,『도올심득 동경대전(1)』, 122쪽; 박맹수,『동경대전』, 지만지, 2012, 98~99쪽.

62) 이에 대해서는 김태창,「공공철학이란 무엇인가」,『철학과 현실』74집, 2007, 82~98 쪽; 김태창 구술, 이케모토 케이코 기록, 조성환 번역,『공공철학대화』, 모시는사람들, 2017을 참고하기 바란다.

63) 정윤재,「민세 안재홍의 다사리 이념과 '공공함'의 정치」, 한국학중앙연구원 주최 〈(공공의식 국제학술회의) 한국과 일본의 공공의식 비교연구〉, 2011년 11월 21일 국 립고궁박물관 대강당, 97~118쪽.

64) '일원상(一圓相)'은 원불교에서 생각하는 궁극적 진리를 '하나의 원'[一圓]으로 형상화[相]한 것을 말한다.

65) 여기서 '개벽종교'란 19세기말~20세기 초에 탄생한 동학·천도교, 대종교, 증산교, 원 불교를 말한다. 흔히 '민중종교'나 '민족종교' 또는 '신종교'라고 불리는데, 이들의 대 부분이 '개벽(開闢)'이라는 개념을 공유하고 있었기 때문에(대종교는 '開天') 여기에서 는 '개벽종교'라고 부르고자 한다.

66) "물론 내 활동의 가장 밑바탕에는 원불교사상이 전개되어 있습니다. 하지만 대체로 연구 활동은 세 가지 관점에서 진행되어 왔다고 할 수 있어요. 하나는 우리나라의 사 상사를 어떻게 정리해야 하는가 하는 문제였고, 또 하나는 한국의 신종교를 어떻게 바라볼 것인가 하는 문제이며, 또 다른 하나는 원불교사상을 어떻게 형성할 것인가 하는 문제였습니다." 류병덕·양은용 대담「원불교사상과 한민족의 진로」, 류병덕, 『한국 민중종교의 평화통일사상』, 한맘, 2012, 350쪽.

67) 류병덕,「소태산의 실천철학: 조선후기 실학과 대비하여」,『(석산 한종만박사 화갑기 념) 한국사상사』, 원광대학교출판국, 1991, 1216쪽. 이하에서 인용할 때는 "류병덕, 「소태산의 실천철학."으로 약칭하고 쪽수만 밝힘. 참고로 이 논문은 이후에 류병덕, 『소태산과 원불교사상』, 원광대학교출판국, 1995에 다시 수록되었다.

68) 송규,「일원상에 대하여」, 박정훈 편저,『한울안 한 이치에』, 원불교출판사, 1987(증 보판), 218쪽. 원문은『회보』38호(1937)에 수록되어 있다. 밑줄은 인용자의 것이다(이하도 마찬가지).

69)『정산종사법어』제2부 법어(法語), 제2 예도편(禮道編), 2장.

70) 한예원, 「조선후기의 실심실학에 관하여」, 『한자한문교육』 21, 2008, 544쪽 참고.

71) 伏以窮至性篤純行, 實學也; 表淳德樹風聲, 實政也. 迺者臣等敢擧先正之實學, 仰贊聖朝之實政. … 蓋誠之爲言, 卽心中實理之名也. 天以此實理賦於人, 人得之以爲心. 以此致知則爲眞知, 以此力行則爲實行, 以眞知爲實行, 則斯爲實學. 惟此實學, 得之者蓋寡, 惟我先正臣鄭齊斗, 以金精玉潤之質, 積臨淵履氷之工, 蚤捨公車, 潛心精進, 卓然有契於先立乎其大者之旨. 『하곡집』 권11, 疏, 「請設書院儒疏」(再疏). 원문은 한예원의 위의 논문에서 재인용.

72) 予之心卽爾等之心, 爾等之心卽一國之心, 一國之心卽萬古之心. 以實心講實學, 以實學行實事, 卽今日之急先務, 卽予求助於爾等者也. 『홍재전서』 129권, 『故寔1』, 『대학』. 한예원의 앞의 논문에서 재인용.

73) 송천은, 『종교와 원불교』, 배문사, 2011(초판은 1979), 457쪽.

74) 사사키 슌스케(佐々木集相)·카타오카 류(片岡龍), 「일본과 한국에서의 '실학'의 근대화」, 『한국종교』 43집, 2018년 3월.

75) 山本義隆, 『近代日本一五〇年: 科學技術總力戰体制の破錠』, 岩波書店, 2018, 34쪽에서 재인용(번역과 밑줄은 인용자의 것). 사사키 슌스케·카타오카 류, 위의 논문 참조.

76) 山本義隆, 위의 책 제1장 제7의 "실학의 권장", 32~35쪽. 사사키 슌스케·카타오카 류, 위의 논문 참조.

77) 류병덕, 「소태산의 실천철학」, 1226쪽 각주 3).

78) 류병덕, 「소태산의 실천철학」, 1226쪽.

79) 류병덕, 「소태산의 실천철학」, 1226쪽.

80) 류병덕, 「소태산의 실천철학」, 1225쪽.

81) 여기에서 '전기실학'은 조선전기에 도교와 불교를 배척하면서 윤리적 실천을 강조한 주자학적 '실학'을 말하고, '후기실학'은 우리가 흔히 알고 있는 조선후기의 실학을 가리킨다.

82) 류병덕, 「소태산의 실천철학」, 1225쪽.

83) 류병덕, 「소태산의 실천철학」, 1226쪽.

84) 류병덕, 「소태산의 실천철학」, 1228쪽.

85) 유명종, 「덕촌 양득중의 실학사상: 양명학과 실사구시의 정출」, 『한국학보』 3-1, 1977; 조운찬, '실사구시', 한국고전번역원, 《고전산문》, 2016.05.23.

86) 류병덕, 「소태산의 실천철학」, 1231-1332쪽.

87) 류병덕, 「소태산의 실천철학」, 1232쪽.

88) 류병덕, 『원불교와 한국사회』, 시인사, 1986, 490쪽.

89) 류병덕, 위의 책, 330쪽.

제4장 개벽

1) 조성환, 〈조성환의 K-사상사(2) 기후변화 시대 기학의 귀환〉, 《다른백년》 (온라인) 2022년 6월 30일.

2) 김병제・이돈화 외 지음, 『천도교의 정치이념』, 모시는사람들, 2015, 166~167쪽.

3) '개벽파' 개념을 처음으로 사용한 것은 이병한의 〈동학은 '농민 전쟁' 아닌 '유학 혁명'이다!〉, 《프레시안》(2014년 1월 20일)이다.

4) '개벽학' 개념은 2018년 가을에 원불교학자 강성원이 처음 사용하였다.

5) 이돈화, 『신인철학(新人哲學)』, 천도교중앙총부, 1968(초판은 1931), 17쪽.

6) 천도교에서의 천명(天名)의 변화에 대해서는 조성환・이우진, 「하날님에서 한울님으로: 동학・천도교에서의 천명(天名)의 변화」, 『대동철학』 100호, 2022을 참고하기 바란다.

7) 김지하, 『남조선 뱃노래』, 자음과모음, 2012(초판은 1985), 141쪽.

8) 백승종은 동학은 서구적인 '평등'을 주장한 것이 아니라 인간의 '존귀'를 강조했다고 하였다(백승종, 『동학에서 미래를 배운다』, 들녘, 2019, 67~68쪽). 핵심을 찌른 지적이라고 생각한다. 그러나 해월 최시형은 "하늘은 반상을 구별하지 않는다"(『해월신사법설』 「포덕」)고도 했기 때문에 '존엄에 의한 평등'을 지향했다고 볼 수 있을 것이다.

9) '피조물들의 민주주의'(a democracy of all God's creatures)는 미국의 역사학자 린 화이트가 「생태계 위기의 역사적 기원」(1967년)에서 쓴 표현이다(린 화이트 지음, 이유선 옮김, 「생태계 위기의 역사적 기원」, 《계간 과학사상》 창간호, 1992년 봄, 294쪽). 이 논문에 대해서는 조성환, 「생태 위기에 대한 지구학적 대응: 성스러운 지구와 세속화된 가이아」, 『종교문화비평』 41호, 2022, 100~103쪽을 참고하기 바란다.

10) '지구민주주의(global democracy)'는 한국의 정치가 김대중이 1994년 겨울에 *Foreign Affairs*에 투고한 「Is Culture Destiny?」에서 쓴 표현이다. 김대중의 지구민주주의에 대해서는 조성환・이우진, 「동학사상의 '지구민주주의'적 해석」, 『유학연구』 60집, 2022를 참고하기 바란다.

11) 박규태, 「한국의 자생적 근대성과 종교: 하늘-이단-지도의 앎」, 『종교연구』 35집, 2014.

12) 이병한, 〈개벽학은 미래학이요 지구학이라〉, 《다른백년》, 2019.02.15. http://thetomorrow.kr/archives/9130

13) 동학의 '개벽' 관념에 나타난 미래지향성에 대해서는 류성민, 「종교의 공공성과 시대정신」, 원광대학교 원불교사상연구원 콜로키움 발표문, 2017년 9월 28일 참조.

14) 『정전』 「제3 수행편」 제8장 참회문.

15) 『대종경』 「제4 인도품(人道品)」 38.

16) 西洋之武器世人無比對敵者. 武器謂之殺人器, 道德謂之活人機.(『해월신사법설』 「오도

지운(吾道之運)」)

17) 『정전』 제3 수행편, 제13장 최초법어, 3. 강자・약자의 진화(進化)상 요법.

18) 오구라 기조 지음, 조성환 옮김, 『한국은 하나의 철학이다』, 모시는사람들, 2018. 다만 오구라 기조의 경우에는 개벽학의 도덕 개념이 아닌 주자학적인 도덕 개념으로 한국 사회를 분석하고 있다는 점에서 차이가 있다.

19) 畏尤甚於兵戰者, 有三焉: 一曰道戰, 二曰財戰, 三曰言戰. 此三者能知然後, 可進於文明之步, 而保國安民平天下之策, 可得而 致矣. 『무체법경』 10. 「삼전론」 '서론'.

20) 征伐所到, 雖有億萬之衆, 各有億萬心, 道德所及, 雖有十室之忠, 同心同德, 保國之策, 有何難矣哉!…所以吾必曰, 可戰者 道戰也. 『무체법경』 10. 「삼전론」 '도전'.

21) 장일순, 「상대를 변화시키며 함께」, 김익록 엮음, 『(무위당 장일순 잠언집) 나는 미처 몰랐네 그대가 나였다는 것을』, 시골생활, 2012, 113쪽.

22) 조성환, 「한국학으로서의 원불교」, 『원불교사상과 종교문화』 74집, 2018, 362쪽; 류병덕, 『원불교와 한국사회』, 시인사, 1986.

23) 『증산도 도전』 제4편 33장. 박규태, 「한국의 자생적 근대성과 종교: 하늘-이단-지도의 앎」, 『종교연구』 35, 2004, 134쪽에서 재인용(강조는 인용자의 것).

24) 최시형은 '선천개벽'이라는 표현은 사용하고 있지 않다.

25) 明天地之道, 達陰陽之理, 使億兆蒼生, 各得其業, 則豈非道德文明之世界乎!(천지의 도를 밝히고 음양의 이치에 통달하여 억조창생으로 하여금 각각 그 업을 얻게 하면 어찌 도덕문명의 세계가 아니겠는가!) 『해월신사법설』 「성인지덕화(聖人之德化)」.

26) 가령 원불교에서 세운 원광대학교의 건학이념 중의 하나는 '도의 실천'이고, 최근까지도 원광대학교는 '도덕대학'을 표방하고 있다.

27) Brook Ziporyn, *Ironies of Oneness and Difference: Coherence in Early Chinese Thought; Prolegomena to the Study of Li*, SUNY Press, 2013.

28) 가령 조선시대에 '명분(名分)'이라는 말은 "신분[名]에 의한 구분[分]"을 의미하였다. 예를 들어 세종시대에 상소문에는 다음과 같이 '명분'이라는 말이 쓰이고 있다: "종과 주인의 명분(名分)이 엄한 것은 강상(綱常)에 관계되니, 원컨대 지금부터는 노비가 주인을 고발한 자는 그 고발을 받지 말고 무고율(誣告律)에 의거하여 교형(絞刑)에 처할 것이며, 여자 종의 남편과 남자 종의 아내가 주인을 고발한 자는 그 고발을 받지 말고 장(杖) 1백, 유(流) 3천 리의 형벌에 처할 것입니다." (『세종실록』 4년, 2월 3일 3번째 기사)

29) 이 점에 대해서는 정지용 전문가인 김영미 시인으로부터 계발을 받았다.

30) 조명희 작품의 원문과 쪽수는 『포석 조명희 전집』, 동양일보사, 1995에 의한다. 이하노 마찬가지.

31) 〈東學大巨魁審問續聞〉, 《東京朝日新聞》, 1895년 3월 6일자. 한글 번역은 강창일, 「갑오농민전쟁 자료발굴: 전봉준 회견기 및 취조기록」, 『사회와 사상』 1988년 9월 창간

호, 261쪽.

32) 동학농민혁명 사료아카이브, 『開國五百四年 二月初九日 東徒罪人全琫準 初招問』
http://www.e-donghak.or.kr/archive/?menu=132&mode=view&code=p
rd_0121_001#

제5장 도덕

1) 오구라 기조 저, 조성환 역, 『한국은 하나의 철학이다』, 모시는사람들, 2017.

2) 한 네티즌은 이 책을 읽고 다음과 같은 소감을 피력하였다: "우리 자신보다도 우리에
대해 더 잘 아는 외부자의 모습에 소름이 끼친다." 네이버 블로그《이것저것》의 「각종
리뷰들-도서-한국은 하나의 철학이다」
https://blog.naver.com/pch4000/221659324319

3) '畜'에는 '축적한다'는 뜻도 있으므로 "덕은 축적한다/쌓는다"고 번역해도 무방하지만,
뒤에 이어지는 문장들이 '長之育之'인 점을 감안해서 '기른다'라고 번역하였다. '畜'이
'기른다'의 뜻일 때는 '휵'으로 읽는다.

4) 蓋自上古以來, 春秋迭代, 四時盛衰, 不遷不易, 是亦天主造化之迹, 昭然于天下也. 愚
夫愚民, 未知雨露之澤, 知其無爲而化矣. 自五帝之後, 聖人以生, 日月星辰, 天地度數,
成出文卷, 而以定天道之常然. 一動一靜, 一盛一敗, 付之於天命, 是敬天命而順天理者
也. 故人成君子, 學成道德. 道則天道, 德則天德. 明其道而修其德, 故乃成君子, 至於至
聖, 豈不欽歎哉! 又此挽近以來, 一世之人, 各自爲心, 不順天理, 不顧天命, 心常悚然, 莫
知所向矣. 『동경대전』 「논학문」. '천'은 오늘날 천도교에서는 '한울'로 표기하는데, 당시
에는 'ᄒᆞᄂᆞᆯ'로 표기되었다. 여기에서는 편의상 현대적으로 '하늘'로 표기하고자 한다.

5) "도성입덕"이라는 표현은 『용담유사』에 총 여덟(8) 번 보인다(「교훈가」 세(3) 번, 「도수
사」 다섯(5) 번). 『동경대전』에는 「수덕문」에 한(1) 번 보이고, 「논학문」에서는 서학을
평가하는 말로 한(1) 번 등장한다.

6) 박맹수, 「보은취회와 최시형의 역할」, 『개벽의 꿈 동아시아를 깨우다』, 모시는사람들,
2011에서 재인용.

7) 우리역사넷 『신편한국사』 「근대/제국주의의 침투와 동학농민전쟁/IV.동학농민전쟁의
배경/2.동학교조신원운동/2)교조신원운동의 전개/보은취회와 금구취당」
http://contents.history.go.kr/mobile/nh/view.do?levelId=nh_039_0050_0020_0020_0040

8) 조성환, 『한국 근대의 탄생』, 모시는사람들, 2019, 55쪽.

9) 天地日月古今不變, 運數大變, 新舊不同. 新舊相替之時, 舊政旣退, 新政未佈. 理氣不
和之際, 天下混亂矣. 當此時倫理道德自壞, 人皆至於禽獸之群, 豈非亂乎! 『해월신사법
설』 「개벽운수」. 이규성, 『최시형의 철학』, 178쪽.

10) Thomas L. Friedman, "Our New Historical Divide: B.C. and A.C.: the World Before Corona and the World After," *The New York Times*, March 17, 2020. https://www.nytimes.com/2020/03/17/opinion/coronavirus-trends.html

11) 斯世之運, 開闢之運矣. 天地不安, 山川草木不安, 江河魚鼈不安, 飛禽走獸皆不安. 唯獨人暖衣飽食, 安逸求道乎! 先天後天之運, 相交相替, 理氣相戰, 萬物皆戰, 豈無人戰乎! 『해월신사법설』「개벽운수」, 『최시형의 철학』, 178쪽.

12) 조성환, 〈천지생물이 불안한 시대〉, 모시는사람들 기획, 『개벽의 징후 2020』, 모시는사람들, 2020, 8-9쪽 참조.

13) 울리히 벡의 '지구적'(global) 개념에 대해서는 울리히 벡 저, 조만영 역, 『지구화의 길』, 거름, 2000 참조. 아울러 이 책을 지구학적인 관점에서 분석한 글로는 조성환, 「팬데믹 시대에 읽는 지구학(1) 울리히 벡의 『지구화의 길』을 중심으로」, 『개벽신문』 93호, 2020년 4월, 6-7면 참조.

14) 大神師 恒言하시되 此世는 堯舜孔孟의 德이라도 不足言이라 하셨으니 이는 現時가 後天開闢임을 이름이라. 先天은 物質開闢이요 後天은 人心開闢이니, 將來 物質發明이 其極에 達하고 萬般의 事爲 空前한 發達을 遂할지니, 是時에 在하여 道心은 더욱 微하고 人心은 더욱 危할지며, 더구나 人心을 引導하는 先天道德이 時에 順應치 못할지라. 故로 天의 神化中에 一大開闢의 運이 回復되었나니, 故로 吾道의 布德天下 廣濟蒼生 天의 命하신 바니라. 『해월신사법설』「기타」. 『최시형의 철학』, 255쪽.

15) 孫秉熙曰: "遭戰亂, 則各國相互間使兵器而決勝負. 當此時, 吾道人處於兩國交戰之間, 如何善心得勝乎?" 神師曰: "戰爭只爲兵器而得勝者, 未之有也. 凌駕兵戰者策戰, 計策至大也. 西洋之武器, 世人無比對敵者. 武器謂之殺人器, 道德謂之活人機. 君等當此時, 修道極誠可也. 大戰爭後, 必有大平和. 戰爭者, 平和之本也." 『해월신사법설』「오도지운」, 『최시형의 철학』, 211-212쪽.

16) 조성환, 「팬데믹 시대에 읽는 지구학(1) 울리히 벡의 『지구화의 길』을 중심으로」 참조.

17) 조성환, 「원불교의 살림사상: 물질을 활용하여 문명을 창조하자」, 『농촌과 목회』 85호, 2020년 3월 참조.

18) 『해월신사법설』「삼경」. 『최시형의 철학』, 194쪽.

19) 조성환, 「최시형의 생태철학과 지구도덕: 동학에서의 철학의 창조와 도덕의 전환」, 원광대학교 원불교사상연구원 편, 『근대한국 개벽운동을 다시읽다』, 모시는사람들, 2020, 55쪽 참고.

20) 원불교에서는 '천지·부모·동포·법률(규범)'을 네 가지 은혜로 보고 있다.

21) 이돈화, 『신인철학』, 천도교중앙총부, 1968(초판은 1924), 203-204쪽.

22) 『해월신사법설』「천지부모」, 『최시형의 철학』, 134쪽.

23) 다나카 쇼조에 대해서는 고마쓰 히로시 지음, 오니시 히데나오 옮김, 『참된 문명은 사

람을 죽이지 아니하고』, 상추쌈, 2019를 참조하기 바란다.

24) 『해월신사법설』 「포덕」. 『최시형의 철학』, 209쪽.

25) 황현 지음, 김종익 옮김, 『오동나무 아래에서 역사를 기록하다』, 역사비평사, 2016, 75
쪽. 이하 "『오하기문』"으로 인용. 강조는 인용자의 것. 이하도 마찬가지.

26) 다나카 쇼조와 전봉준의 사상 비교에 대해서는 박맹수, 「전봉준의 평화사상」, 서보
혁 · 이찬수 외, 『한국인의 평화사상(1)』, 인간사랑, 2018을 참고하였다.

27) 「조선잡기」의 번역은 「동학사상과 한국의 근대 다시보기: 다나카 쇼조를 중심으로」
(『개벽신문』 66호, 2017년 8월)에 실린 야규 마코토의 번역을 참고하였다.

28) 이하의 다나카 쇼조와 전봉준의 사상 비교에 대해서는 박맹수, 「전봉준의 평화사상」,
서보혁 · 이찬수 외, 『한국인의 평화사상(1)』, 인간사랑, 2018을 참고하였다.

29) 『전봉준공초』의 번역은 《동학농민혁명 사료아카이브》 싸이트에 원문과 번역이 실려
있다.
http://www.e-donghak.or.kr/archive/?menu=132&mode=view&code=p
rd_0121_001#
이 외에도 김흥식 엮음, 『전봉준 재판정 참관기』, 서해문집, 2016을 참고하였다.

30) 박맹수 · 조성환, 「전봉준의 동학사상」, 『한국종교』 53집, 2022.

제6장 생명

1) 윤노빈과 장일순은 원주에서 태어나서 원주에서 자랐다. 김지하는 목포에서 태어났지
만 원주에서 자라서 윤노빈과 원주중학교를 같이 다녔고, 이후에 서울대학교에서 같
이 공부했다.

2) 최자웅, 〈동학의 세계사상적 의미'에 대한 단상〉, 윤노빈, 『신생철학』, 학민사, 2003,
23~24쪽 요약. 『신생철학』은 1974년에 초판이 나왔는데, 이 글에서 인용하는 내용은
2003년 학민사판에 의한다.

3) 윤노빈, 『신생철학』, 116~117쪽. 강조는 원저자의 것.

4) 『포석 조명희 전집』, 동양일보사출판국, 1995, 375쪽.

5) 신채호, 〈낭객의 신년 만필(漫筆)〉, 《동아일보》 1925년 1월 2일.

6) 김형효, 『한국사상산고』, 일지사, 1976. 이상의 내용은 조성환, 〈철학과 공공성: 우리의
철학은 어디에 있는가?〉, 《개벽신문》 62호, 2017년 3월 참조.

7) 吾亦生於東, 受於東. 道雖天道, 學則東學. 況地分東西, 西何謂東, 東何謂西! 孔子, 生於
魯, 風於鄒. 鄒魯之風, 傳遺於斯世. 吾道, 受於斯, 布於斯. 豈何謂以西名之者乎! 『동경
대전』 「논학문」.

8) 道則同也 理則非也. 『동경대전』 「논학문」.

9) 윤노빈, 『신생철학』, 52쪽.

10) 다만 윤노빈과 최시형의 차이가 있다고 한다면, 윤노빈이 '계심'의 대상을 주로 인간의 차원에 한정시키고 있다고 한다면, 그래서 인간해방을 주창하고 있다고 한다면, 최시형의 경우에는 그것을 만물에까지 확장시켜서 만물해방, 만물존중의 차원으로까지 나아가고 있다는 점이다.

11) 人是天人. 『해월신사법설』「개벽운수」. 이규성, 『최시형의 철학』, 177쪽.

12) 윤노빈, 『생존철학』, 297쪽, 342쪽.

13) 김재익, 「개벽으로 본 생명운동」, 2019년 5월 25일 한국종교학회 춘계학술대회 〈평화시대 종교연구의 새로운 패러다임〉 발표문.

14) 이 글에서는 2012년에 나온 개정판을 사용하였다. '남조선 뱃노래'가 애초에 의도했던 제목이었다.

15) 김지하, 「인간의 사회적 성화」, 『남조선 뱃노래』, 자음과모음, 2012, 136쪽, 138쪽. 이하, '김지하, 「인간의 사회적 성화」'로 약칭. 밑줄은 인용자의 것. 이하도 마찬가지.

16) 예를 들면 "도덕은 활인(活人)의 기틀이다." 「오도지운」, 『해월신사법설』. 이규성, 『최시형의 철학』, 211쪽.

17) 김지하, 「인간의 사회적 성화」, 136쪽.

18) 김지하, 「인간의 사회적 성화」, 137~138쪽.

19) 김지하, 「구릿골에서」, 259쪽.

20) 김지하, 「구릿골에서」, 253쪽.

21) '인간관계의 혁명'에 대해서는 김용우의 다음과 같은 해석으로부터 계발을 받았다: "동학이 말하는 개벽은 사람의 자기개벽(侍天主・養天主・向我設位)을 바탕으로 사람관계의 개벽(人是天・事人如天)을 실천하고, 자연과 인간의 관계를 포함한 문명개벽(天地萬物莫非侍天主也・敬天敬人敬物)하는 것으로 정리할 수 있다." 김용우, 「여운형의 좌우합작론과 자주적 근대」, 원광대학교 원불교사상연구원 제2차 시민강좌 발표문, 2019년 5월 29일, 익산 동산수도원.

22) 김지하, 「구릿골에서」, 258쪽.

23) 김지하, 「구릿골에서」, 253쪽.

24) 윤노빈, 「인간의 사회적 성화」, 30쪽.

25) 윤노빈, 『신생철학』, 32~33쪽.

26) 김지하, 「인간의 사회적 성화」, 144쪽.

27) 김지하, 「인간의 사회적 성화」, 141쪽.

28) 김지하, 「인간의 사회적 성화」, 151쪽.

29) 김지하, 『인간의 사회적 성화』, 140쪽, 145쪽.

30) 황종원, 「최시형의 천지 관념 연구: 전통 유학과의 연관관계를 중심으로」, 『대동철학』 68집, 2014.09, 12쪽.

31) 『동경대전』「논학문」. 김용휘, 『최제우의 철학』, 127~128쪽.

32) 『해월신사법설』「천지부모」. 이규성, 『최시형의 철학』, 131~132쪽.

33) 『해월신사법설』「천지부모」, 135쪽.

34) 『해월신사법설』「도결」. 김용휘, 「해월 최시형의 자연관과 생명사상」, 『철학논총』 90-4, 2017, 173쪽 참조.

35) 장일순, 「작은 먼지 하나에 우주가 있다」, 김익록 엮음, 『(무위당 장일순 잠언집) 나는 미처 몰랐네 그대가 나였다는 것을』, 시골생활, 2012, 121쪽.

36) 장일순, 「세상 일체가 하나의 관계」, 『나락 한 알 속의 우주』(개정증보판), 녹색평론사, 2017, 70쪽.

37) Desmond Tutu, *God Is Not a Christian: And Other Provocations*, HarperOne, 2011, p. 21.

38) 장일순, 「내가 아닌 나」, 『나는 미처 몰랐네 그대가 나였다는 것을』, 142쪽.

39) 장일순, 「생산자와 소비자」, 『나는 미처 몰랐네 그대가 나였다는 것을』, 155쪽.

40) 장일순, 「하나」, 『나는 미처 몰랐네 그대가 나였다는 것을』, 125쪽.

41) 장일순, 「이천식천」, 『나는 미처 몰랐네 그대가 나였다는 것을』, 111쪽.

42) "혁명이란 따뜻하게 보듬어 안는 것이에요." 장일순, 「혁명」, 『나는 미처 몰랐네 그대가 나였다는 것을』, 70쪽.

43) 장일순, 「작은 먼지 하나에 우주가 있다」, 『나는 미처 몰랐네 그대가 나였다는 것을』, 121쪽.

참고문헌

【원전】

강창일, 「갑오농민전쟁 자료발굴: 전봉준 회견기 및 취조기록」, 『사회와 사상』 1988년 9월 창간호.

김용휘, 『최제우의 철학』, 이화여자대학교출판문화원, 2012.

김용휘, 『손병희의 철학』, 이화여자대학교출판문화원, 2019.

라명재 옮김, 『해월신사법설』, 모시는사람들, 2021.

박광수 엮음, 이부용·장혜진·최세경·편용우 옮김, 『조선총독부 공문서: 사사종교 1911』, 집문당, 2018

박맹수 옮김, 『동경대전』, 지식을만드는지식, 2012.

박용덕, 「경산연대기 『조옥정백년사』고」, 『정신개벽』 6권, 1988.

송규, 「일원상에 대하여」, 박정훈 편저, 『한울안 한 이치에』, 원불교출판사, 1987(증보판).

송천은, 『종교와 원불교』, 배문사, 2011(초판은 1979).

윤석산 역주, 『도원기서(道源記書)』, 모시는사람들, 2020(초판은 2012).

이규성, 『최시형의 철학』, 이화여자대학교출문부, 2011.

이황 지음, 이익·안정복 엮음, 이광호 옮김, 『이자수어(二子粹語)』 제3편 「궁격(窮格)」, 예문서원, 2010.

【연구서】

강세구, 『만언봉사, 목숨을 건 직설의 미학』, 꿈이 있는 세상, 2007.

권오영, 『조선후기 유림의 사상과 활동』, 돌베개, 2003.

김영두, 『퇴계 vs 율곡, 누가 진정한 정치가인가』, 역사의 아침, 2011.

김용옥, 『독기학설(讀氣學說)』, 통나무, 2004(초판은 1990).

김용옥, 『도올심득 동경대전(1)』, 통나무, 2004.

김지하, 『남조선 뱃노래』, 자음과모음, 2012(초판은 1985).

김태창 구술, 이케모토 케이코 기록, 조성환 역, 『공공철학대화』, 모시는사람들, 2017.

김형효, 『원효에서 다산까지』, 청계, 2000.

돈 베이커 지음, 박소정 옮김, 『한국인의 영성』, 모시는사람들, 2012.

류병덕, 『원불교와 한국사회』, 시인사, 1986(초판은 1977).

막스 베버 저, 이상률 역, 『유교와 도교』, 문예출판사, 2003.

백승종, 『동학에서 미래를 배운다』, 들녘, 2019.

성주현, 『식민지 시기 종교와 민족운동』, 선인, 2013.

시노하라 마사타케 지음, 조성환 외 옮김, 『인류세의 철학-사변적 실재론 이후의 '인간의 조건'』, 모시는사람들, 2022.

앵거스 그레이엄 저, 나성 역, 『도의 논쟁자들: 중국 고대 철학논쟁』, 새물결, 2015(개정판).

오가와 하루히사(小川晴久) 지음, 하우봉 옮김, 『한국 실학과 일본』, 한울아카데미, 1995.

원불교100년기념성업회, 『주석 원불교 대종경』, 원불교출판사, 2018.

이소마에 준이치 저, 제점숙 역, 『근대 일본의 종교 담론과 계보』, 논형, 2016.

조성환, 『한국 근대의 탄생』, 모시는사람들, 2018.

조성환, 『하늘을 그리는 사람들: 퇴계 · 다산 · 동학의 하늘철학』, 소나무, 2022.

조성환 · 이병한, 『개벽파선언』, 모시는사람들, 2019.

쓰치다 겐지로 지음, 성현창 옮김, 『북송도학사』, 예문서원, 2006.

최진석, 『노자의 목소리로 듣는 도덕경』, 소나무, 2001.

小林正美, 『中國の道敎』, 東京: 創文社, 1998.

朝鮮總督府 編, 『朝鮮の類似宗敎』, 京城: 大海堂, 1935.

村上重良, 『天皇制国家と宗敎』, 東京: 日本評論社, 1986.

Brook Ziporyn, *Ironies of Oneness and Difference: Coherence in Early Chinese Thought; Prolegomena to the Study of Li*, SUNY Press, 2013.

Chad Hansen, *A Daoist Theory of Chinese Thought: A Philosophical Interpretation*, Oxford University Press, 2000.

Jason Ānanda Josephson, *The Invention of Religion in Japan*, Chicago: The University of Chicago Press, 2012.

【논문】

강신표, 「인학(人學): 대대(待對)문화문법과 토착이론화」, 원광대학교 원불교사상연구원 주관 〈한국의 '근대'를 다시 묻는다〉 학술대회 자료집, 『근대 한국종교의 토착적 근대화 운동』, 2018년 8월 15-16일.

기타지마 기신(北島義信), 「일본근대 신종교의 사조와 공공성」, 박광수 외, 『근대 한국과 일본의 공공성 구상 1』, 한국학중앙연구원출판부, 2015.

김경탁, 「하느님 관념 발달사」, 고대민족문화연구소 편, 『한국문화사대계(VI): 종교 · 철학사(上)』, 고대민족문화연구소출판부, 1970.

김길환, 「율곡성리학에 있어서 실학 개념과 체계: 성리(性理) 구현을 위한 실학으로서」, 『아세아연구』 46집, 1972.

김석근, 「고대 국가의 제천의식과 민회: 한국정치사상사의 '고층(古層)'과 '집요저음'을 찾아서」, 『한국정치연구』 14권 1호, 2005.

김일권, 「근대 다종교 경험과 종교 갈등의 회통 문제」, 강돈구 외, 『근대 한국 종교문화의 재구성』, 한국학중앙연구원출판부, 2006.

김태영, 「율곡과 반계의 왕정론」, 김태영, 『실학의 국가개혁론』, 서울대학교출판부, 1998.

김태영, 「실학 연구의 어제와 오늘」, 한국사 시민강좌 편집위원회, 『한국사 시민강좌』 48집, 2011.

김태영, 「반계 유형원의 변법론적 실학풍」, 경기문화재단 실학박물관 편, 『동아시아 실학, 그 의미와 발전 I』, 경인문화사, 2012.

김태창, 「공공철학이란 무엇인가」, 『철학과 현실』 74집, 2007.

도날드 베이커, 「'실학' 개념의 사용과 오용」, 도널드 베이커 지음, 김세윤 옮김, 『조선후기 유교와 천주교의 대립』, 일조각, 1997.

류병덕, 「소태산의 실천철학-조선후기 실학과 대비하여」, 『(석산 한종만박사 화갑기념) 한국사상사』, 원광대학교출판국, 1991.

류병덕 · 양은용 대담 「원불교사상과 한민족의 진로」, 류병덕, 『한국 민중종교의 평화통일 사상』, 한맘, 2012.

류성민, 「종교의 공공성과 시대정신」, 원광대학교 원불교사상연구원 콜로키움 발표문, 2017년 9월 28일.

린 화이트 지음, 이유선 옮김, 「생태계 위기의 역사적 기원」, 《계간 과학사상》 창간호, 1992년 봄.

맹현주, 「율곡의 무실사상에 관한 연구」, 『동서철학연구』 40호, 2006.

박규태, 「한국의 자생적 근대성과 종교: 하늘-이단-지도의 앎」, 『종교연구』 35집, 2014.

박미라, 「삼국 · 고려시대의 제천의례와 문제」, 『선도문화』 8집, 2010.

박광수 · 조성환, 「근대 일본의 '종교' 개념과 종교의 도구화: 일제강점기의 종교정책과 신종교지형을 중심으로」, 『신종교연구』 34집

박승길, 「일제 무단통치 시대의 종교정책과 그 영향」, 『사회와 역사』 35집, 1992.

사사키 슌스케(佐々木集相) · 카타오카 류(片岡龍), 「일본과 한국에서의 '실학'의 근대화」, 『한국종교』 43집, 2018.

삿사 미츠아키(佐々充昭), 「한국 근대에 있어서의 신종교와 국가신도의 상극: 식민지기의 공공권(公共圈)을 중심으로」, 박광수 외, 『근대 한국과 일본의 공공성 구상 1』, 한국학중앙연구원출판부, 2015.

오가와 하루히사, 「실심실학 개념의 역사적 사명」, 경기문화재단 실학박물관, 『동아시아 실학, 그 의미와 발전 I』, 경인문화사, 2012.

유동식, 「한국인의 영성 풍류도」, 『풍류도와 한국의 종교사상』, 연세대학교출판부, 1997.

유명종, 「덕촌 양득중의 실학사상: 양명학과 실사구시의 정출」, 『한국학보』 3-1, 1977.

유봉학, 「실학의 계보와 학풍」, 『한국사 시민강좌』 48집, 2011.

이소마에 순이지, 「일본 근대 종교개념의 형성」, 나리타 류이지 외, 『근대 지知의 성립』, 〈연구공간 수유+너머〉의 '일본 근대와 젠더 세미나팀'외 옮김, 소명출판, 2011.

이시이 쓰요시(石井剛), 「메이지 체제 하의 공공성, 상상에 있어서 유교의 질곡: 우치무라

간조에 대한 비판을 중심으로」, 박광수 외, 『근대 한국과 일본의 공공성 구상 2』, 한국학중앙연구원출판부, 2015.

이우성, 「초기 실학과 성리학과의 관계 - 반계 유형원의 경우」, 『동방학지』 58권, 1988.

이우진, 「지행합일, 자연성과 도덕성의 융합」, 『유학연구』 27집, 2012.

정대환, 「권근 성리학의 구조와 특성」, 『중국철학』 3권, 1922.

정윤재, 「민세 안재홍의 다사리 이념과 '공공함'의 정치」, 한국학중앙연구원 주최 《(공공의식 국제학술회의) 한국과 일본의 공공의식 비교연구》, 2011년 11월 21일 국립고궁박물관 대강당.

정인재, 「실심실학연구서설 I」, 『신학과 철학』 제14집, 2009.

조남욱, 「한국종교에 대한 이능화의 이해: '종교'에서 '한국종교'로, 그리고 '무속'으로」, 『종교학연구』 24, 2005.

조성산, 「실학개념 논쟁과 그 귀결」, 『한국사 시민강좌』 48집, 2011.

조성을, 「'조선후기실학' 연구의 현황과 과제」, 한국사회사상사, 『한국사상사입문』, 서문문화사, 2006.

조성환, 「중국적 사상형태로서의 敎교」, 『철학사상』 11 · 12집, 2007.

조성환, 「정제두의 심학적 응물론: 「정성서해(定性書解)」를 중심으로」, 『유교문화연구』 19집, 2011.

조성환 기록 · 정리, 〈동학사상과 한국의 근대 다시보기: 다나카 쇼조의 동학 평가를 중심으로〉, 《개벽신문》 66호, 2017년 8월. (https://brunch.co.kr/@sichunju/141)

조성환, 「한국학으로서의 원불교」, 『원불교사상과 종교문화』 74집, 2018,

조성환, 「여산 류병덕의 '원불교실학론'」, 『한국종교』 44집, 2018.

조성환, 「유학과 서학 사이에서 - 다산과 동학에서의 '하늘'의 탄생」, 《동서양의 만남과 인문학적 신문명의 모색》 학술대회 발표원고, 2018년 8월 22일 서강대학교.

조성환, 「(소외되어 온 한국사상사①) 영성과 근대: 일본화된 한국사상사를 넘어서」, 『문학 · 사학 · 철학』 52-53집, 2018년 가을.

조성환, 「(소외되어 온 한국사상사③) 교(敎)와 종교(religion): 서양화된 한국사상사를 넘어서」, 『문학 · 사학 · 철학』 55집, 2018년 겨울.

조성환, 〈동학의 하늘사상: 해월 최시형을 중심으로〉, 『농촌과 목회』 82호, 2019년 여름.

조성환, 〈동학이 그린 개벽의 꿈〉, 『농촌과 목회』 83호, 2019년 가을.

조성환, 「'개벽'으로 다시 읽는 한국 근대:〈삼일독립선언서〉에 나타난 개벽사상을 중심으로」, 『종교교육연구』 59권, 2019.

조성환, 〈한국인의 경천사상(1): 고대 제천행사와 조선의 경건정치〉, 『농촌과 목회』 94호, 2022년 여름.

조성환, 〈한국인의 경천사상(2): 퇴계학에서의 인간과 천리의 감응〉, 『농촌과 목회』 95호, 2022년 가을.

조성환, 「생태 위기에 대한 지구학적 대응: 성스러운 지구와 세속화된 가이아」, 『종교문화
　　비평』 41호, 2022.

조성환·이우진, 「동학사상의 '지구민주주의'적 해석」, 『유학연구』 60집, 2022.

조성환·이우진, 「하날님에서 한울님으로: 동학·천도교에서의 천명(天名)의 변화」,
　　『대동철학』 100호, 2022.

조준하, 「우리나라의 제천의례에 관한 연구」, 『동대논총(同大論叢)』 24-1, 1994.

최병헌, 「일본의 한국강점과 불교」, 《불교평론》 17호, 2003년 12월.

최영성, 「최치원 사상에서의 보편성과 특수성의 문제」, 『동양문화연구』 4집, 2009.

최종성, 「숨은 천제(天祭) - 조선후기 산간제천 자료를 중심으로」, 『종교연구』 53집, 2008.

한영우, 「'실학' 연구의 어제와 오늘」, 한영우 외 『다시, 실학이란 무엇인가』, 푸른역사,
　　2007.

한예원, 「조선후기 실심실학에 관하여」, 『한자한문교육』 제21집, 2008.

西山茂, 「近代仏教研究の宗教社会学的諸課題」, 日本近代仏教史研究会 編, 『近代仏教』
　　제5호, 1998.

柳生真, 「大山李象靖の活物としての理-その起源と展開を中心に」, 『세계와 상통하는
　　경북 정체성 국제포럼(1)』 자료집, 2011년 6월 3일.

栗田直躬, 「'學'と'教'の観念ー上代シナの転籍に於いて」, 『中国上代思想の研究』,
　　東京：岩波書店, 1949

青野正明, 「植民地朝鮮における'類似宗教'概念」, 『国際文化論集』 43, 2010.

平山洋, 「朝鮮総督府の宗教政策」, 源了圓·玉懸博之 編, 『国家と宗教』, 京都: 思文閣出
　　版, 1992.

Cho Sŏng-hwan(조성환), "The Philosophical Turn in Tonghak: Focusing on the Extension
　　of Ethics of Ch'oe Sihyŏng," *Journal of Korean Religions*, 13-1, April 2022.

Kevin N. Cawley, "Traces of the Same within the Other: Uncovering Tasan's Christo-
　　Confucianology", 『다산학』 24권, 2014.

Nathan Sivin, "On the Word 'Taoist' as a Source of Perplexity, With Special Reference to
　　the Relations of Science and Religion in Traditional China" in *Medicine, philosophy
　　and religion in ancient China: researches and reflections*, Aldershot, Hampshire,
　　GreatBritain: Variorum, 1995.

【기타】

오구라 기조, 〈생명하는 넋…조명희를 읽다〉, 《동양일보》, 2017년 2월 26일.

이병한, 〈농학은 '종빈 선쟁' 아닌 '뉴학 혁명이다!〉, 《프레시안》, 2014년 1월 20일.

이병한, 〈개벽학은 미래학이요 지구학이라〉, 《다른백년》, 2019년 2월 15일.

지두환, 〈실학이란…아직도 명확한 개념이 없다: 역사비평 기획시리즈(5) 실학 개념에

대한 논쟁〉,《교수신문》 2007년 4월 7일.

조성환,〈(한국학 어떻게 할 것인가⑤) 포함과 회통〉,《개벽신문》 61호, 2017년 2월.

조성환,〈생명과 생활의 부조화에서 개벽을 꿈꾸다: 한국사상으로 읽는 조명희〉,《동양
　　일보》, 2017년 3월 5일.

조성환,〈타자와의 만남을 통한 자기 개벽〉,《동양일보》, 2017년 8월 13일.

조성환,〈개벽사상으로 다시 읽는 독립선언서〉,《개벽신문》79호, 2018년 11월.

조성환,〈청년과 개벽〉,《개벽신문》 80호, 2018년 12월.

조성환,〈조성환의 K-사상사(2) 기후변화 시대 기학의 귀환〉,《다른백년》 2022년 6월
　　30일.

조운찬,'실사구시', 한국고전번역원,《고전산문》, 2016년 5월 23일.

출처

제1장 하늘

조성환, 「유학과 서학 사이에서 - 다산과 동학에서의 '하늘'의 탄생」, 《동서양의 만남과 인문학적 신문명의 모색》 학술대회 발표원고, 2018년 8월 22일 서강대학교.

조성환, 〈한국인의 경천사상(1) 고대 제천행사와 조선의 경건정치〉, 『농촌과 목회』 94호, 2022년 여름.

조성환, 〈한국인의 경천사상(2) 퇴계학에서의 인간과 천리의 감응〉, 『농촌과 목회』 95호, 2022년 가을.

조성환, 〈동학의 하늘사상: 해월 최시형을 중심으로〉, 『농촌과 목회』 82호, 2019년 여름.

조성환, 『하늘을 그리는 사람들: 퇴계·다산·동학의 하늘철학』, 소나무, 2022.

제2장 종교

조성환, 「중국적 사상형태로서의 교敎」, 『철학사상』 11·12집, 2007년 봄·가을(합본).

조성환, 〈(한국학 어떻게 할 것인가⑤) 포함과 회통〉, 《개벽신문》 61호, 2017년 2월.

조성환, 「(소외되어 온 한국사상사③) 교(敎)와 종교(religion): 서양화된 한국사상사를 넘어서」, 『문학·사학·철학』 53집, 2018년 겨울.

박광수·조성환, 「근대 일본의 '종교' 개념과 종교의 도구화: 일제시대의 종교정책과 신종교지형을 중심으로」, 『신종교연구』 34집, 2016.

제3장 실학

조성환, 「'신천학'으로서의 '실학' 개념: 율곡 개혁론의 철학적 기초」, 『철학논집』 33집, 2013.

조성환, 「여산 류병덕의 '원불교실학론'」, 『한국종교』 44집, 2018.

제4장 개벽

조성환, 〈동학이 그린 개벽의 꿈〉, 『농촌과 목회』 83호, 2019년 가을.

조성환, 「'개벽'으로 다시 읽는 한국 근대: 〈삼일독립선언서〉에 나타난 개벽사상
　　　을 중심으로」, 『종교교육연구』 59권, 2019.

조성환, 〈생명과 생활의 부조화에서 개벽을 꿈꾸다: 한국사상으로 읽는 조명희〉,
　　　《동양일보》 2017년 3월 5일.

조성환, 〈타자와의 만남을 통한 자기 개벽〉, 《동양일보》 2017년 8월 13일.

제5장 도덕

조성환, 「(도덕으로 읽는 한국사상사①) 동학에서의 도덕의 전환」, 『문학 · 사학 · 철
　　　학』 60집, 2020년 봄.

조성환, 「(도덕으로 읽는 한국사상사②) 동학에서의 도덕의 확장」, 『문학 · 사학 · 철
　　　학』 61집, 2020년 여름.

조성환, 「(도덕으로 읽는 한국사상사③) 동학에서의 도덕의 실천」, 『문학 · 사학 · 철
　　　학』 62집, 2020년 가을.

제6장 생명

조성환, 「(생명으로 읽는 한국사상사①) 동학의 생명사상과 윤노빈의 생존철학」, 『문
　　　학 · 사학 · 철학』 54집, 2019년 봄.

조성환, 「(생명으로 읽는 한국사상사②) 김지하의 생명개벽사상: 「인간의 사회적 성
　　　화」의 동학 해석을 중심으로」, 『문학 · 사학 · 철학』 55집, 2019년 여름.

조성환, 「(생명으로 읽는 한국사상사③) 무위당 장일순의 한살림철학: 내가 우주이고
　　　그대가 나이다」, 『문학 · 사학 · 철학』 56집, 2019년 가을 · 겨울.

조성환, 「생명과 근대: 원주의 생명학파를 중심으로」, 『한국종교』 45호, 2019.

趙晟桓, 「東學思想の現代的解釈」, 『リーラー(遊)』 Vol 11. 東京: 文理閣, 2019.

찾아보기

키워드로 읽는 한국철학

등록 1994.7.1 제1-1071
1쇄 발행 2022년 12월 20일
2쇄 발행 2023년 9월 30일

지은이   조성환
펴낸이   박길수
편집장   소경희
편 집   조영준
관 리   위현정
디자인   이주향
펴낸곳   도서출판 모시는사람들
         03147 서울시 종로구 삼일대로 457(경운동 수운회관) 1207호
전 화   02-735-7173, 02-737-7173 / 팩스 02-730-7173

인 쇄   피오디북(031-955-8100)
배 본   문화유통북스(031-937-6100)
홈페이지 http://www.mosinsaram.com/

값은 뒤표지에 있습니다.
ISBN   979-11-6629-145-6   03100

* 이 저서는 2017년 대한민국 교육부와 한국연구재단의 지원을 받아 수행된
   연구임 (NRF-2017S1A6A3A02079082)
* 이 도서는 한국출판문화산업진흥원의 '2022년 중소출판사 출판콘텐츠
   창작 지원 사업'의 일환으로 국민체육진흥기금을 지원받아 제작되었습니다.